BASTEI
LÜBBE

Jana Graur

Der weite Weg nach Hause

Gefangen in Usbekistan

Aufgezeichnet von
Sabine Eichhorst

BASTEI
LÜBBE

BASTEI LÜBBE TASCHENBUCH
Band 61535

1. Auflage: Januar 2004

*Zum Schutz aller Personen wurden
Namen, Orte und Details verändert.*

Bastei Lübbe Taschenbücher ist ein Imprint
der Verlagsgruppe Lübbe

Originalausgabe

Lektorat: Konstanze Allnach
Titelbild: Mauritius/O'Brian
Umschlaggestaltung: Gisela Kullowatz
Satz: hanseatenSatz-bremen, Bremen
Druck und Verarbeitung: Ebner & Spiegel, Ulm
Printed in Germany
ISBN 3-404-61535-2

1. KAPITEL

Mit monotonem Brummen kreiste die Fliege um die Glühbirne, ihr fetter Körper schillerte im matten Licht des Nachmittags. Gleichmäßig zog sie ihre Runden, unbeirrbar, unermüdlich. Ihre Flügel erzeugten dieses nervöse Surren, das in der schweren, satten Luft knisterte wie elektrischer Funkenschlag. Plötzlich, ganz unvermittelt nahm der schwarze Körper Kurs und flog auf die Leuchte zu. Mit Wucht stieß die Fliege gegen das trübe Glas, einen Moment lang schien sie in der Luft zu taumeln, stürzte, verwirrt über das Hindernis, fing sich aber im Flug und glitt, mit einem kurzen, irritierten Brummen, zurück in ihre regelmäßigen Bahnen. Irgendwann setzte sie erneut an, nahm Kurs, flog kraftvoll auf die gläserne Kugel zu. Prallte ab. Ein Geräusch wie das Knacken trockener Zweige klang einen Augenblick lang nach.

Ich lag auf dem Bett.

Eine einzelne Fliege war ungewöhnlich; üblicherweise tauchten sie in Schwärmen auf. Mein Blick folgte ihr, als sie mit flinken Bewegungen am Rand eines schmutzigen, braunen Flecks entlangwanderte. Der Fleck erstreckte sich beinahe über die gesamte linke Hälfte der Außenwand. Als habe ein Maler die rechte Seite frisch getüncht und wäre dann gestört worden. An der gegenüberliegenden Wand hing ein kleiner Teppich, dunkelgrüne Linien verwoben sich mit hellgrünen zu einem regelmäßigen Geflecht. Auf dem

Fußboden lag die Matratze, die Askars Mutter ihm zugewiesen hatte. Das Kopfkissen zerknüllt, das Laken verknittert, so, wie Askar es am Morgen zurückgelassen hatte.

Die Zeit troff dahin zäh wie Harz.

Draußen im Hof hörte ich Zebo spielen. Ab und zu traf er mit einem seiner Kieselsteine den Ziegel, den sein Vater für ihn unter den Saksaulbaum gelegt hatte. Jedem Klicken folgte ein spitzer Freudenschrei. Zebo rief aufgeregt Worte in einer Sprache, die ich nicht verstand. Meist antwortete seine Mutter, und aus Feruzas Sätzen hörte ich ein Wort heraus, das ich kannte. *Yaxshi. Yaxshi* hieß gut.

Yomon hieß schlecht.

Früher in der Amtstraße hatten wir Himmel und Hölle gespielt. Mit einem Stock zogen wir Linien in den trockenen Boden, warfen Steine in die Vierecke und hüpften von Kästchen zu Kästchen. Im Erdgeschoss wohnten Kretschmars, und Frau Kretschmar sah uns oft beim Spielen zu. Sobald Herr Kretschmar morgens zur Arbeit im VEB Hydraulik ging, legte sie ein Kissen auf die Fensterbank ihrer Küche, holte sich ein Päckchen Duett-Zigaretten und machte es sich gemütlich. Früher oder später sprang eine der zahllosen Katzen, die niemandem gehörten und die wie selbstverständlich in unserem Hof lebten, auf die Fensterbank und strich um Frau Kretschmars faltige Arme. Frau Kretschmar schimpfte, doch irgendwann holte sie ein Schälchen mit Milch oder Essensresten und stellte es neben sich. Eine Katze liebte ich besonders, eine weiße mit braunen Pfoten. Sie war klüger als die anderen. Sie ließ sich nicht von jedem streicheln. Ich nannte sie Minka. Minka lag stundenlang vor der Treppe, die zu unserem Haus hinaufführte, rekelte sich in der Sonne und putzte sich. Sie muss die sauberste von allen Katzen gewesen sein. Die Katzenkönigin. Eines Tages bekam Minka Junge. Kurze Zeit später entdeckte ich alle in einem Versteck unterhalb der Treppe, tot. Ich beerdigte Minka hinterm Haus, neben dem Materialschuppen der Bootsbauerei. Auf meinem Kinderakkordeon spielte ich weinend ein letztes Lied für meine Lieblingskatze.

Draußen schepperte das metallene Hoftor, und eine Männerstimme erklang. Aus den kurzen, abgehackten Sätzen hörte ich Askars Namen heraus. Kurz darauf schepperte das Hoftor erneut. Das Geräusch verhallte, zurück blieb eine alles verschlingende Ruhe. Nur Zebos Freudenschreie zerschnitten ab und zu die Stille. Die Fliege kreiste wieder um die Glühbirne an der Decke. Ich sah auf meine Uhr.

Es war beinahe vier Uhr.

Im Hof brannte die Sonne auf den ausgedörrten Boden. Zebo war verschwunden, und auch Askars Mutter und die beiden Schwestern hatten sich zurückgezogen. Obwohl das Haus kaum Fenster zur Straße hatte, kroch die Hitze durch jeden Winkel und breitete sich über alles wie ein klebriger Film. Jede Bewegung war mühsam. Im Zimmer durchquirlte ein Ventilator die heiße, staubtrockene Luft. Ich sehnte mich nach Wind, nach Kühle.

Ich stand auf.

Aus meiner Tasche zog ich Seife, frische Wäsche und ein T-Shirt. Später würde ich Wäsche waschen, gegen Abend, wenn die Hitze nachließe. Ich nahm mein Handtuch von der Stuhllehne und schlüpfte in die weißen Turnschuhe. Die Tür knarrte, als ich sie öffnete. Durch den schmalen Spalt sah ich hinaus. Der Innenhof lag leer in der Sonne. Die Tür zum Zimmer der Mutter war verschlossen. Ich huschte den schmalen Flur entlang, die Treppenstufen hinunter und überquerte den Hof.

Ein Vorhang trennte den hinteren Teil der Küche ab. Ich zog einen Holzschemel unter dem Spülbecken hervor, schob ihn vor die Wand und legte meine Shampooflasche und die Seife darauf. Der Eimer stand, wie gewöhnlich, neben der Tür, und ich ging hinaus in den Hof und holte Wasser. Der Wasserhahn im Schatten des Saksaulbaumes ließ sich nur schwer bewegen. Mit aller Kraft versuchte ich, ihn zu öffnen. Ich spürte, wie der Schweiß über meine Rippen rann, wie kleine, feuchte Perlen an meiner Lippe kitzelten. Als endlich Wasser hervorschoss, erschrak ich; mit tösendem Gepolter stürzte der eiskalte Strahl in den blechernen Eimer. Ich sah mich um, sah zur Tür der Schwestern hinüber, dann zur Tür der Mutter. Nichts bewegte sich. Hastig drehte ich den Wasserhahn zu und lief zurück in die Küche. Die Tür ließ sich nicht verriegeln; doch kam um diese Zeit nur selten jemand, das wusste ich inzwischen. Ich zog mich aus. Mit beiden Händen schöpfte ich Wasser aus dem Eimer; meine Haut zitterte unter der unverhofften Kühle. Ich drückte ein wenig Flüssigseife aus der Flasche und wusch mich. Der Geruch von Zitronen und Melisse ließ mich an Zuhause denken. Ich sah mein Badezimmer vor mir.

Die Wanne. Den glitzernden Duschkopf.

Yomon. Schlecht.

Ich trocknete mich ab, zog mich an, hievte den Eimer auf den Hocker und tauchte meinen Kopf in das Wasser. Meine Kopfhaut kribbelte. Sparsam verrieb ich etwas Shampoo in den Handflächen und wusch mir die Haare. Ich kippte den Eimer und ließ das restliche Wasser langsam über meinen Kopf fließen. Mit der linken Hand versuchte ich, den Schaum fortzuwischen. Ich griff nach dem Handtuch, wickelte es mir fest um den Kopf und sah reglos zu, wie das Wasser den leicht abgeschrägten Küchenboden entlanglief und gurgelnd und rülpsend in einem Abfluss nahe der Wand versickerte.

Ich erwachte, weil meine Nase kitzelte. Fliegen tanzten über mein Gesicht. Mein Kreislauf flatterte, und mein Kopf dröhnte. Ich trieb durch ein Meer der Dunkelheit, Wellen spülten über meinen Körper hinweg, mein Herzschlag raste. Ich versuchte mitzuzählen. Spürte, wie bei jedem Schlag die Haut an meinen Schläfen vibrierte, ein schnelles Pulsieren, das sich nur langsam beruhigte. Der Ventilator surrte. Mein T-Shirt war nass geschwitzt. Die Fliegen umkreisten lärmend den Bettpfosten. Angewidert schlug ich nach ihnen und erschrak, als mein Handrücken einen der prallen Körper traf. Eine kurze Berührung, ein scharfes Knacken.

Durch die geschlossenen Fensterläden hindurch hörte ich Stimmen und das alberne Gekicher der Schwestern. Langsam schob ich mich an den Bettrand und tastete mit einer Hand über den Boden, bis meine Finger auf das kühle Glas meiner Armbanduhr stießen.

Es war kurz nach sechs.

Sie würden das Abendessen zubereiten, *Plow*. Es gab jeden Tag *Plow*. Mal mit Gemüse, mal mit Hammelfleisch. Und sie aßen es stets mit den Händen.

Ich setzte mich auf und lehnte mich mit dem Rücken an die Wand. Durch die Ritzen der Fensterläden fiel kaum Licht. Ich zündete eine Zigarette an, inhalierte und blies mit dem Rauch in Richtung der Fliegen. Vielleicht würden sie ja an Lungenkrebs sterben. Aber wahrscheinlich waren Stubenfliegen einfach unsterblich.

Wie spät war es jetzt in Deutschland?

Das Scheppern des Hoftors riss mich aus meinen Gedanken. Schnell drückte ich die Zigarette aus, sprang auf und wedelte mit den Händen durch die Luft. Dann hielt ich abrupt inne. Ich war erwachsen; ich würde mir das Rauchen nicht verbieten lassen.

Die Tür flog auf, und das helle Licht blendete mich.

»Jana«, Askars Stimme klang barsch. »Komm essen.«

»Danke, ich bleibe lieber hier. Ich habe keinen Hunger.«

Er roch den Zigarettenrauch, doch er sagte nichts. Er sah mich nur an. »Komm essen«, sagte er noch einmal und machte einen Schritt auf mich zu. Ich wich zurück. »Du wirst noch verhungern. Ich will nicht, dass man in Deutschland denkt, du hättest hier nichts zu essen bekommen.« In meinen Kniekehlen spürte ich die eiserne Kante des Bettgestells. Durch die offene Tür sah ich, wie seine Mutter draußen einen Teller mit Melonen auf die Bank unter dem Saksaulbaum stellte.

»Komm«, sagte Askar und wandte sich zur Tür.

Ich fuhr mir mit den Fingern durch die Haare, stopfte mein T-Shirt in den Bund meiner Jeans und folgte ihm.

Auf der halbhohen, viereckigen Bank unter dem Saksaulbaum saßen Feruza, Sardor und Aziza. In ihrer Mitte standen der Teller mit Melonen, ein Teller mit *Non*, flachen, runden Fladenbroten, und ein Topf mit *Plow*. Anfangs hatte ich mich über die Bank gewundert, sie war ausladend, maß ungefähr zwei mal drei Meter. Inzwischen hatte ich gelernt, dass der *Taht* als Sitzgelegenheit und als Tisch diente, als Frühstückstisch, Mittagstisch, Abendbrottisch. Zu allen Mahlzeiten versammelte sich die Familie unter dem Saksaulbaum. Nachts breitete Askars Mutter eine Decke auf den Holzbrettern aus und legte sich dort schlafen.

Feruza lächelte und rückte ein Stück zur Seite. Ich lächelte ebenfalls und setzte mich neben sie. Zebo löste sich aus der Umarmung seines Vaters, sagte etwas auf Usbekisch, das ich nicht verstand, deutete mit seinem Finger auf mich und machte ein paar Schritte in meine Richtung. Mit schmalen, schwarzen Augen und einem Lächeln, das schüchtern und gleichzeitig herausfordernd war, sah er mich an. Er tat einen weiteren Schritt, schob sich blitzschnell zwischen seine Mutter und mich und ließ sich in einen Schneidersitz gleiten. Ich lächelte und ahnte, was der Junge soeben gesagt hatte. Ich streichelte sein Haar, es glänzte wie Teer. Askar saß links von mir. Aziza, seine jüngere Schwester, ließ Wasser aus dem Wasserhahn in einen Krug laufen, die Mutter füllte Reis und *Plow* in eine kleine Schüssel und reichte sie Jamila, der älteren Schwester. Wortlos erhob sich Jamila und trug die Schüssel hinüber zum Zimmer des Vaters.

Er würde also nicht mit uns essen.

Die Mutter schob eine widerspenstige Haarsträhne unter ihr Kopftuch und ließ sich neben Sardor nieder. Ihre Röcke raschelten. Askars Bruder reichte seiner Mutter den Teller mit dem *Non*. Sie riss ein Stück von dem Brot ab und tauchte es in den Topf. Als habe sie damit das Startsignal gegeben, begannen alle, ihre Brotstücke in den Topf mit dem *Plow* zu tunken. Bald griffen ein Dutzend Arme und Hände durcheinander, langten hierhin, stießen dorthin vor, brachen Brot, tauchten Finger in den Topf mit dem *Plow*, wischten tropfende Soße von fettig glänzenden Mündern, klaubten heruntergefallene Reiskrümel von dem Teppich, auf dem alle saßen. Eine Kakofonie aus durcheinander tönenden Stimmen, sattem Schmatzen und angeregtem Kauen begleitete ihr Mahl.

Ich knabberte an meinem Brotstück. Ich konnte mich nicht überwinden, auch in den gemeinsamen Topf zu langen. Ich war froh, dass niemand fragte, warum ich nichts aß.

In der Nacht träumte ich von Panzern, die durch Greifswald rollten. Sie wälzten sich die Friedensstraße entlang, hinunter zum Leninplatz, vorbei an dem Haus, in dem wir damals wohnten. Am Fenster meines Kinderzimmers standen meine Mutter und Peter. Sie winkten. Meine Mutter weinte.

Den Panzern folgten mehrere Armeelastwagen, in ihnen saßen schwarzhaarige junge Männer in olivfarbener Uniform, sie lachten und reckten ihre Gewehre in die Luft. Aus den Mündungen der Gewehrläufe wuchsen rote Herzen. Eines nach dem anderen stieg, wohlgeformt und symmetrisch, in die Höhe – eine lange Reihe aufsteigender Luftballons. Bis der Himmel über dem Leninplatz blutrot war. Plötzlich begann es zu regnen, und Blut tropfte auf meine nackten Arme, auf meine weiße Bluse. Blut rann in Strömen vom Himmel, ergoss sich über die Panzer, die Lastwagen, die jungen Männer, die nun nicht mehr lachten, sondern todernst waren und schwiegen.

Ich wachte auf.

Askar lag auf seiner Matratze und schlief. Seine Brust hob und senkte sich in kaum merklichen Bewegungen.

Eine unwirkliche Stille füllte den Raum.

Bilder der Zugfahrt stiegen vor meinen Augen auf. Mit einer ruckartigen Bewegung, als verscheuchte ich Fliegen, wischte ich sie beiseite.

Yomon und *yaxshi*.

Ein Vogel kreischte. Ich spürte Tränen in meinen Augenwinkeln. Der Vogel kreischte ein zweites Mal.

Ich war mutterseelenallein.

Ich zog die Bettdecke fester um mich. Askars Kopf lag eingebettet in seine angewinkelten Arme, die Finger waren zu Fäusten geschlossen, wie Babys es im Schlaf tun. Er sah friedlich aus, schön, eher wie ein Junge. Nicht wie ein Mann. Ich rutschte an den Rand meines Bettes. Zärtlich strich ich über sein kurzes Haar. Die Berührung erfüllte mich mit einer bodenlosen Sehnsucht, sie füllte meinen ganzen Körper aus, drang in meine Arme, meine Beine, meine Finger, meine Zehen, drang vor bis in die Spitzen meiner Lungenflügel, ergoss sich selbst in die feinsten Haargefäße meiner Adern. Mein Herz peitschte und pumpte diese Sehnsucht vor sich her, ein geschlossener Kreislauf, ohne Anfang, ohne Ende, eine ständige, kreisende Wiederkehr eines ewigen Schmerzes.

Yaxshi und *yomon*.

Ich musste eingeschlafen sein.

Gegen Morgen, als Askar sich unvermittelt auf die Seite drehte, rutschte meine Hand, die noch immer auf seinem Haar gelegen hatte, ab und stieß gegen sein Gesicht. Ich schrak auf. Askar öffnete die Augen. Sein Blick war glasig, er kniff die Augen zusammen wie jemand, der sich in einem fremden Raum zu orientieren versucht. »Janka?« Seine Stimme klang rau wie grobes Papier. »Wie spät ist es?«

Ohne auf seine Frage zu antworten, rutschte ich aus meinem Bett hinunter auf die Matratze, kroch unter die Decke und schmiegte mich an seinen schlafwarmen Körper. Ich spürte die drahtigen Haare an seinen Beinen, sie kitzelten. Spürte sein weiches Geschlecht und wie es, gegen meinen Bauch gedrückt, härter wurde. Ich streichelte seinen Rücken, seine Schulterblätter, fuhr mit dem Zeigefinger die Linie seines Schlüsselbeins entlang, verweilte in der kleinen Mulde, glitt die weiche Haut unter der Achselhöhle hinunter. Spürte Askars Hände, die nach meinem Po griffen. Seinen Atem, der meinen Hals wärmte. Ich schlang mein Bein um seine Hüfte und ließ ihn ein.

»Komm«, sagte Askar später. »Wir gehen uns waschen.« Er fuhr sich mit beiden Händen durchs Gesicht. Seine Handflächen kratzten über die Bartstoppeln, als riebe jemand an einer rauen Wand. Dann stand er auf.

Ich blieb zurück. Fiel zurück in das schwarze Wasser meiner Sehnsucht. Hielt die Luft an, um nicht darin unterzugehen. Langsam, mühsam schälte ich mich heraus aus seinen Berührungen, die ich noch auf meiner Haut spürte. Verließ die paradiesische Einheit, robbte zurück in jenes Leben, in dem zwei Menschen wieder zwei voneinander getrennte Kreaturen waren. Ich atmete tief ein und spürte einen Stich.

»Komm.« Askar hielt mein Handtuch in der ausgestreckten Hand und sah mich an. Wartend, ungeduldig.

Ich stand auf. Ich tastete nach seinem Arm, drückte ihn. Ich suchte in seinem Blick nach etwas, woran ich mich festhalten konnte.

Askar öffnete die Tür. »Komm.« Das grelle Licht machte mich einen Augenblick lang blind. Ich tastete nach meinem Morgenmantel und meinen Kleidern.

Im Hof war es still. Ich ging zur Toilette. Während ich über den Brettern hockte, hörte ich, wie Askar draußen zwei Eimer mit Wasser füllte. Als ich die Küche betrat, zündete er den Herd an.

»Alles okay?«, fragte er. Ohne eine Antwort abzuwarten, verließ er die Küche.

Zum zweiten Mal an diesem Morgen blieb ich allein zurück.

Als ich angezogen aus der Küche trat, saßen Askar, seine Mutter und die beiden Schwestern bereits auf dem *Taht* unter dem Saksaulbaum. Ich überquerte den Hof, lief in unser Zimmer, warf Bademantel, Handtuch und Nachthemd aufs Bett und lief wieder hinaus. Ich lächelte, als ich mich auf dem *Taht* neben Askar niederließ und sagte auf Russisch: »Guten Morgen.«

Keiner antwortete.

Schweigend schenkte mir Aziza Kaffee ein. Die Mutter kaute ein Stück *Non*. Sie sah mich unverwandt an. Ich wich ihrem Blick aus und starrte stattdessen auf ihre Röcke. Der grün gemusterte, den sie gestern zuoberst getragen hatte, blitzte unter dem blauvioletten hervor. Den braunen Rock trug sie heute zuunterst.

Askar zündete eine Zigarette an. Gierig sah ich zu, wie er einen tiefen Lungenzug nahm. Doch ich schwieg.

Yomon. Böse.

Niemand sprach ein Wort.

Ich verstand diese Spannung nicht. Ständig spürte ich sie, jeden Tag schlug sie mich in ihren Bann. Wehrlos verharrte ich in ihrem Würgegriff und raste dabei innerlich – auf der Suche nach einem Motiv, auf der Suche nach einer Möglichkeit, etwas an dieser unerträglichen Situation zu ändern.

Ich sah zu Askar hinüber. Sein Blick war stumm.

»*Yaxshi*«, sagte Aziza, beugte sich unvermittelt vor und griff nach meinem Haar. Sie schnupperte daran wie ein junger Hund. Und kicherte. »Gut!« Auch Jamila kicherte. Askar sagte etwas auf Usbekisch, und alle lachten, sogar die Mutter. Nur ich verstand kein Wort. Ich nahm einen großen

Schluck heißen Kaffee. Das Brennen in meiner Speiseröhre tötete die Tränen.

Als jemand gegen das Eingangstor klopfte, zuckte ich zusammen. Askar drückte seine Zigarette aus und erhob sich. Aus dem Dunkel des Flures trat im selben Moment Umid in den Hof. Er winkte. Askar spuckte auf den trockenen Boden, stieg von dem *Taht* herunter und ging auf seinen Freund zu, umarmte ihn.

»Askar!« Ich sprang auf. »Wohin gehst du?«

»Ich muss kurz weg.«

»Nimm mich mit.« Die Schwestern kicherten. »Lass mich nicht schon wieder allein.« Umid sah zu Askar, dann zu mir herüber. Ich hatte keinen Stolz mehr; zu sehr fürchtete ich das Alleinsein und die dahinkriechende Zeit. Askars Blick traf den seiner Mutter. Dann legte er eine Hand auf Umids Schulter, und die beiden wandten sich zum Gehen. »Du bleibst hier«, sagte er. Im nächsten Moment fiel das Tor hinter den Männern zu.

Die Schwestern kicherten.

Die Mutter sah mich an, mit bohrendem Blick.

2. KAPITEL

Draußen schneite es. Die Menschen, die unterwegs waren, hatten es eilig, wie Gespenster huschten sie über den Marienplatz. Die ersten Geschäfte schalteten ihre künstliche Beleuchtung ein, der Tag ging zu Ende, bevor es richtig hell geworden war. Ungehalten zog eine junge Mutter ihr Kind hinter sich her. Der Junge versuchte, Schritt zu halten, doch er rutschte auf dem nassen Kopfsteinpflaster aus, seine Beine knickten weg, mal nach links, mal nach rechts, beinahe wie die Läufe eines jungen Hundes.

Die Fensterscheibe beschlug, je länger ich nach draußen sah. Ich zog den Ärmel über den Handballen und wischte über die Scheibe. Der kleine Junge war hingefallen, mit einer wütenden Bewegung riss seine Mutter ihn hoch. Der Junge begann zu weinen. Aus der Wismarschen Straße bog die Straßenbahn auf den Platz. Als sie vorüberfuhr, spürte ich ein leichtes Beben, und die Fensterscheibe klirrte leise. Dieses kurze Zittern hatte mich schon immer irritiert.

An der Bar rutschte ein Soldat in Uniform von seinem Hocker und ging hinüber zur Musicbox. Er warf eine Münze in den Schlitz und drückte mehrere Knöpfe. Durch den gläsernen Aufbau hindurch konnte ich sehen, wie ein altmodischer Greifer eine Schallplatte auf den Plattenteller legte. Es dauerte einen Moment, bis sich der Tonarm erhob. Sekundenlang schwebte er in der Luft, wie ein kreisender Raubvogel, dann senkte er sich langsam, beinahe behäbig.

Es knisterte. Der Klang einer Balalaika erfüllte den Raum. Der Soldat zwinkerte mir zu und ging zurück an die Bar. Ich blätterte durch mein Heft.

Ich entschied mich, mit Hygiene anzufangen. Das Fach mochte ich. Heute Morgen im Unterricht hatte die Schwester gefragt, in welcher Abfolge ich ein Patientenzimmer desinfizieren würde und woraus sich die Desinfektionslösung zusammensetzte, die ich dabei benutzte. Während ich nach einer Antwort gesucht hatte, hatte sie mich angesehen wie jemanden, dem ohnehin nicht mehr zu helfen war. Dieser Blick hatte mich wütend gemacht, ich war rot geworden und hatte schließlich nur noch herumgestammelt. Bis sie mir, bitter lächelnd, ins Wort gefallen war: »Ich denke, Schülerin Jana, Sie sollten sich noch einmal in die Kapitel über Desinfektion und Sterilisation vertiefen.«

Ein Geräusch riss mich aus meinen Gedanken. Am Nebentisch stand ein Mann auf, mit schweren Schritten ging er hinüber zur Bar. Mit einem Glas in der Hand kam er zurück. Er prostete mir zu. »Wie geht's?«, fragte er auf Russisch.

»Gut«, antwortete ich und lächelte. Der Mann war blass und wirkte nervös. Seine Augen waren ungewöhnlich hell, ein Blau, das mich an die Beruhigungstabletten erinnerte, die den Patienten in der Psychiatrie gegeben wurden. Sein blondes Haar war messerkurz. Ich konnte mich nicht erinnern, ihn schon einmal gesehen zu haben.

»Wie heißt du?«, fragte der Mann auf Russisch.

»Jana.«

»Janka! Wie meine kleine Schwester.« Er zog einen Stuhl heran und setzte sich an meinen Tisch. Er stellte sein Glas ab, schob mit einer Hand meine Bücher beiseite, zog mit der anderen ein paar Fotos aus der Innentasche seiner braunen Jacke und breitete die Bilder vor uns aus. Ich fühlte mich überrumpelt, doch ich mochte diese spontane, warmherzige Art auch, mit der Russen auf Menschen, die sie nicht kannten, zugingen. Ich klappte mein Heft zu. Der blonde Soldat deutete mit dem Finger auf eine junge Frau, die gemeinsam mit einer älteren Frau und einem Mann auf einer Brücke stand. Im Hintergrund war ein Park zu sehen, ein paar Rotbuchen leuchteten im Sonnenlicht.

»Janka«, sagte der Soldat und lachte. Ich betrachtete die junge Frau. Sie war etwas jünger als ich, vielleicht sechzehn oder siebzehn, und sie hatte die gleichen hellen Augen wie ihr Bruder. Sie war weder hübsch noch hässlich, nicht ganz schlank, aber auch nicht dick, das blonde Haar reichte ihr bis zur Schulter. »Sie ist hübsch«, sagte ich, denn ich wollte ihm eine Freude machen. Der Stolz, mit dem dieser Fremde seine Familie präsentierte, rührte mich.

»*Mama*!«, sagte der Soldat und zeigte auf die Frau, die neben seiner Schwester stand. »Mama ...« Seine Mutter trug ein geblümtes Kleid, über ihrem rechten Arm hing eine braune Handtasche. Sie hatte robuste Schuhe an den Füßen, die sie aussehen ließen wie eine Kolchosebäuerin. Doch sie lächelte das Lächeln einer Dame, anmutig und einnehmend.

»Sie ist auch eine schöne Frau«, sagte ich. Der Mann sah mich mit seinen hellen Augen an. Ein Blick, den ich nicht zu deuten wusste. Dann nahm er einen Schluck aus seinem Glas, stellte es mit einem lauten Knall zurück auf den Tisch und seufzte. Einen Moment lang dachte ich, er würde weinen.

Ich kannte diese Geschichten. Oft waren die Rotarmisten, die nach Greifswald versetzt wurden, vor allem darauf aus, schnell ein paar deutsche Frauen kennen zu lernen. Die

Unterhaltungen, die sie anzettelten, waren nicht immer von großem Tiefgang. Aber ich hatte auch erlebt, wie nach einer Weile, wenn das Gespräch ernsthafter wurde, sensible Männer zum Vorschein kamen, die sich fremd fühlten in einem Land, dessen Sprache sie kaum beherrschten und dessen Lebensgewohnheiten die wenigsten kannten.

»Wie heißt du?«, fragte ich auf Russisch.

»Igor.« Er bot mir einen Schluck aus seinem Glas an.

»Danke. Ich trink lieber noch einen Kaffee.« Igor rief der Kellnerin meine Bestellung zu.

»Woher kommst du?«, fragte ich.

»Aus Kiew.«

»Ich kenne einen Soldaten aus Kiew, er heißt Valentin. Kennst du ihn?«

»Nein. Ich bin erst seit kurzem in der Kommandantur.« Ich wunderte mich; ich hatte gehört, dass demnächst die ersten Kadetten abgezogen werden sollten. Die Kellnerin brachte Kaffee und für Igor noch ein Glas Wodka. Wir unterhielten uns. Mein Schulrussisch reichte nicht aus, manchmal verständigten wir uns mit Händen und Füßen, doch wir lachten und hatten viel Spaß.

Als ich später mit der Straßenbahn nach Hause fuhr, dachte ich an das fremde Mädchen in Kiew, das meinen Namen trug, und an Igors Mutter und ihr anmutiges Lächeln.

Im Treppenhaus wischte Frau Schneider die Fliesen vor den Briefkästen. »Bei diesem Wetter kann man jeden Tag putzen«, seufzte sie. Auf dem Fußboden lag ein Häufchen Sand, ordentlich zusammengefegt. Der Eimer mit dem Wischwasser stand auf der untersten Stufe, weiße Schaumberge türmten sich, und in der Luft hing der beißende Geruch von zu vielen Reinigungsmitteln. Mühsam richtete Frau

Schneider sich auf. »Ich ...«, seufzte sie, »werde ja auch nicht jünger.«

Ich lächelte höflich.

»Mein Rheuma, weißt du.«

Ich nickte. »Ja, Frau Schneider. Wenn man Rheuma hat, ist diese feuchte Kälte wirklich unangenehm. Im Krankenhaus klagen die Patienten auch.«

»Ach, Mädelchen. Du verstehst das.«

Ich fragte mich, warum ich Frau Schneider besser verstehen sollte als andere. Vielleicht war ich einfach die Einzige im Haus, die ihr noch zuhörte. Seit der Wende, seit Herr Schneider über Nacht mit einem Koffer und dem gemeinsamen Sparbuch rübergemacht hatte, war Frau Schneider seltsam geworden. Manchmal ergaben ihre Sätze keinen Sinn. Die bunten Autos auf den Straßen, die vielen neuen Lebensmittel in den Geschäften, die hohen Preise, das fremde Geld, alles verwirrte sie. Jeden Freitag wischte Frau Schneider das Treppenhaus; den Eingangsbereich und die Stufen hinauf bis in den ersten Stock, wo sie wohnte. Man konnte die Uhr danach stellen. Genauso regelmäßig trug sie im Sommer jeden Morgen um acht Uhr ihren Wellensittich hinaus auf den Balkon. Nachmittags um fünf trug sie den Käfig zurück in die Küche, stellte ihn auf die Fensterbank neben die Azalee und breitete ein weißes Tuch darüber. Alle Gewissheiten ihres sechzigjährigen Lebens waren erschüttert worden.

Oben zog ich die Wohnungstür hinter mir zu. Einen Moment lang hatte ich das Gefühl, keine Luft zu bekommen. Es war die Stille, an die ich mich nur schwer gewöhnte, dieses bleierne, bedrohliche Nichts, das mich umfing wie eine Krake. Dann stellte ich meine Tasche auf den Tisch, ging ins Bad, drehte den Wasserhahn auf und ließ heißes Wasser in die Wanne laufen.

Das Wasser hüllte mich ein wie ein Versprechen, ich schloss die Augen. Sanfte, kleine Wellen stießen an mein Kinn. Meine Arme trieben wie schwerelos an der Oberfläche. Zu baden war das Beruhigendste, was ich kannte. Mit Marco hatte ich oft gebadet. Manchmal, wenn er spürte, dass mich etwas bedrückte, hatte er eine Flasche Rotwein geöffnet und Badewasser eingelassen. Stundenlang hatten wir in der Wanne gelegen und miteinander geredet.

Vier Monate war es her, dass Marco seiner Mutter in den Westen gefolgt war. Anfangs hatten wir regelmäßig telefoniert; allmählich wurden die Anrufe seltener. Marco hatte eine Stelle gefunden, war gleich nach der Probezeit befördert worden und arbeitete nun zwölf, dreizehn Stunden am Tag. Vor kurzem war Margarethe morgens auf dem Weg ins Büro an der Bushaltestelle zusammengebrochen. Ein Busfahrer hatte einen Notarztwagen gerufen. Verschiedene Spezialisten waren herangezogen worden, doch niemand hatte einen Grund für die plötzliche Taubheit in Margarethes Beinen ausmachen können. Die Ärzte sprachen, recht diffus, von einem allgemeinen Nervenleiden. Jeden Tag fuhr Marco ins Krankenhaus, um seine Mutter zu besuchen.

Nebenan zog der Nachbar die Klospülung, und ein Wasserschwall rauschte durch die alten Bleirohre. Ich öffnete die Augen. Durch das geriffelte Glas des Badezimmerfensters konnte ich die Lichter im Wohnblock gegenüber erkennen. Ich drehte den Wasserhahn auf und ließ heißes Wasser nachlaufen. Als ich den Hahn wieder zudrehte, waren das Fenster und der Spiegel vollständig beschlagen, sogar auf dem Parfümfläschchen hatten sich Dunsttropfen abgesetzt. Ich hielt die Luft an und tauchte unter. Wie Seetang trieben meine Haare neben meinem Kopf; wenn ich ihn ein wenig hin und her bewegte, spürte ich ihre langsamen, stets etwas zeitverzögerten Bewegungen.

Später zog ich meinen alten Herrenbademantel an und setzte mich im Wohnzimmer auf den Fußboden. Ich breitete die Fotos vor mir aus und rauchte die letzten Zigaretten, die noch in der Schachtel steckten.

Zum ersten Mal hatte ich Marco gesehen, als er, schwitzend und mit ölverschmierten Händen, den hinteren Reifen seines Mopeds gewechselt hatte. Es war ein blaues Simson-Moped, Typ »Schwalbe«, mit einer roten Kunstledersitzbank, und es stand jeden Abend vor dem Haus Nummer 13. Wir wohnten in Nummer 7. Es war noch nicht lange her, dass ich mit Mutter und den beiden Brüdern nach Lankow gezogen war. Bislang kannte ich nur wenige Jugendliche aus der Nachbarschaft. Es gab mehrere Cliquen, doch wer zu welcher gehörte und nach welchen Regeln man in welche Gruppe aufgenommen wurde, wusste ich noch nicht. Der Einzige, mit dem ich mich ab und zu verabredete, war Pascal. Er wohnte ein Stockwerk unter uns, sein Vater arbeitete im VEB Kabelwerk als Facharbeiter für Umschlagprozesse und Lagerwirtschaft. Pascal fuhr ebenfalls eine Simson, keine »Schwalbe«, sondern einen brandneuen roten »Habicht«, auf den er sich viel einbildete. Manchmal lud er mich ein, mitzufahren. Ich war vierzehn und Pascal sechzehn. Ich begann gerade, mich für Jungen zu interessieren, und Pascal begann bald, sich für mich zu interessieren.

Da Pascal der Einzige war, den ich näher kannte, fragte ich ihn eines Tages, ob er wisse, wer der Junge mit der »Schwalbe« sei, der mit den schwarzen Haaren, den braunen Augen, dem dunklen Teint. Pascals Antwort war knapp.

Kurz darauf, an einem Sonntagnachmittag, klingelte Pascal und fragte, ob ich Lust hätte, mit ihm zum See zu fahren. Dort saßen bereits Marco und seine Clique sowie ein paar ältere Jungen, die ich nicht kannte, im Sand. Sie grillten Thüringer Würstchen und rauchten »Juwel 72«. Ich traute mich nicht, Marco anzusprechen, darum unterhielt ich mich mit drei Mädchen, die in seiner Nähe standen. Eine von ihnen hatte ich wenige Tage zuvor im Konsum getroffen. Unterdessen verfolgte ich so beiläufig wie möglich, was Marco tat. Nach einer Weile bemerkte ich, dass er zu uns herübersah. Doch ich wusste nicht, wem sein Interesse galt.

Später standen fast alle Jungen bei den Motorrädern. Ein kleiner, stämmiger Kerl mit buschigen Augenbrauen und Segelohren inspizierte Marcos »Schwalbe«, stellte Fragen. Schließlich schwang er sich auf die kunstlederne, rote Sitzbank, trat ein paar Mal den Kickstarter, bis der Motor ansprang, und ließ ihn aufheulen. Als das blecherne Dröhnen erstarb, war es sekundenlang totenstill. Dann begannen die ersten Vögel zu zwitschern, und die Stimmen der Mädchen drangen langsam wieder an mein Ohr. Marco stand neben seiner »Schwalbe«. Er sprach nicht viel, er produzierte sich nicht; und dennoch schien er der Mittelpunkt der Gruppe zu sein.

Es wurde schon dunkel, als er sich neben mich setzte. »Du wohnst in Lankow, nicht wahr? Ich kenne dich vom Sehen.«

»Wir sind Nachbarn. Ich kenne dich auch vom Sehen.«

Er lächelte. Genau genommen war es eher die Andeutung eines Lächelns, ein leichtes Verziehen des linken Mundwinkels, wobei Grübchen auf seinen Wangen hervortraten. Sein dunkles Haar hing ihm über die Augenbrauen. Er fragte, wie ich hieße, und ich nannte ihm meinen Namen.

»Ich heiße Marco«, antwortete er.

»Ich weiß.«

»Was weißt du denn noch?«

»Nicht viel.« Mir wurde heiß. Er beobachtete mich mit seinem ruhigen, konzentrierten Blick. »Eigentlich weiß ich nichts«, sagte ich. »Nur dass du eine blaue ›Schwalbe‹ fährst.«

»Ja, ich habe den Roller von meinem Cousin.« Er zog ein zerdrücktes Päckchen »Juwel 72« und ein Feuerzeug aus seiner Jeansjacke und bot mir eine Zigarette an. Ich schüttelte den Kopf.

»Wie alt bist du?«

»Vierzehn«, antwortete ich.

»Wann hast du Geburtstag?«

»Im Oktober.«

Er sah mich an und fragte: »Wann genau?«

»Am fünfzehnten.«

»Ich auch.«

»Du hast auch am 15. Oktober Geburtstag?«

Er nickte. »Aber ich bin ein Jahr älter als du.«

Eine Weile saßen wir schweigend nebeneinander. Die anderen machten ein Lagerfeuer. Es wurde kühl. Auf dem See, nahe dem Ufer, entdeckte ich die Silhouetten mehrerer Enten. Etwas abseits lag Pascal im Sand, die Arme unter dem Kopf verschränkt, und starrte in den Himmel. Ich erkannte ihn an seiner hellen Jeans. Neben ihm saß jemand, es schien das Mädchen aus dem Konsum zu sein. Ab und zu hörte ich sie lachen.

Als er aufstand, sagte Marco: »Wir wohnen in derselben Straße, und wir haben am gleichen Tag Geburtstag. Wir scheinen Gemeinsamkeiten zu haben.«

Das nächste Mal traf ich ihn, als ich den Müll hinuntertrug. Im Schritttempo rollte Marco auf seiner »Schwalbe« den Plattenweg entlang. Er lächelte, als er mich sah, und bremste. Hinter ihm, auf dem Rasen, zog Frau Krause gerade ihren Teppich von der Klopfstange. Marco stand da, wie eingerahmt von dem Metallgestänge. »Hallo«, sagte ich und spürte, wie ich rot wurde.

Im Laufe des Sommers wurden wir ein Paar.

Wie ein müder Wurm kroch die Straßenbahn die Hamburger Allee hinauf. Es roch nach Plaste und Metall, das Pflaster glänzte, die Luft war feucht und dick.

Zwei Reihen vor mir saß ein Mann und las das »Neue Deutschland«. Neben ihm schaute ein Mädchen zum Fenster hinaus; ich überlegte, wie alt sie wohl war. Sicher nicht älter als elf oder zwölf Jahre. Ob sie seine Tochter war? Ich beobachtete die beiden. Sie saßen nebeneinander wie Fremde, jeder eingesponnen in seinen Kokon. Sie hatten noch kein Wort miteinander gewechselt. Ich fragte mich, falls das Mädchen nicht seine Tochter war, wohin sie um diese Zeit allein fuhr.

Der Mann blätterte die Zeitungsseite um. Die Straßenbahn hielt mit einem Ruck am Platz der Jugend. Der Mann sah aus dem Fenster, und als er sich zur Seite drehte, blitzten hinter seinem Rücken fett gedruckt die Worte »... Nachlass der SED« auf. Im nächsten Moment wandte er sich wieder seiner Lektüre zu. Ich hatte keine Ahnung, was zurzeit mit den alten SED-Bonzen geschah. Es war mir egal.

Am Marienplatz stieg ich aus. Ich ging die wenigen Schritte von der Haltestelle hinüber zur russischen Kommandantur, vorbei an dem säulengeschmückten, von Soldaten bewachten Haupteingang, bog in einen Seitenweg und gelangte in einen Innenhof. Rechts führte eine Treppe hinauf. Oben sah ich Sascha am Eingang stehen. »*Priwjet, moja dotschka*!«, rief er, als er mich zwischen den Wartenden entdeckte.

»*Priwjet, Papa!* – Hallo, Papa!«

»Wie geht's, mein Töchterchen?« Ein paar Männer drehten sich um. Eine Frau musterte mich.

»Gut. Und dir?«

»Wie immer. Alles bestens.« Er lächelte das Lächeln eines Mannes, der, sollte eines Tages der Himmel auf die Erde stürzen, fest und unerschütterlich inmitten all des Chaos stünde. »Komm, mein Töchterchen!«, würde er sagen, mich in seine Arme schließen und vor apokalyptischen Feuersbrünsten, Flutwellen und anderen Katastrophen retten. Dessen war ich mir absolut sicher. Darum nannte ich ihn *Papa*. Und nicht nur ich; kaum jemand unter den Stammgästen sprach ihn mit seinem richtigen Namen an.

Papa winkte mich durch. »Du brauchst nicht zu bezahlen.«

Drinnen war es warm und dunkel. Hinter der Bar entdeckte ich Katharina. Sie trug eine helle Bluse und hatte die Haare zu einem dicken Zopf gebunden. Die Tanzfläche war leer, an den umstehenden Tischen saßen erst wenige Gäste. In spätestens einer Stunde würde man Schwierigkeiten haben, einen Platz zu finden.

Die meisten Gäste in der Karibik-Bar waren Russen: Soldaten der *Sowjetskaja Armija*, die in Greifswald stationiert waren, die Ehefrauen der Offiziere oder die Verkäuferinnen aus dem Russenmagazin. Deutsche kamen selten, obwohl die Russen sehr gastfreundlich waren und die Karibik-Bar sowohl tagsüber als auch an den Tanzabenden, die mehrmals in der Woche stattfanden, jedem offen stand. Doch in der Stadt sprach man abfällig von der »Russendisko«, und

Frauen, die regelmäßig hierher kamen, wurden schon mal »Russenschlampe« genannt, meist hinter vorgehaltener Hand. Ich mochte die Karibik-Bar – viel lieber als die anderen Diskos, den Jugendtanz beispielsweise. Die Atmosphäre war warm und offen, man lernte leicht jemanden kennen. Die, die schon eine Weile da waren, sprachen Deutsch, und ich hatte in der Schule Russisch gelernt. Manchmal fühlte ich mich in der Karibik-Bar wie in einer großen Familie.

Ich setzte mich auf einen Barhocker und bestellte etwas zu trinken. »Einen Valentino, wie immer?«, fragte Katharina. Ich nickte und zündete eine Zigarette an.

Der Discjockey spielte einen Titel von Depeche Mode. Die Musik war laut, aber nicht ohrenbetäubend. Katharina stellte ein Glas auf den Tresen, ein grüner Strohhalm steckte darin wie ein Ausrufungszeichen. Ich nippte an dem Cocktail und leckte den klebrig-süßen Orangengeschmack von meinen Lippen. Palmen säumten beide Enden des Tresens, und aus den Vasen rankten exotische Plastikblumen. An der Stirnseite hing ein gerahmtes Foto von Gorbatschow. Ich hatte keine Ahnung, wie es in der Karibik aussah.

Im Spiegel, zwischen Rum- und Wodkaflaschen, entdeckte ich eine junge Frau. Die blonden Haare schulterlang, an den Seiten mit Seife steif zurückgekämmt, die Lider blau geschminkt, die Wimpern schwarz, die Lippen orangerot; so sahen auch viele Russinnen aus. Dieses Gesicht verriet nichts, es war ein Gesicht unter vielen, es sah so normal aus, wie es eben ging. Nichts lag darin, was jemanden auffordern könnte, mir Fragen zu stellen. Wie ein Schutzschild trug ich dieses Gesicht vor mir her. Mit Marco war eine grundlegende Sicherheit aus meinem Leben verschwunden; ich wusste nicht, wie ich die Lücke füllen konnte.

»Hallo Janka.« Eine Hand auf meiner Schulter. Im Spiegel, zwischen den Flaschen, zwei dunkle Augen und ein breites Lachen. »Schön, dass du da bist!« Leo schob sich neben mich und stützte einen Ellenbogen auf den Tresen. *»Kak djela?«*, fragte er. »Wie geht's?«

»Ganz gut«, erwiderte ich. »Viel Arbeit im Krankenhaus, aber sonst ...«

Er deutete auf mein Glas, sah mich an und schien einen Augenblick zu überlegen. »Hast du Lust, mit nach hinten zu kommen? Boris spielt Gitarre, und Dunja singt. Du kennst doch Boris' Frau?«

Ich schüttelte den Kopf. Boris hatte ich schon gehört, wenn ich nach der Schule in der Karibik-Bar meine Hausaufgaben gemacht und er an einem der Nachbartische gesessen und Gitarre oder Balalaika gespielt hatte. Er war Offizier und seit Jahren in der Kommandantur. Wenn er Geschichten erzählte aus Krasnojarsk, einer Stadt weit im Osten Sibiriens, wo er aufgewachsen war, fragte ich mich stets, wie er es so lange und so weit entfernt von seiner großen Familie aushielt. Seine Musik war ein bittersüßer, bohrender Schmerz.

Ich rutschte von meinem Hocker. Leo nahm mein Glas, und wir bahnten uns einen Weg durch die Menge. Hier und da stach im Schwarzlicht ein weißes T-Shirt hervor, und je länger ich hinsah, desto mehr verschwammen die Umrisse der Tanzenden im Flackern der Schweinwerfer. Leo stieß eine Tür auf, und ich folgte ihm hinaus auf einen Flur. Im Halbdunkel erkannte ich einen Wachsoldaten. Leo grüßte ihn, und der Soldat tat, als habe er mich nicht gesehen. Wir stiegen ein paar Stufen hoch und liefen einen Flur entlang. Hinter uns wurde die Musik immer leiser. Irgendwann hörte ich eine leise Gitarrenmelodie. Vor einer breiten, grünen Metalltür blieb Leo stehen und klopfte zweimal. Die Gitarre verstummte. Ein blonder Mann öffnete die Tür. Ich erkannte Igor, den Soldaten mit den hellblauen Augen. Auch er erkannte mich: »Janka! Mein kleines Schwesterchen ...«

Drinnen saßen etwa zwanzig Männer und Frauen, auf Schemeln, Bänken und Hockern. Einige Soldaten kannte ich und auch Sonja, Katharinas Kollegin. Wir begrüßten uns. Leo stellte mich den anderen vor, und bald schwirrte mir der Kopf von den vielen fremden Namen. Jemand drückte mir ein Glas Wodka in die Hand, und Boris begann zu spielen. Gerade als ich Leo fragen wollte, wo denn Boris' Frau sei, klopfte es. Igor öffnete. Herein kam eine Frau, die mich unwillkürlich an Milch und Honig denken ließ. Dunja hatte blonde Locken, eine Haut wie Elfenbein, eine edel gebogene Nase, deren Flügel sich beim Atmen sanft blähten, und weiche, volle Lippen. Mit leichten, anmutigen Bewegungen durchschritt sie den Raum, ein Mann rückte seinen Schemel zur Seite, um ihr Platz zu machen. Sie trat in das Innere des Kreises und setzte sich auf einen Hocker, den Boris ihr heranzog. Sie begrüßte eine der Frauen, die ich nicht kannte, und gab dann lächelnd auch Boris einen Kuss. Dunja wirkte sympathisch und ganz unprätentiös; ihrer Schönheit war sie sich entweder nicht bewusst, oder sie war ihr egal. Boris jedoch sah sie an wie ein liebeskranker Kater.

Igor füllte die Gläser. Boris tauschte seine Gitarre gegen eine Domra, die an der Wand lehnte, schlug ein paar Akkorde an, starrte versonnen auf die langen Saiten und sah dann zu Dunja hinüber. Sie stimmte ein leises Summen an. Langsam und entspannt ließ sie es anwachsen, während Boris eine Melodie improvisierte. Dunjas Stimme suchte einen Weg hinein in diese Melodie, tastend wagte sie sich vor, zog sich gleich darauf zurück, schmiegte sich an die Töne, drängte sich zwischen die Akkorde. Fasziniert sah ich zu und hatte das Gefühl, zwei Tänzern bei einem Pas de deux zuzusehen. Dann zählte Boris *»odin, dwa, tri, tschetyre –* eins, zwei, drei, vier«, und Dunja begann ein altes Liebeslied. Sie sang in einem warmen Alt ein Lied voller Sehnsucht, und ich spürte, wie sich unter meiner Bluse die Härchen auf meinen Unterarmen aufstellten.

Die Musik zerriss einem das Herz.

Häufig wenn ich einem der Soldaten in der Karibik-Bar zugehört hatte, wenn jemand Gitarre gespielt, ein anderer sich dazugesetzt und irgendwann alle gesungen hatten, hatte ich in dieser fremden Musik etwas entdeckt, das mir vertraut war. Alle Lieder schienen stets von Liebe und Schmerz zu handeln, und die Russen trugen sie mit einem Temperament vor, das ich von meinen Landsleuten nicht kannte. Vor ein paar Wochen hatte Leo mich in einen der so genannten »Russenblocks« draußen auf dem Dreesch, in dem ausschließlich Rotarmisten und ihre Angehörigen untergebracht waren, mitgenommen. Wir hatten ein Ehepaar besucht, ein Paar, das unterschiedlicher nicht hätte sein können – der Mann klein, dünn wie ein Strich auf einem Bild von Sempé, die Frau dick und rund. Stand sie neben ihrem Mann, dachte man unweigerlich, sie würde ihn im nächsten Moment hochheben, ihn vorsichtig abstauben und in eine Vitrine auf dem Küchenbuffet setzen, die Glastür sorgfältig verschließen, damit ihm bloß nichts passierte. Doch kaum begannen beide zu singen, jenes sehnsüchtige Vibrato anzustimmen, waren alle Unterschiede ausgelöscht.

Wann immer die Russen zu singen begannen, geschah etwas Einzigartiges. Auch jetzt konnte ich mich dem Sog nicht entziehen. In meinem Hals saß ein Kloß, der, je öfter ich schluckte, umso größer wurde. Dunja sang, und Boris spielte auf der Balalaika, Igor schenkte Wodka nach, und Leo legte eine Hand auf meinen Arm: »*Wsjo w porjadkje* – Alles in Ordnung?« Ich nickte und spürte, wie sich meine Augen mit Tränen füllten. Sie waren Fremde, diese Leute. Ich fühlte ihre Fremdheit, spürte ihre Einsamkeit mit jeder Faser.

Ich teilte ihren Schmerz.

Als ich nach Hause kam, kochte ich Kaffee, zündete eine Zigarette an und setzte mich auf den Fußboden. Aus einem der Fotoalben löste ich behutsam ein Bild, strich mit dem Finger über Marcos schönes, dunkles Gesicht, und stellte es vor mir auf, angelehnt an den Rand eines Blumentopfes. Still, ohne ein Wort zu sagen, erzählte ich meinem Freund von dem Abend, von den Liedern, der Sehnsucht.

Die Nacht war totenstill.

Heute Nachmittag rief mich Frau Kalkhoff. Sie war vor einigen Wochen in die Rheumatologie verlegt worden, sie litt an schwerem Gelenkrheuma, besonders in den Händen. Ihre Finger waren verkrüppelt, sie konnte kaum noch greifen. Auch in den Knien und der Hüfte hatte die alte Frau starke Schmerzen, sodass sie, wenn sie überhaupt aufstand, sich nur in Begleitung bewegte.

Frau Kalkhoff lag, nur mit einem Nachthemd bekleidet, auf der nackten Matratze ihres Bettes. Einen Moment lang dachte ich, sie sei tot, so bleich und hager lag sie da. Die Frauen in den anderen Betten schliefen, eine, die dicke Frau Geissler, schnarchte. Das fünfte Bett stand leer. Ich berührte ihren Arm, ganz leicht, damit sie nicht erschrak: »Frau Kalkhoff, warum haben Sie keine Bettwäsche?« Ich flüsterte, ich war nicht sicher, ob die alte Frau schlief.

Frau Kalkhoff neigte ihren Kopf zur Seite. Sie öffnete die

Augen, so langsam, als kostete es sie große Mühe. »Kindchen ...«, wisperte sie. Ich ging hinüber zum Schrank, nahm eine Decke heraus, die dort für Notfälle lag und breitete sie über Frau Kalkhoffs dürren Körper. Dann machte ich mich auf den Weg in die Wäschekammer, um frische Laken und Bezüge zu holen.

Als ich zurückkam, lag Frau Kalkhoff noch immer reglos auf ihrem Bett. Wie aufgebahrt, durchfuhr es mich. Sie starrte an die Decke, doch sie schien nichts zu sehen, nichts wahrzunehmen. Es war, als befände sich die alte Frau in einer anderen Welt. Ich hustete kurz. Ich verspürte ein starkes Bedürfnis, Frau Kalkhoff auf keinen Fall zu erschrecken. Als sie mich bemerkte, versuchte sie, die Wolldecke beiseite zu schieben.

»Bleiben Sie ganz still liegen, Frau Kalkhoff. Ich mache das schon.« Ich begann, das Bett zu beziehen, bei jedem Handgriff darauf bedacht, der alten Frau keine weiteren Schmerzen zuzufügen. Nebenan ließ Frau Geissler geräuschvoll etwas Luft aus ihrem Darm. Ich fragte mich, ob man Frau Kalkhoff ein Beruhigungsmittel gegeben hatte oder ob es das Rheuma war, das ihre Bewegungen so schwerfällig machte.

»Brauchen Sie sonst noch etwas, Frau Kalkhoff?« Ich beugte mich vor und strich eine Haarsträhne aus ihrem Gesicht. Ihre Lippen waren dünn wie ein Bleistiftstrich, die Augen klein und glanzlos, die Haut dünn wie Papier von der langen Kortisonbehandlung.

»Danke, Kindchen. Aber bleib doch noch einen Moment bei mir.« Ich setzte mich auf den Rand der Matratze, obwohl die Oberschwester jeden Moment mit den Medikamenten hereinkommen würde.

»Wann kommen Ihre Kinder Sie wieder besuchen, Frau

Kalkhoff?« Ich nahm ihre Hand, und weil sie so kühl war, rieb ich sie, um sie zu wärmen.

»Ach ...«

Im Nachbarbett drehte sich Frau Tetzlaff auf die andere Seite, leise grunzend. Ich überlegte, wann ich Frau Kalkhoffs Söhne zum letzten Mal auf der Station gesehen hatte. Doch die Tage glitten ineinander, mein Zeitgefühl verschwamm.

»Schülerin Jana ...« Ich zuckte zusammen. Ich zuckte immer zusammen, wenn ich diese Stimme hörte. »Was ist das schon wieder? Was ist hier los, warum sitzen Sie herum?« Die Oberschwester war eine Zeitmaschine, ein Zeitterrorist, ein Diktator. Sie trieb alle auf der Station an, hetzte, gab den Takt vor. Wir machten Betten mit der Uhr im Nacken, wir wischten Staub mit der Uhr im Nacken, wir wischten den Patienten den Hintern ab – mit der Uhr im Nacken. Wir jagten über die Flure, putzten, schrubbten, wienerten. Wir waren emsige Putzfrauen, die ab und zu Pillen verabreichten. »Sie sind zum Arbeiten hier, nicht zum Quatschen. In zehn Minuten kommt ein Neuzugang aus der Notaufnahme, und das Bett in Zimmer 7 ist noch nicht gemacht.«

»Geh, Kindchen. Ich will nicht, dass du Ärger kriegst.«

»Ich komme später wieder, Frau Kalkhoff.«

Als ich auf die Station gekommen war, hatte ich noch versucht, mit der Oberschwester zu reden. Der Körper heilte nicht, wenn man die Seele nicht pflegte; für die Patienten war es wichtiger, mit jemandem sprechen zu können, als dass Fensterbänke und Fußleisten glänzten. Die Oberschwester hatte mich harsch zurechtgewiesen. Anfangs hatte sie mich sogar besonders aufmerksam beobachtet und angetrieben, sobald ich mit einem Patienten ein Wort gewechselt hatte. Mich empörte diese Achtlosigkeit. Ich wollte den

Menschen helfen; deshalb hatte ich mich entschieden, Krankenschwester zu werden.

Unter einem Vorwand sah ich am Abend noch einmal nach Frau Kalkhoff. Die dicke Frau Geissler schnarchte unverdrossen; Frau Tetzlaff und Frau Rother saßen im Gemeinschaftsraum und sahen fern. Ich setzte mich auf einen Stuhl neben Frau Kalkhoffs Bett. Sie schob eine Hand unter der Bettdecke hervor. Ihre Finger waren kalt, und ich versuchte, sie ein wenig zu wärmen. »Erzähl mir etwas, Kindchen.«

Normalerweise war es umgekehrt, Frau Kalkhoff redete, und ich hörte zu. Vor kurzem hatte sie erzählt, wie sie 1953 in Berlin in die Arbeiteraufstände geraten war. Ihr Verlobter war Putzer auf einer Baustelle an der Stalinallee, und gemeinsam mit ihm und seinem Bruder zog Frau Kalkhoff los, um gegen die von der Regierung geplante Erhöhung der Arbeitsnormen zu demonstrieren. Am Nachmittag des 16. Juni versuchten die Demonstranten, zum Generalstreik aufzurufen. Der RIAS berichtete live von den Aufständen. Die Volkspolizei fuhr auf, doch die Vopos waren irritiert: Demonstrationen gab es in der DDR nur, wenn sie genehmigt waren – ein Volksaufstand war nicht vorgesehen. Anfangs wussten die Vopos nicht, was sie tun sollten. Abends skandierten die Demonstranten bereits: »Der Spitzbart muss weg!«, sie wollten Walter Ulbricht absetzen. Am nächsten Morgen waren die Volkspolizisten nicht mehr in der Lage, die demonstrierenden Massen zu stoppen. Die Lage eskalierte, als am Mittag des 17. Juni Panzer und Mannschaftswagen mit russischen Infantristen über den Potsdamer Platz rollten. Schüsse fielen. Frau Kalkhoff, ihr Verlobter und dessen Bruder versuchten, sich in Sicherheit zu bringen. Sie verloren sich. Frau Kalkhoffs Verlobter tauchte nie wieder auf. Zwei Jahre später verließ sie Berlin und zog nach Greifswald, wo sie aufgewachsen war. Der Bruder ihres Verlobten folgte ihr, die beiden heirateten und bekamen zwei Söhne. Vor fünf Jahren war ihr Mann gestorben, an einem Blutgerinnsel, das der Hausarzt zu spät erkannt hatte.

»Was soll ich Ihnen denn erzählen, Frau Kalkhoff? Ich hab doch noch gar nichts erlebt. Na ja, abgesehen vielleicht von der Wende ...«

Auf dem Nachttisch stand eine Flasche Apfelsaft, und ich schenkte ein Glas ein. Mit kleinen Schlucken trank die alte Frau ein wenig Saft. Sie erinnerte mich an eine Drossel, die Nachbarn in der Friedensstraße einmal verletzt auf dem Fußweg gefunden hatten. Sie hatten sie mit Würmern aus dem Gemüsegarten aufgepäppelt und ihr mehrmals am Tag mit einer Pipette Wasser in den Schnabel geträufelt.

»Kindchen«, sagte Frau Kalkhoff, als ich gerade überlegte, was ich erzählen könnte. »Ich müsste mal auf die Toilette.«

»Ich helfe Ihnen.« Ich stützte Frau Kalkhoff, als sie mühsam versuchte, sich aufzusetzen. Gemeinsam machten wir uns auf den Weg, mit kleinen Schritten, vorsichtig wie zwei Wasserträger in der Wüste. Als wir an der Wäschekammer vorbeikamen, sah ich durch die geöffnete Tür die Oberschwester. Hätte sie mich putzen geschickt, hätte ich nicht gezögert, vor allen Leuten mit ihr zu streiten. Doch sie blickte nur kurz über den Rand ihrer Brille, dann fuhr sie fort, die Laken durchzuzählen, die die Wäscherei am Nachmittag angeliefert hatte.

Als wir den Waschraum erreichten, blieb Frau Kalkhoff stehen. »Sollen wir eine Pause machen?«, fragte ich. Sie nickte. Ich streichelte ihren faltigen Arm und merkte, dass ich eigentlich nicht wusste, was ich tun sollte. Ich konnte so wenig ausrichten. Als ihr Atem ruhiger wurde, drückte Frau Kalkhoff gegen die Türklinke. Ich half, die Tür ließ sich nur mit Kraft öffnen. »Jetzt lasse ich Sie los, damit Sie allein auf die Toilette gehen können. Aber ich warte vor der Tür.«

»Danke, Kindchen.« Mit ihrem eckigen, humpelnden Gang sah ich Frau Kalkhoff in der Kabine verschwinden.

Ich ging zum Waschbecken und wusch mir die Hände. Mit nassen Fingern riss ich ein Stück Klopapier von einer Rolle, die auf der Konsole stand. Das Papier war hart und kratzte. Ich schaute in den Spiegel. Seit ich vierzehn war, schminkte ich mich; ungeschminkt wäre ich nicht einmal zum Briefkasten gegangen. Ich war immer die Kleinste gewesen, überall. Mit Make-up wirkte ich erwachsener und fühlte mich stärker. Einmal hatte unsere Ausbilderin mich zur Seite genommen. So viel Lidschatten müsse nicht sein, fand sie, nicht im Krankenhaus. Danach versuchte ich, mich dezenter zu schminken.

Ich hörte, wie Frau Kalkhoff die Spülung zog.

Dann hörte ich einen Knall.

Ich riss die Tür auf und sah Frau Kalkhoff mit verdrehten Beinen, die Arme in die Luft gereckt, zwischen der Toilettenschüssel und der Trennwand zur Nachbarkabine hängen. Sie musste beim Aufstehen das Gleichgewicht verloren haben. Sie hatte kaum Kraft, weder in den Beinen noch in den Armen. Ohne lange zu überlegen, griff ich unter ihre Achseln und zog sie hoch. Die alte Frau war leicht wie ein zehnjähriges Mädchen. Sie weinte, und ich wiegte und tröstete und streichelte sie.

Als sie wieder in ihrem Bett lag, wisperte Frau Kalkhoff: »Komm her, Kindchen.« Frau Geissler war inzwischen aufgewacht und blätterte geräuschvoll in einer abgegriffenen

Ausgabe der »Sybille«. Ab und an entwich ihr ein Furz; sie entschuldigte sich jedes Mal. Ich setzte mich auf die Matratze, doch Frau Kalkhoff flüsterte: »Noch näher.« Ich rutschte ganz dicht an sie heran. Schließlich hielt ich sie im Arm wie ein Baby. »Erzähl mir was, Kindchen.«

Ich überlegte.

»Ich habe zwei Brüder, und meine Eltern haben sich scheiden lassen, als ich zwei Jahre alt war«, begann ich. »Mutter hat später wieder geheiratet. Oliver ist zwei Jahre älter als ich, und Marcello ist sieben Jahre jünger. Er ist unser Nesthäkchen. Ich liebe die beiden. Obwohl wir uns als Kinder manchmal ganz schön gestritten haben ...« Frau Kalkhoff lächelte. Vielleicht dachte sie an ihre Söhne.

»Als ich schon in der FDJ war und Marcello noch bei den Jungpionieren, hab ich ihm immer sein blaues Halstuch umgebunden und bei den Pioniernachmittagen mit den Kleinen gebastelt. Das hab ich gern getan. Und Marcello war stolz auf seine große Schwester. Später hab ich die Pionierleitung in seiner Klasse übernommen.

Meine Mutter liebe ich natürlich auch, und ihr neuer Mann ist ein prima Kumpel. In der Schule war ich früher ganz gut. Später wurde dann alles so anstrengend, und ich habe eine Zeit lang im Unterricht nachgelassen. Aber mein Abschlusszeugnis von der Polytechnischen Oberschule ist gar nicht so schlecht. Immerhin hab ich einen Ausbildungsplatz als Krankenschwester bekommen, und Krankenschwester wollen ja viele Mädchen werden.« Draußen war es dunkel, und ich hörte, wie die Oberschwester auf dem Flur nach einer Schülerin rief. Frau Kalkhoff lag still in meinem Arm.

»Frau Kalkhoff?«

Die Oberschwester schickte mich vor Schichtende nach Hause. Ich machte mir unendliche Vorwürfe. Ich war sicher, dass Frau Kalkhoff noch leben würde, wenn ich nicht die ganze Zeit geredet hätte, wenn ich *sie* hätte erzählen lassen, so wie an den anderen Tagen auch.

Dann hätte ich noch rechtzeitig etwas bemerkt!

Es dauerte, bis ich eingestehen konnte, dass die alte Frau mich gerufen hatte, weil sie gespürt hatte, dass sie sterben würde. Und weil sie nicht mutterseelenallein hatte sterben wollen.

In dem Sommer, bevor ich siebzehn wurde, waren Marco und ich mit seiner »Schwalbe« an die Ostsee gefahren. Zuerst nach Wismar und von dort aus die Küste entlang, nach Zierow und Beckerwitz, am Wohlenberger Wiek entlang bis nach Klütz und schließlich nach Boltenhagen. In Boltenhagen haben wir einen Campingplatz gefunden, auf dem wir fünf Tage geblieben sind. Der Boden war sandig, und überall wuchsen Kiefern, deren ausladende Äste und Zweige Schatten über die Zelte warfen. Tagsüber lagen wir am Strand oder fingen mit einer selbst gebastelten Angel kleine silbrige Fische, die wir am Abend grillten. Wir lebten ohne Gefühl für Zeit und Raum. Wir nahmen die Außenwelt kaum wahr, wir waren auf uns konzentriert und genossen jeden Moment dieser sorglos dahinfließenden Tage.

Nach einer Woche bekam ich Fieber.

Wir waren früh aufgebrochen in Richtung Poel, denn wir wollten vor den Sonntagsausflüglern ankommen. Gleichzeitig frierend und schwitzend saß ich hinten auf dem Moped, die Hände gegen Marcos Bauch gepresst. Ich fühlte mich matt und müde. Als wir Groß Strömkendorf erreichten, entdeckte Marco hinter dem Ortsausgang einen Wegweiser, der zu einem Campingplatz auf dem halben Weg nach Malchow führte. Der Platz lag abseits, hinter den langen, braunen Schuppen einer LPG. Er war längst nicht so idyllisch wie der, den wir am Morgen verlassen hatten, doch Marco machte sich Sorgen und wollte, dass ich schlief. Er baute das Zelt auf, während ich nach einer Toilette und einer Waschgelegenheit suchte. Als ich zurückkam, hatte er bereits die Luftmatratzen aufgepumpt und unsere Decken ausgebreitet. Ich schlief ein, kaum dass er sich neben mich gelegt und meine Hand genommen hatte.

Als ich zwei Stunden später erwachte, hatte Marco am Kiosk Tücher und eine Schüssel mit kaltem Wasser besorgt. Vor unserem Zelt hüpften neugierige Spatzen auf und ab, sie stießen ihre Schnäbel in den Sand, auf der Suche nach Brotkrümeln oder Insekten. Marco tauchte die Tücher in die Schüssel und wrang sie aus. Das Plätschern des Wassers schreckte die Spatzen auf. Mein Freund machte mir kalte Wickel. Meine Knochen schmerzten, und mein Kopf toste. Doch ich fühlte mich wie im Paradies.

Nicht einmal als Kind war ich so umsorgt worden.

Im Traum kamen die Männer die Treppe hinauf, einer nach dem anderen, eine lange Reihe. Mit synchronen Bewegungen, wie Roboter, verschwanden sie in unserem Wohnzimmer. Mutter schloss leise die Tür. Marcello, Oliver und ich pressten unsere Gesichter an das kühle, geriffelte Glas, doch wir sahen nichts, nicht einmal Umrisse, und wir hörten auch keinen einzigen Laut.

Plötzlich öffnete sich die Tür, der erste Mann kam wieder heraus und marschierte nun mit schweren Schritten wie ein Bauarbeiter den Flur entlang, spuckte vor der Garderobe aus, sah in den Spiegel, spuckte in beide Handflächen und fuhr sich durchs Haar. Er nahm einen kleinen, goldenen Kamm von der Konsole, steckte ihn achtlos in seine Hosentasche und ließ mit einem Dröhnen die Tür hinter sich ins Schloss fallen. Im Wohnzimmer hörten wir unsere Mutter weinen.

Nacheinander verließen alle Männer den Raum, alle spuckten sie achtlos auf den Fußboden, hinterließen Dreck auf dem Teppich und schlugen die Tür hinter sich zu. Einer zog mit einem hässlichen Grunzen die Nase hoch.

Dann trat Mutter auf den Flur. Sie trug ein weißes Hochzeitskleid, und an ihrer Seite ging ein Mann, er war groß und kräftig, und seine schwarzen Haare waren ordentlich zurückgekämmt. Die beiden winkten uns Kindern zu und verschwanden in einer Kirche.

Ich machte mich mit meinen Brüdern auf den Weg zu unserer Großmutter. Sie wohnte in einem kleinen Häuschen in der Nähe des Zoos, und als wir kamen, kochte sie Linsensuppe. Auf einem roten Esstisch standen zwei Teller, neben denen zwei Löffel und zwei Servietten lagen. Marcello und Oliver setzten sich an den roten Esstisch und aßen. Es war, als wäre ich gar nicht da.

Zum Abschied schenkte Großmutter meinen Brüdern einen Eimer voller Bonbons. »Aber verratet niemandem, dass ihr sie von mir habt«, sagte sie, steckte sich selbst ein Bonbon in den Mund und verschwand in ihrem Häuschen.

Ich wachte auf.

3. KAPITEL

Aus der Nachbarwohnung hörte ich die Eröffnungsfanfare der »Tagesschau«. Herr Neumann sah Nachrichten. Genauso regelmäßig hatte er bis vor kurzem jeden Abend die »Aktuelle Kamera« eingeschaltet. Manchmal schien es, als hätten sich nur ein paar Äußerlichkeiten verändert; dahinter lebten die Menschen weiter, wie sie es all die Jahre zuvor auch getan hatten.

Im nächsten Augenblick spürte ich umso heftiger, dass unser Leben auseinander geflogen war. Marcos letzter Anruf lag drei Wochen zurück. Oder vier? Ich rechnete nach, doch die Tage flossen ineinander. Der Kaffee war kalt geworden, und ich stand auf und kochte neuen. Das Rankengewächs auf dem Bord über dem Sofa bekam gelbe Blätter.

Er hatte unnahbar geklungen. Hatte von Aachen erzählt, wo er jetzt wohnte, und davon, dass Margarethe und er manchmal nach Holland fuhren, bis nach Maastricht waren es nur vierzig Kilometer. Holland ... Ich musste lachen, es klang so absurd. Holland lag einmal Welten von Greifswald entfernt; nun gingen Marco und Margarethe dort Eis essen und einkaufen. Bloß ich saß immer noch hier.

Und weinte.

Marcos Stimme hatte so leicht geklungen, so seltsam unbeschwert, und je länger ich ihr zugehört hatte, desto grauer hatte ich mich gefühlt. Bleischwer. Hässlich und unglücklich. Ich hatte vom Krankenhaus erzählt, davon dass ich jetzt auf der psychiatrischen Station arbeitete, so wie mein Ausbildungsrahmen es für das letzte Lehrjahr vorsah. Ich hatte erzählt, wie häufig es geschah, dass ich morgens auf die Station kam und irgendein Kollege erschien nicht mehr zum Dienst, hatte rübergemacht, über Nacht, ohne ein Wort. Ärzte und Krankenschwestern wurden im Westen gesucht. Ich hatte erklärt, noch einmal, dass ich durchhalten und meine Ausbildung zu Ende machen wollte. Danach würden wir neu anfangen, danach käme ich nach Aachen. Doch zuvor musste ich mein Examen machen. Ich wollte nicht ohne etwas in der Hand dastehen, nicht jetzt; wer wusste schon, was die neuen Zeiten bringen würden. Ich hatte geredet, Kaskaden von Wörtern waren herausgesprudelt, ohne Unterlass, ohne Halt.

Dabei hatte Marco gar nicht danach gefragt.

Ich ging zum Telefon, nahm den Hörer ab und legte ihn im selben Moment wieder auf die Gabel. Ich ging ins Bad und wusch mir das Gesicht. Herr Neumann schaltete den Fernseher aus.

Als er seiner Mutter gefolgt war, hatte Marco zuversichtlich geklungen. Wir würden telefonieren, uns besuchen, wann immer es ginge. Ein Jahr, das schaffen wir doch, Schatz! Aber er hatte nicht warten wollen. Er hatte sein Examen in der Tasche und brannte darauf, in den goldenen Westen zu ziehen, in die lang ersehnte Freiheit. Am Ende hatte ich zugestimmt; ich hatte keine Wahl gehabt. Doch ich nahm Marco übel, dass er bereit war, alles aufzugeben für ein bisschen mehr Geld, ein bisschen mehr Glück, ein paar Krümel vom großen Kuchen der Wessis.

Herr Neumann verließ das Haus. Ich hörte seine Wohnungstür zuschlagen, das Klappern des Schlüssels, das Klacken der Absätze auf den steinernen Stufen im Treppenhaus. Ich zündete eine Zigarette an. Der Kaffee schmeckte bitter. Ich sah auf die Uhr, es war Viertel vor neun. Ich hatte mich nicht getraut, Marco zu fragen, ob er mich vermisste.

An jenem Morgen, als er zum Bahnhof gefahren war, hatte ich am Fenster gestanden. Hatte zugesehen, wie Marco den Plattenweg entlanglief, wie er es tausende Male getan hatte. Über der Schulter trug er einen Seesack, in der Hand einen braunen Koffer. Als er unser Haus erreichte, sah er nach oben. Reglos stand ich da. Marco stellte seinen Koffer ab und winkte. Ich war unfähig, mich zu bewegen. Ich sah ihn seinen Koffer nehmen und weitergehen, sah ihn um die Straßenecke biegen.

Dann sah ich ihn nicht mehr.

Marco hatte rübergemacht.

Kurze Zeit später zog ich bei Mutter aus, in eine Einraumwohnung draußen auf dem Dreesch. Ich richtete mich ein, arbeitete und ersoff in Schmerz und Sehnsucht. Mir war, als habe jemand mein Leben ausgeschaltet, um es eines Tages, niemand wusste, wann, wieder anzuwerfen.

Ich zog an der Zigarette und drückte den Stummel in den Aschenbecher. Ich überlegte, wann ich zuletzt in der Karibik-Bar gewesen war. Auch daran konnte ich mich nicht erinnern. Außerhalb meiner kleinen Wohnung fand das Leben statt; doch ich nahm nicht daran teil. Im Krankenhaus gelang es mir manchmal, mich abzulenken, die Krankheiten der Patienten auf der psychiatrischen Station faszinierten mich, aufmerksam las ich Krankenakten und studierte Schizophrenien, Depressionen, Psychosen. Darüber hinaus erlebte ich alles, was geschah, schemenhaft. Die Tage vergingen in monotoner, leicht sedierender Regelmäßigkeit. Ich stand auf, arbeitete, kaufte ein und fuhr nach Hause.

Vor zwei Wochen war ich nach Lankow gefahren und

hatte Mutter besucht. Marcello hatte Geburtstag, und es gab West-Kaffee, Apfelkuchen, »HB« statt »F-6«-Zigaretten. Wir hatten über Schulzes geredet, die jetzt einen Golf fuhren und ihren Lada lachend und feiernd auf den Schrottplatz gefahren hatten. Mutter hatte mir zwei T-Shirts gezeigt, die sie gekauft hatte, pink und gelb; alles war so bunt geworden. Seither hatte ich nichts mehr von meiner Familie gehört. Mutter arbeitete jetzt in einer großen West-Firma und hatte wenig Zeit. Ich war froh; ich wollte niemanden sehen.

Auf dem Parkplatz vor dem Haus fuhr jemand im ersten Gang aus einer Parklücke. Auf der Fensterbank lag ein Buch: »Mami, muss ich sterben?« Ich hatte es gekauft, als ich auf der Kinderstation gearbeitet hatte. Wahllos griff ich nach einem der Stofftiere auf der Sofalehne, wickelte mich in die Wolldecke und rollte mich zusammen. Wie ein Embryo, ausgesetzt in einer unwirtlichen Welt.

Herr Neumann kam zurück. Wieder klackten seine Absätze auf dem Steinfußboden, wieder rasselte der Schlüssel, wieder klappte die Tür, diesmal geschah alles in umgekehrter Reihenfolge. Wahrscheinlich hatte er frisches Bier geholt. Ich stand auf, putzte mir die Nase, nahm eine Flasche Cola aus dem Kühlschrank und trank in großen Schlucken. Auch die Limonade schmeckte jetzt besser. Trotzdem dachte ich manchmal wehmütig an die alte »Klub-Cola«. Wahllos zog ich ein Fotoalbum aus dem Wandschrank und setzte mich, eingewickelt in die Wolldecke, im Schneidersitz aufs Sofa. Ich kannte alle Fotos. Ich hatte sie hundertmal angesehen. Wie einen Schatz hielt ich das Fotoalbum im Schoß. Wiegte es sanft hin und her. Nach links, nach rechts. Ein beruhigendes, ein gleichmäßiges Schaukeln.

Ich stoppte abrupt.

Ich sprang vom Sofa und stolperte dabei über einen Zipfel der Wolldecke. Ich hatte mich ertappt, hin- und herzuschaukeln – wie die Patienten auf der psychiatrischen Station! Ich lief ins Bad und spritzte mir kaltes Wasser ins Gesicht. Ich trocknete mich ab und betrachtete mich im Spiegel. Atemlos, erschrocken.

Es wurde Zeit.

Ich musste raus.

Ich riss die Kleiderschranktür auf, zog T-Shirts und Blusen, Hosen und Pullis, Gürtel und Schuhe heraus, hielt sie einen Augenblick in die Luft, prüfte sie auf ihre Tauglichkeit, warf sie beiseite. Innerhalb von Minuten waren das Sofa, der Tisch, der Fußboden übersät. Nichts passte, und nichts taugte. Am Ende zog ich eine schwarze Jeans und eine weiße Bluse aus den Kleiderbergen und ging ins Bad.

Ich gehe. Ich gehe nicht. Ich muss. Ich will nicht.

Das Wasser kleckerte kalt aus dem Hahn, es war kaum Druck in der Leitung. Duschte Herr Neumann? Ich nahm die Bürste von der Konsole und fuhr mir mit wilden Strichen durchs Haar. Ging in die Küche, füllte Wasser in die Kaffeekanne und goss es in die Kaffeemaschinc. Löffelte Kaffee in den Filter, drückte den orangefarbenen Knopf und wartete. Ungeduldig.

Ich gehe, ich muss.

Ich lief zurück ins Bad und drehte den Wasserhahn auf. Jetzt prasselte kaltes Wasser in die Wanne. Ich wartete, bis es warm wurde, und zog mich aus. Das Wasser hüllte mich ein, seine Wärme fing mich auf, sie tat gut, sie löste die Nervosität auf. Ich wurde ganz ruhig. Ich drückte ein wenig Flüssigseife aus der Flasche und wusch mich. Ein Geruch von Zitronen und Melisse erfüllte die Luft. Ich drehte den Hahn noch weiter auf, bis das Wasser so heiß war, dass ich es fast nicht mehr ertrug. Reglos stand ich unter der Dusche und lauschte dem gleichmäßigen Rauschen.

Als ich aus der Dusche stieg, war die Luft im Bad weiß. Man sah kaum die Tür, die Lampe über dem Spiegel warf ein mattgelbes Licht. Ich öffnete die Tür und trat auf den Flur. Ein Schwall kalter Luft schlug mir entgegen, ich zitterte.

Ich gehe nicht, ich will nicht. Du musst.

Barfuß lief ich über den Linoleumboden und schenkte mir in der Küche eine Tasse Kaffee ein. Eingehüllt in meinen alten Herrenbademantel, ein Handtuch um die nassen Haare gewickelt, setzte ich mich aufs Sofa. Der Kaffee war heiß, ich blies in die Tasse, um ihn abzukühlen. Im Haus war es still. Im Block gegenüber brannten Lichter. Ich stand auf und zog die Gardinen zu.

Ich betrachtete die Unordnung auf dem Fußboden, trank meinen Kaffee und rauchte eine Zigarette. Dann stand ich auf und ging ins Bad. Zog mich an und föhnte die Haare. Verrieb etwas Haargel zwischen den Handflächen und kämmte die Haare an den Seiten hoch. Schminkte mich.

Ich will nicht. Du musst.

Ich nahm meinen Schlüssel und ging.

»Kak djela, moja dotschka?«

»Gut geht's, Papa. Und dir?«

»Auch gut, wie immer.« Papa zwinkerte. Einen Moment lang empfand ich tiefe Freude, ihn wieder zu sehen. Er winkte mich durch. Als ich mich an den Wartenden vorbeischob, legte ein blonder Soldat seinen Arm um mich, er war offensichtlich betrunken. Ehe er etwas sagen konnte, zog Papa ihn beiseite. »Finger weg von meinem Töchterchen! Ist das klar?« Der Soldat murmelte unverständliche Worte und torkelte die Treppe hinunter.

»Danke, Papa.« Ich gab ihm einen Kuss.

Es war Freitagabend. Hinter der Bar entdeckte ich Katharina und Sonja. Sonja sprach mit zwei Soldaten in Uniform, beide sahen sehr ernst aus, beinahe unfreundlich.

»Hallo Jana, wie geht's? Schön, dich mal wieder zu sehen!« Katharina lachte. Ihre Schneidezähne standen leicht schief; das hatte ich schon immer äußerst apart gefunden, beinahe sexy. »Wo hast du gesteckt?«, fragte sie.

Ich lächelte und sagte: »*Mnogo raboty* – viel Arbeit. Du weißt ja, im Krankenhaus ist immer eine Menge zu tun. Außerdem habe ich im Sommer Abschlussprüfung. Ich muss ziemlich viel lernen.« Ich merkte, dass mir selbst Belanglosigkeiten schwer über die Lippen kamen.

»Ihr Deutschen ...«, lachte Katharina. »Viel Arbeit, wenig Zeit!« Neben mir wurde ein Hocker frei, und ich setzte mich an den Tresen.

»Einen Valentino?«, fragte Katharina.

Ich nickte und zündete mir eine Zigarette an. Ich dachte an Zuhause, an meine Fotoalben. Ich riss mich zusammen. Nun war ich hier, nun würde ich lachen, trinken, tanzen, wie alle anderen auch. Basta.

Katharina stellte ein Glas auf den Tresen und ein Schälchen Erdnüsse.

»*Spasibo* – danke.«

Ich freute mich, sie wieder zu sehen, trotzdem war ich froh, dass die Bar voll war und weder Katharina noch Sonja Zeit hatten, sich länger mit einzelnen Gästen zu unterhalten. Ich zog an meinem Strohhalm, schmeckte den süßen Geschmack von Orangen. Nach einer Weile breitete sich eine wohlige Wärme im Magen aus. Langsam füllte sie den Brustraum, die Arme, die Beine. Den Kopf.

Ich rauchte und trank. Betrachtete die Rumflaschen im

Regal vor mir. Das Bild von Gorbatschow an der Stirnseite des Raumes. Die Palmen, die exotischen Blumen. Alles war mir auf wohltuende Weise vertraut. Plötzlich war ich froh, dass ich nicht zu Hause geblieben war. Auf dem Weg zur Straßenbahnhaltestelle wäre ich am liebsten umgekehrt. Während ich auf die Bahn wartete, begann ich, bis hundert zu zählen. Als ich gerade »87« murmelte, bog die Straßenbahn um die Ecke.

Ich griff nach meinen Zigaretten. Nein, ich wollte mich nicht unterhalten, doch ich war froh, die vielen Menschen um mich herum zu spüren. Sie lachen zu hören. Ihre Parfüms zu riechen, ihren Schweiß. Inmitten dieser Menschen war ich nicht allein und musste dennoch nichts von mir preisgeben. Ab und zu legte sich eine Hand auf meine Schulter. Jemand grüßte, ein Bekannter, ein kurzes »Hallo, wie geht's, schön, dich zu sehen«. Unverbindliche Floskeln, Sätze in gebrochenem Deutsch, etwas Russisch. Dann gingen sie weiter. Ich zündete mir eine neue Zigarette an.

Ich winkte Katharina und deutete auf das leere Glas. Sie nickte. Neben mir rutschte ein Paar von seinen Barhockern und ging zur Tanzfläche. Ich sah ihnen nach. Sie bewegten sich wie zwei Menschen, die einander gerade kennen lernten, das Spiel ihrer Körper hatte nichts Selbstverständliches. Ich dachte an Marcos Hände, seine hellrosa Fingernägel, unter denen fast immer Reste von Motoröl klebten. Die Erinnerung war so schmerzhaft präzise, dass ich erschrak. Katharina wischte mit einer Serviette über den Tresen, stellte den Valentino hin und schüttete die Erdnüsse, die das Paar nicht gegessen hatte, in mein Schälchen. Ich versuchte zu lächeln; das Lächeln ertrank in einer Welle von Schmerz. »*Za zdorowje*, Mädchen, prost«, sagte sie. »Wodka hilft.« Ich nahm einen tiefen Zug.

Mein Blick folgte Katharina und Sonja, wie sie Bestellungen annahmen, Getränke mixten, kassierten. Man sah es mir also an. Ich würde nach Hause fahren. Ich hatte es versucht, aber es ging nicht. Ich fühlte mich leer. Ich betrachtete die Tanzenden – was hatte ich mit diesen Menschen zu tun? Sie bewegten sich ein Universum weit entfernt. Ich trank aus. Und griff nach meinem Zigarettenpäckchen.

Es war leer.

Im selben Moment roch ich einen Pfefferminzatem. Eine Hand hielt mir ein Päckchen Zigaretten entgegen. Das Papier leuchtete beinahe unwirklich weiß im flackernden Schwarzlicht. Die Hand war dunkel. Ich sah hoch.

Ich kannte ihn vom Sehen.

»Bitte«, sagte er auf Russisch. »*Poshalujsta*!«

Ich versuchte, eine Zigarette aus der Schachtel zu ziehen. Sie war voll, die Zigaretten saßen fest im Stanniolpapier. Ich zog, und die fremde Hand hielt die Schachtel fester. Dann schnippte ein Feuerzeug, und eine Flamme blitzte auf.

»Danke«, sagte ich. *»Spasibo.«*

»Ist der frei?« Er deutete auf einen der beiden Barhocker. Ich zögerte. Ich wollte mich nicht unterhalten; eine Zigarette, das reichte. Ich sah zur Tanzfläche hinüber. Das Paar war verschwunden. Ich nickte.

Er ließ sich auf den Barhocker gleiten. Er trug eine schwarze Lederjacke mit Fellkragen. »Ist dir nicht warm?«, fragte ich.

Er schüttelte den Kopf. »Es ist Winter.«

»Ja, draußen ...«

Er zog seine Jacke aus, legte sie über seine Oberschenkel und sah mich an. Irgendwie herausfordernd. »Besser?«

»Egal. Wenn du nicht schwitzt, zieh doch deine Jacke an. Mir ist das egal.« Ich verstand nicht, was er mit seiner Frage bezwecken wollte. Seine Augen waren schwarz wie Kohlen. Ich fand, sie funkelten, aber vielleicht waren das auch die Scheinwerfer. Ich zog noch einmal an meinem Strohhalm.

»Trinkst du noch etwas?«

Ich schüttelte den Kopf. »Danke, nein. Ich fahre gleich nach Hause.«

»Komm, trink noch was. Ich lade dich ein.«

Ich schüttelte den Kopf. »Danke, aber ich gehe jetzt.«

Er winkte Katharina und rief etwas auf Russisch. »Bleib noch. Schau, ich habe dir einen Valentino bestellt.«

Ich zögerte. Ich fühlte mich überrumpelt. Doch ich wollte auch nicht unhöflich sein. Gut, dachte ich, wenn er sein Geld für mich ausgeben will. Ich schob mein leeres Glas über den Tresen und nahm einen tiefen Schluck frischen, prickelnden Valentino. *»Za zdorowje!«*

»Prost«, antwortete er auf Deutsch und grinste.

Ich sah mich nach dem Paar um. Ich hoffte, dass er bald verschwinden würde. Ich sah zu Sonja hinüber, die Cola und Rum mixte, sie stand direkt unter dem Bild von Gorbatschow. Prost Michail, dachte ich. Auf Perestroika und Glasnost, auf die Wende. Vielleicht schaffen Marco und ich es ja doch, und ich ziehe im August nach Aachen. Gehe dann auch in Holland einkaufen und Eis essen und arbeite als examinierte Krankenschwester in einer West-Klinik, für ein ordentliches West-Gehalt. Die Pillen werden die gleichen sein, die wir jetzt auch schon haben. Und vielleicht nimmt man sich ja dort ein bisschen mehr Zeit für die Patienten und füttert sie nicht ab wie Hühner am Fließband. Vielleicht auch nicht.

Vielleicht ist das Leben im Westen ja wirklich besser. Schließlich bin ich bislang erst einmal drüben gewesen, in Lübeck, um das Begrüßungsgeld abzuholen. Da war es mir gar nicht so fremd erschienen. Die Produkte in den Regalen kannte ich fast alle aus dem West-Fernsehen. Hatten wir ja jahrelang heimlich geguckt. West-Kaffee – ... ›wunderbar!‹ Duschbad – ›mit der wilden Frische von Limonen‹. Und natürlich Bananen. Prost, Michail! Auf die Bananen!

»Hast du verstanden?«

Ich erschrak. Sah mich um, fragte: »Wie bitte?« Die schwarzen Augen fixierten mich. »Entschuldigung«, sagte ich. »Ich habe nicht zugehört.«

»Du warst lange nicht hier, habe ich gesagt. Wo warst du?« Ich sah ihn an. Einen Moment lang wusste ich nicht, was ich antworten sollte. Von Marco würde ich ihm sicher nichts erzählen. Was ging es ihn an? Außerdem wollte ich mich nicht unterhalten.

»Ich versteh nicht gut Russisch«, sagte ich.

Er wiederholte seine Frage, langsam, als wäre alles nur eine Frage des Tempos. Sein Mund formte jedes Wort überdeutlich.

»Es liegt nicht daran, dass du zu schnell gesprochen hast. Ich habe dich nicht verstanden, weil ich die Vokabeln nicht kenne.«

Er wiederholte seine Frage ein drittes Mal, diesmal radebrechte er auf Deutsch.

»Raboty«, antwortete ich. »Ich habe gearbeitet.«

Er grinste. »Du sprichst gut Russisch«, sagte er. »Ich weiß das. Ich habe dich hier schon ein paar Mal gesehen.« Ich sah zu Katharina hinüber. Er bemerkte meinen Blick, missverstand ihn und rief: »Noch einen Valentino für die schöne Frau!«

Ich ließ es geschehen.

»Trink«, sagte er. Ich nahm das Glas und trank.

»Ich heiße Askar. *Za zdorowje!*«

»Jana.«

Er trank einen Schluck aus seinem Glas, Cola, wahrscheinlich mit Wodka gemixt, dann zündete er zwei Zigaretten an und reichte mir eine. Ich nahm ein paar tiefe Züge. Der Discjockey spielte ein Stück von Depeche Mode, »Everything counts«. Vor zwei Jahren war es ein Hit gewesen, auf DT 64 haben sie es immer gespielt. Vor zwei Jahren, als die Welt noch in Ordnung war.

Ich sah hinüber zur Tanzfläche.

»Willst du tanzen?«

Ich schüttelte den Kopf.

Askar zögerte einen Moment, dann sagte er etwas auf Russisch. Ich musste mich vorbeugen, um ihn zu verstehen. Ich roch seinen Pfefferminzatem. Seine Nase berührte mein Haar. Ich zuckte zurück. Die Musik war laut, ich verstand höchstens die Hälfte. Er sprach sehr expressiv, seine Hände gestikulierten, seine Finger setzten Zeichen in der Luft. Ausrufungszeichen. Sein ganzer Körper ging mit, wenn er redete. Er wirkte selbstbewusst. Ich wusste, dass einige Frauen in der Karibik-Bar ihn attraktiv fanden. Sie nannten ihn »Süßer«.

Seine Sätze flogen durch die Luft, wirbelten durch meinen Kopf. Manchmal antwortete ich auf Russisch, manchmal auf Deutsch, doch die meiste Zeit hörte ich zu, versuchte, mich zu konzentrieren und zu verstehen. Schließlich tanzten die Sprachen wild durcheinander. Irgendwann war ich völlig erschöpft. Ich rutschte von meinem Hocker. Mir wurde schwindelig. Mit einem Mal drehte sich alles, die Menschen, die Lichter der Scheinwerfer. Ich taumelte. Ich spürte eine Hand, sie griff nach meinem Arm. Askar stützte mich. Er sagte: »Ich fahre dich nach Hause.«

»Danke«, murmelte ich. »Das ist nicht nötig. Ich nehme

die Straßenbahn.« Ich sah, wie Sonja eine Flasche zuschraubte und ins Regal stellte. Unsere Blicke trafen sich. Ich wusste ihren nicht zu deuten.

Askar nahm meine Jacke von einem Haken am Tresen. Schwerfällig zog ich mich an. Langsam griff ich nach meinem Feuerzeug und steckte es ein. Vorsichtig setzte ich einen Fuß vor den anderen, um nicht zu schwanken. Ich konzentrierte mich auf jede Bewegung.

Mir wurde schlecht.

»Komm. Ich bringe dich nach Hause.«

»Du kannst mich zur Tür bringen.« Ich wollte an die frische Luft.

Vor der Tür atmete ich tief durch. Die Luft war kalt und feucht. Ich lehnte mich gegen eine Hauswand. Askar zog zwei Zigaretten aus der Schachtel, zündete sie an und reichte mir eine. Beim ersten Zug dachte ich, ich müsse mich übergeben. Nach dem dritten Zug rückten die Dinge langsam an ihren Platz. Doch sobald ich mich bewegte, wurde mir wieder schwindelig.

Eine Weile standen wir schweigend in der Kälte.

»Du kannst nicht allein nach Hause fahren. Ich bringe dich nach Hause. Das ist doch selbstverständlich.«

»Danke.« Ich stieß mich von der Wand ab. »Aber es geht schon.« Es war mir peinlich, betrunken zu sein.

»Ich tue das gerne, es macht mir nichts aus.« Er griff meinen Arm, und ich hakte mich unter. Wir durchquerten den Innenhof und bogen in den schmalen Seitenweg. Als wir auf den Marienplatz hinaustraten, blieb ich stehen. Sah Askar an, versuchte, ihn zu fixieren. Sein Gesicht hatte unscharfe Konturen. Im Halbdunkel der Nacht stachen seine schwarzen Augen scharf gegen das Weiß seiner Augäpfel ab. Ich holte Luft und sagte: »Schau, die Straßenbahn fährt dort drüben ab, und sie hält fast vor meiner Haustür. Ich fahre allein nach Hause. Das ist wirklich kein Problem.«

»Kein Mann kann eine Frau so durch die Nacht laufen lassen.«

Ich unterdrückte ein Kichern.

»Los, komm. Ich bringe dich nach Hause.« Diese Hartnäckigkeit. Aber warum nicht, mein Gott. Es war anstrengend genug, auf den Beinen zu bleiben und nicht zu kotzen.

»Okay«, sagte ich. »Fahr mich nach Hause.«

Sein Auto war rot. Kein Ost-Wagen, sondern ein richtiges Auto. Eins, das sich sehen lassen konnte. Ein Auto von drüben.

Askar öffnete die Tür und half mir, mich auf den Beifahrersitz zu setzen. Es war eng. Es gab nur zwei Sitze. Es musste ein Sportwagen sein. Doch mit Automarken kannte ich mich nicht aus, schon gar nicht mit den neuen.

Askar stieg ein und ließ den Motor an.

»Wo wohnst du?«

»Auf dem Dreesch.«

»Okay.« Er fuhr los. Er fuhr mit präzisen Bewegungen und sanft, schaltete, ließ die Kupplung kommen, bremste nur manchmal. Er war ein guter Autofahrer. Ich fühlte mich sicher. Ich hätte es nicht zugegeben, aber ich war froh, dass ich nicht darauf bestanden hatte, mit der Straßenbahn zu fahren.

Die Straßen waren leer, es waren kaum Autos unterwegs. Es musste spät sein. Ich schloss die Augen. Ich lauschte dem leisen, gleichmäßigen Geräusch des Motors.

Irgendwann schlief ich ein.

Ich schwamm in einem See. Das Wasser war sehr klar. Ich schwamm zwischen Seerosen hindurch, beim Schwimmen berührten meine Fingerspitzen die tellergroßen, ledrigen Blätter. Ehrfürchtig betrachtete ich die langstieligen Blüten. Sie glänzten weiß und zartrosa. Mit ihren sternförmig angeordneten, spitz zulaufenden Blütenblättern glichen sie Lotusblumen.

Über dem Ufer stand tief die Sonne. Es war später Nachmittag. Ein ewiger Friede lag über dem See.

Als ich das Ufer erreichte und aus dem Wasser stieg, trat ein Mann aus dem Schilf hervor. Seine Augen und Haare waren tiefschwarz, seine Haut dunkel. Er trug eine weiße Hose und ein weißes Hemd. Er reichte mir seine Hand.

»Komm ...«, sagte er.

»Jana!« Im Halbschlaf hörte ich eine Autotür zuschlagen.

Ich wachte auf.

Es war dunkel, und wir parkten vor einem Plattenbau. Am Straßenrand stand eine Laterne, in ihrem Schein sah ich einen Hauseingang, eine gläserne Tür. Von den Balkonen und der Hauswand bröckelte der Putz. Nirgends brannte Licht in den Fenstern. Unmittelbar hinter dem Haus standen Bäume, ein kleiner Wald. Ich wusste nicht, wo ich war. Ich konnte mich nicht erinnern, dass ich Askar meine Adresse gesagt hatte. Ich hatte ihm den Weg beschreiben wollen, doch es war mir schwer gefallen, mich zu konzentrieren, und er schien die Strecke zu kennen. Dann war ich eingeschlafen.

»Jana!« Askar stand neben dem Auto, neben der geöffneten Beifahrertür, und sah mich an. Ich erschrak. Er kannte meine Adresse nicht. Also war ich nicht zu Hause.

»Ich will nach Hause«, sagte ich. Und blieb sitzen.

»Jana, komm. Du schläfst heute Nacht bei mir.«

»Ich will nach Hause!«

»Du kannst doch kaum gehen.«

»Ich will nach Hause.«

»Komm. Schlaf dich aus. Morgen Früh fahre ich dich nach Hause.«

»Ich will jetzt nach Hause. Ich will in mein Bett.« Ich lallte. Die Worte kugelten in meinem Mund herum, purzelten heraus wie junge Hunde, meine Zunge fühlte sich an wie ein pelziges Tier.

»Komm jetzt.« Sein Ton war autoritär. So spricht ein Vater mit seiner widerspenstigen Tochter. Ich spürte, dass mir die Tränen in die Augen stiegen. Ich biss mir auf die Lippe.

»Komm ...«

»Ich kann nicht bei jemandem schlafen, den ich gar nicht kenne.«

»Natürlich. Das ist gar kein Problem, du wirst sehen. Komm jetzt. Es ist schon spät.« Er griff nach meinem Arm. Ich wusste nicht, was ich diesem Druck entgegensetzen sollte. Ich war unendlich müde. Ich ließ mich aus dem Auto ziehen.

»Morgen Früh fahre ich dich nach Hause ...« Den Rest des Satzes verstand ich nicht. Die Sprachen vermischten sich in meinem Kopf. Ein undurchdringlicher Nebel. Ich öffnete den Mund. Die Antwort blieb mir im Hals stecken.

Mit einer Hand schloss Askar die Beifahrertür, mit der anderen umfasste er meinen Ellenbogen. »Komm.« Sein Griff war fest, meine Beine weich. Sinnlos betrunken und widerstandslos folgte ich ihm. Er zog mich, er schob mich, wenn ich stolperte, stützte er mich. Mein Körper bewegte sich, als sei er aus Gummi. So musste sich ein Testdummy fühlen.

»Ich möchte schlafen«, sagte ich auf Russisch.

Im Hauseingang kamen uns zwei Männer entgegen. Sie unterhielten sich. Ich verstand ihre Sprache nicht. Im Flur sah ich endlos viele ockerfarbene Blechbriefkästen und staunte.

Dann stand ich in diesem Zimmer. Es war kahl. Ein Metallbett, ein Tisch, ein Stuhl, ein Spind.

Ich wollte mich umdrehen und weglaufen.

Ich sah, wie Askar die Tür abschloss und den Schlüssel in die Hosentasche steckte. Ich bekam Angst. Und die Angst machte mich wieder nüchtern.

»Warum schließt du ab?«

»Damit niemand reinkommt.«

»Ich will nach Hause.« Wir standen uns in dem kahlen Zimmer gegenüber, zwei Kombattanten, die einander maßen.

»Askar, ich will nach Hause. Sofort! Schließ die Tür auf. Oder gib mir den Schlüssel!« Meine Stimme klang schrill. Er lachte.

»Hör auf zu debattieren. Leg dich hin.« Er deutete auf das Bett. Seine Augen funkelten.

»Was?« Ich sah zu dem Bett. Sah zu Askar. Sah zu dem Bett.

Askar knipste das Licht aus.

Dann fiel ich. Landete auf einer weichen Matratze. Spürte einen schweren Körper auf mir, Hände, die meine mit eisernem Griff umklammerten. Ich schrie. Askar hielt mir den Mund zu. Ich schlug nach ihm und kratzte. Er umklammerte meine Handgelenke mit einer Hand und zerrte mit der anderen an meiner Bluse. Ein Knopf riss ab. Mit einem hellen »Pling« landete er auf dem Linoleumboden.

»Halt still!«

Der Schlüssel in seiner Hosentasche drückte sich in meine Leiste. Ich wehrte mich. Doch ich hatte keine Chance. Ich kam hier nicht raus. Ich spürte seine Kraft, er war mächtiger als ich, er war übermächtig. Allmächtig. Ich dachte an Mutter, an Oliver und Marcello. An Marco. Ich weinte. Ich war erschöpft. Leer. Ich spürte feuchte Lippen auf meinem Mund, versuchte, ihnen auszuweichen, ekelte mich. Ich wollte schreien, doch aus meinem Hals drang nur ein Krächzen, ein tonloses Kratzen. Ich bekam kaum Luft, dieser Körper war bleischwer, tonnenschwer, erdrückte mich, tötete mich. Ich spürte nicht mehr, wo ich aufhörte und er begann, wir waren eine ineinander verkeilte Masse, die in einer weichen Matratze immer tiefer versank.

»Nicht ...«, stieß ich hervor. »*Njet* ...«

»Ich will dich.« Ich spürte seinen Atem. Er roch nach kaltem Rauch.

»Bitte nicht ...« Ich erinnerte mich, dass ich einmal in einer Illustrierten gelesen hatte, dass fast jeder »bitte« fleht, bevor er stirbt.

Er zerrte an meinem Reißverschluss.

»Nicht. Bitte ... *Poshalujsta* ...« Ich hörte seinen erregten Atem.

Dann ergab ich mich.

Dann verließ ich meinen Körper.

4. KAPITEL

Als ich aufwachte, spürte ich eine Hand auf meinem Bein. Ich lag unter einer dünnen Nylondecke. Meine Augen waren verquollen, die Lider klebten, und die Wimpern waren voller Schlaf und Mascara. Vor dem Fenster hing eine Wolldecke, es fiel kaum Licht in den Raum. Mein Kopf schmerzte. Ich schob die Hand beiseite.

Auf dem Boden lagen Kleidungsstücke, wild verstreut. Leise sammelte ich meine Hose, meine Unterwäsche, meine Socken auf. Meine Bluse ließ sich nicht mehr zuknöpfen, es fehlten Knöpfe. Ich steckte sie in den Hosenbund und suchte meine Schuhe.

Da roch ich den Qualm einer Zigarette.

Ich hatte kein Geräusch gehört, kein Rascheln der Bettdecke, kein Quietschen der Bettfedern, nicht einmal das Klicken eines Feuerzeuges. Ich drehte mich um. Askar saß aufrecht im Bett, den Rücken an das Kopfende des metallenen Bettrahmens gelehnt, die Decke um den Bauch gewickelt, mit bloßer Brust, rauchend. Er hat Haare auf der Brust, schoss es mir durch den Kopf. Dann fing ich an zu weinen. Ich konnte mich nicht gegen die Tränen wehren, sie kamen wie ein Schwall aus Urtiefen. »Du Schwein! Du dreckiges Schwein. *Swinja*!«

Askar sah mich an und sagte kein Wort. Er grinste bloß. Ich fand meine Schuhe, schlüpfte hinein, ließ die Schnürsenkel offen, riss meine Jacke an mich. Ich wollte weg.

»Fahr mich nach Hause!«, fauchte ich und baute mich vor dem Bett auf. Ich hatte keine Ahnung, wo ich war.

Schweigend zog Askar an seiner Zigarette, legte den Kopf in den Nacken und blies den Rauch in die Luft. Langsam, aufreizend langsam. Er betrachtete die Zigarette, drehte sie zwischen seinen Fingern hin und her, hielt sie gegen das Licht wie eine kostbare Preziose, zog dann noch einmal. Ich hörte das Knistern des Papiers, des Tabaks. Diesmal blies er den Rauch in meine Richtung. Und grinste. Gebannt starrte ich auf dieses Bild. Askar drückte den Zigarettenstummel schließlich auf dem Fußboden aus. Das Linoleum war mit Brandlöchern übersät.

Er stand auf und zog sich an, langsam, seelenruhig. Ich wandte mich ab. Starrte auf das einzige Fenster, auf die Wolldecke. Eine hässliche, braune Wolldecke, mit schmutzigen orangeroten Streifen, die scheinbar endlose Ketten von Karos bildeten. Gitterstäbe. Ich kämpfte mit den Tränen, biss mir auf die Lippe.

Ich hörte das Klimpern eines Schlüsselbundes. Blitzartig stand das Bild vor meinen Augen: Askar, wie er die Tür abschließt. Sofort kroch sie wieder hoch, die kalte, eiserne Angst, reckte sich wie ein drohendes Tier. Ihr folgte eine ohnmächtige Wut. Die Tränen liefen in Strömen, ein nicht zu bremsender Strom, ich rieb mit den Jackenärmeln über mein Gesicht, schwarze Spuren zogen sich über den hellen Stoff, Mascaraspuren, ich musste entsetzlich aussehen. Ich zog die Nase hoch. Ich sah, dass sich ein Sprung quer über die ganze Fensterscheibe zog.

»Komm«, sagte Askar. »Ich fahre dich nach Hause.« Ich hörte, wie er die Tür aufschloss, drehte mich um und lief wortlos an ihm vorbei, hinaus in den Flur.

So musste ein Gefängnisflur aussehen. Links und rechts

ging eine lange Reihe von Türen ab. Die Abstände zwischen den Türen waren klein, hinter jeder Tür konnte sich nicht mehr als ein Zimmer verbergen. An den Wänden klebten Reste von Tapete, der Boden war mit graugrünem Linoleum bedeckt. Unsere Schritte erzeugten ein helles »Tapp-Tapp«-Geräusch. Erst jetzt wurde mir bewusst, dass dieses Haus voller Menschen war.

Warum hatte niemand meinen Schrei gehört?

Im Treppenhaus sah ich wieder die vielen ockerfarbenen Briefkästen. Ich fror. Die meisten Namensschilder waren abgerissen, und auf denen, die noch an den Briefkastentüren klebten, standen Namen in kyrillischer Schrift. Schlagartig wurde mir klar, das dies einer der so genannten »Russenblocks« sein musste.

Draußen blendete mich die Wintersonne. Es war ein kalter Morgen, der Himmel strahlte blau. Eine Frau mit einem Einkaufskorb überquerte die Straße. Ich sah den bröckelnden Putz an den Betonbalustraden der Balkone und die Wasserschäden an der Hauswand. Das Gebäude hatte fünf Etagen und wirkte heruntergekommen. Die Straßenlaterne brannte immer noch. Vor uns stand das rote Auto. Ich stieg ein. Askar ließ den Motor an, und ich sagte ihm, wo ich wohnte. Langsam fuhren wir die Straße hinauf. An einer Einmündung bogen wir links ab. An der nächsten Kreuzung erkannte ich den Kiosk, an dem Herr Neumann sein Bier kaufte.

Ich war nur fünf Minuten von zu Hause entfernt!

Ich hätte zu Fuß über den Rasen hinter dem Kiosk gehen können, die Straße hoch, rechts den Weg hinauf zu unserem Wohnblock, vorbei an der Telefonzelle, und ich wäre zu Hause gewesen! Ich hielt die Luft an. Reglos saß ich auf dem Beifahrersitz und verstand nicht, warum ich nicht versucht hatte, heimzufinden.

Als Askar vor unserem Haus hielt, sprang ich aus dem Auto, rannte, ohne mich noch einmal umzusehen, den Plattenweg entlang und suchte dabei nach meinem Schlüsseletui. Mit zitternden Fingern schloss ich die Haustür auf, stürzte ins Haus, lief die Treppen hinauf bis in den dritten Stock und schloss bebend meine Wohnungstür auf.

Drinnen verriegelte ich die Tür und schob die Sicherheitskette vor.

5. KAPITEL

Siedend heißes Wasser. Die Borsten der Schrubberbürste schmerzen. Die Haut ist rot, bald wird sie platzen.

Das Wasser prasselt, rauscht. Ich stehe unter dem harten Strahl der Dusche, lasse das Wasser strömen, höre nichts, keine Geräusche mehr, nur Stille, alles fort, nur das Rauschen und das Klopfen auf dem Kopf, die Tropfen, die auf die Schädeldecke schlagen, sie werden immer lauter. Reiße die Augen auf, schnappe nach Luft. Tränen mischen sich mit Wasser und Seifenschaum. Hole Luft und halte den Atem an, trete zurück unter den Strahl, schalte die Welt aus, alle Geräusche, alle Sinne, alle Erinnerungen, alle Berührungen fließen in den Abfluss, in den Gully, in die Kanalisation, zu den Ratten, in die Kloake, weg, weg. Hole Luft, drehe den Heißwasserhahn weiter auf, der Schmerz tut wohl, er legt sich über einen anderen, überdeckt ihn, versteckt ihn, drängt ihn in den Hintergrund, auch er soll im Gully verschwinden, und der Dreck, zu den Ratten, in den Orkus, weg, weg.

Eine Ewigkeit lang unter dem heißen Wasserstrahl. Trete nur hervor, um Luft zu holen, ab und zu.

Marco, es tut mir Leid. Ich wollte das nicht. Ich weiß nicht, wie es geschehen konnte, warum ich mich nicht gewehrt habe oder nur ein wenig, zu wenig. Dieses bisschen, es reichte nicht. Doch das, was dann geschah, das habe ich nicht gewollt, glaub mir. Ich wollte dich nicht betrügen. Ich schäme mich, ich schäme mich unendlich. Wie soll ich dir je wieder unter die Augen treten. Ich hatte so gehofft, dass wir dieses Jahr der Trennung überstehen. Und nun klebt dieser Schmutz an mir, dieser Schmutz.

Widerwärtige Berührungen. Auf der Haut, unter ihr, mit ihr verschmolzen, zu einem Amalgam der Schande. Immer währender Schmutz. Die Borsten der Bürste. Der Schmerz. Seife. Schrubbe diesen Körper, ziehe ein Handtuch von der Stange, benutze es als Waschlappen, kann mich nicht berühren. Der Ekel ist grenzenlos.

Dieser Körper wird nie wieder sauber sein.

Marco, diese Fotos sind alles, was geblieben ist. Zwischen uns steht ein Verrat, ein Betrug, eine Schande, meine Schande. Es tut mir so Leid. Ich verstehe nicht, wie es geschehen konnte. Ich fühle mich erbärmlich, so unendlich schmutzig, besudelt. Die Schuld ist übergroß. Sie wiegt bleischwer.

6. KAPITEL

Das ganze Wochenende über versteckte ich mich in meiner Wohnung. Wusch meine Hose, meine Wäsche, warf die zerrissene Bluse in den Müll. Duschte, endlose Male. Versuchte, mich zu reinigen.

Wenn ich mich hinlegte, um zu schlafen, wachte ich nach kurzer Zeit wieder auf. Ich lief in der Wohnung umher, wie getrieben, schaltete den Fernseher ein und drehte den Ton ab, denn die fremden Stimmen machten mich nervös. Es war dunkel. Ich hatte keine Ahnung, ob draußen Tag oder Nacht war, die Gardinen waren zugezogen, und ich würde sie auch nicht öffnen. Wie ein angeschossenes Tier war ich in meine Höhle gekrochen. Sie schien der einzige Platz auf Erden, der überhaupt noch sicher war. Der einzige Ort, an dem mir niemand wehtun konnte.

Ewig würde ich hier bleiben.

Weinend, eingehüllt in mehrere Decken, sah ich Fotos an. Fotos aus einem anderen Leben, von einer Jana, die es nicht mehr gab. Fotos von Marco. Weinte. Kochte frischen Kaffee. Zündete mir eine Zigarette an.

Immer lauter wurden die Fragen in meinem Kopf: Wie konnte das geschehen? Warum habe ich mich nicht gewehrt? Warum habe ich mich ansprechen lassen, betrunken machen lassen, warum bin ich ihm am Ende sogar in dieses fürchterliche Zimmer gefolgt? Warum habe ich nicht lauter um Hilfe gerufen? Warum habe ich die beiden Männer im

Hauseingang nicht nach dem Weg gefragt? Ich wäre so schnell zu Hause gewesen, in Sicherheit.

Ich schämte mich. Und ich schämte mich noch mehr, weil ich keine Antworten auf die Fragen geben konnte. Also versuchte ich, sie abzustellen. Stellte mich wieder unter den heißen Strahl der Dusche, ließ Wasser auf meinen Kopf prasseln, knipste die Außenwelt aus.

Doch sie kamen wieder, die Fragen, und es waren die Vorwürfe, die ihnen bald folgten. Ich fühlte mich schuldig. Hätte ich mich gewehrt, wäre das nicht passiert. Hätte ich nicht reglos, erstarrt wie das Kaninchen vor der Schlange, dagelegen, zu Tode erschrocken von Askars Kraft, seiner Autorität, ergeben, schicksalsergeben, aufgegeben, erfüllt von einem grenzenlosen Gefühl, nichts tun zu können, schwach zu sein, wehrlos, dann wäre das nicht passiert.

Ich hatte mich nicht gewehrt.

Hatte stattdessen, ohnmächtig, einen fremden Mann über mich verfügen lassen. Hatte weder mich noch meinen Stolz noch meine Würde gerettet. Hatte nur gebettelt, dass es bald vorbei sein möge.

Wenn ich mich im Spiegel sah, wurde mir schlecht.

Etwas hatte ausgesetzt. Mir war, als habe sich ein Teil meines Ichs abgelöst in dieser Nacht, und bislang war dieses Etwas auch noch nicht zurückgekehrt. Ich fühlte mich unvollständig. Beschädigt.

Wer war ich, dass ich mich nicht hatte wehren können?

Im Nachhinein klingt es naiv, doch vor dieser Nacht hatte ich es nicht für möglich gehalten, dass mir jemand etwas antun könnte. Ich hatte mich in einer Sicherheit gewiegt, die ich nach dieser Nacht nicht nur nicht mehr spürte, sondern auch niemandem mehr erklären konnte; am wenigsten mir selbst.

Mutter hatte Oliver, Marcello und mich streng erzogen. Aber sie liebte uns Kinder, und wir liebten sie. Wir wussten, ihr Wort war Gesetz, also gehorchten wir und respektierten ihre Autorität; wir wollten Mutter auch nicht verletzen. Wir halfen im Haushalt, wir räumten unsere Zimmer auf und stritten selten. Wir wuchsen in geordneten Verhältnissen auf, lernten, uns anzupassen, und ich wusste, so lange ich mich an die Regeln hielt, konnte ich mich auf meine Mutter verlassen. Etwas anderes, jenseits dieser Ordnung, konnte ich mir gar nicht vorstellen.

Nun war die Sicherheit zertrümmert worden, und ich wusste nicht, wie ich die Scherben wieder zusammensetzen konnte.

Sonntagnachmittag zerknüllte ich das letzte leere Zigarettenpäckchen und warf es in den Mülleimer. Ich hätte zum Automaten an der Straßenecke gehen können, doch um nichts in der Welt hätte ich die Wohnung verlassen. Ich wollte niemandem unter die Augen treten, wollte ungesehen bleiben, unsichtbar. Ein paar Mal hatte ich den Impuls verspürt, Marco anzurufen, doch den Gedanken stets verworfen. Zwar ahnte ich, dass wir kein Paar mehr waren, nie wieder eines werden würden; dennoch fühlte ich mich, als hätte ich Marco betrogen.

Ihm konnte ich am wenigsten von all dem erzählen.

Er würde mir Vorwürfe machen, zu Recht. Alle würden mir Vorwürfe machen, mich verachten, mich betrachten als das, was ich war: eine gedemütigte Frau, selbst schuld an dem, was ihr widerfahren war.

Gegen Mitternacht lag ich erschöpft, nervös und übermüdet im Bett. Gegen ein Uhr stand ich wieder auf. Meine Finger zitterten, als ich Kaffeepulver in den Filter löffelte.

Milch kleckerte auf den Küchenschrank und lief in die Ritze zwischen Schrank und Herd. Aus dem Spiegel im Bad blickte ein unbekanntes entstelltes Gesicht, die Augen verquollen, dunkle Schatten und hektische rote Flecken auf den Wangen. Es widerte mich an.

Ich verachtete diese Frau.

Mutter schickte mich los, Essen zu holen. Als ich mit meinem Topf aus der Schulkantine hinaus auf den Hof trat, ging ein Mann vor dem Tor auf und ab. Als er mich sah, blieb er stehen. Er trug einen Jeansanzug und Sandalen, was seltsam war, denn es schneite.

Der Mann bat mich, ihm den Weg zum Bahnhof zu zeigen. Er war mir unheimlich, obwohl er sehr höflich fragte. Am liebsten wäre ich nach Hause gelaufen. Ich dachte an Oliver, er war krank, und sicherlich hatte er Hunger.

»Der Bahnhof, Kind«, sagte der Mann ein zweites Mal, »du weißt doch bestimmt, wo der ist.« Artig antwortete ich und erklärte, er müsse die Straße hinaufgehen bis zur Kirche, links am HO-Laden vorbei, weiter geradeaus ... Etwas Großes, Helles schoss aus der Jacke des Mannes. Erschrocken und wie angenagelt stand ich auf dem Bürgersteig und sah zu, wie der Fremde vor meinen Augen onanierte. Er lächelte immer noch, sehr höflich.

Jetzt ließ ich meinen Topf fallen und lief schreiend die Amtstraße hinauf. Mutter hörte mich rufen und kam aus dem Haus. Sie war böse, weil ich den Topf mit dem Essen fallen gelassen hatte. Atemlos erzählte ich von dem Mann und sah, wie der Fremde die Kirchenstraße hochlief. Mutter nahm mich an der Hand, und wir rannten zum Polizeirevier am Ende der Straße. Die Vopos zögerten nicht und sprangen sofort in einen ihrer grünweißen Toniwagen und nahmen die Verfolgung auf. Mutter und ich saßen im Fond, und ich spürte ein wohliges, erregendes Kribbeln.

Ich wachte auf.

Es waren dieselben Leute wie an jedem Montagmorgen. Doch die alte Frau dort drüben, die mit dem feisten Gesicht und der braunen Strickjacke, wie die guckte. Und der Mann neben ihr, ständig drehte er sich um. Und dieser Kerl, der an der Haltestelle Keplerstraße zugestiegen war und sich noch immer nicht entschieden hatte, wo er sich hinsetzen solle.

Neben mich würde er sich nicht setzen!

Mit rabiatem Ruckeln fuhr die Straßenbahn an. Die Mädchen auf den Plätzen hinter dem Schaffner kicherten. Ich wusste, worüber sie lachten.

Auf meiner Stirn stand ein Zeichen.

Ein Mann stand auf, ging den Mittelgang hinunter, direkt auf mich zu. Dabei saß ich schon ganz hinten. Was wollte er?

Er sollte abhauen!

Ich atmete auf, als der Mann an der Tür stehen blieb und wartete, dass die Straßenbahn am Zoo hielt. Ich schwitzte. Nein, ich würde meine Jacke nicht aufknöpfen! Nicht hier, nicht vor euch. Ich schlug den Kragen hoch.

Die Mädchen feixten.

Warum starrt ihr mich alle so an?!

Am Marienplatz standen zwei Soldaten Wache vor der russischen Kommandantur. Ich schloss die Augen. Nein, ich würde nicht heulen. Ich hatte mich sehr sorgfältig geschminkt. Ich würde durch diesen Tag kommen. Ich würde ins Krankenhaus fahren, auf die Station gehen und arbeiten, als wäre nichts geschehen. Ich würde im Sommer meine Prüfung ablegen, und ich würde Marco in den Westen folgen. Ich würde wegen ein paar privater Probleme nicht meine Zukunft aufs Spiel setzen. Der Schaffner bremste, die Räder knirschten. Heinrich-Seidel-Straße, Kollegen aus der Klinik stiegen zu, einige kannte ich vom Sehen. Ich rückte ein Stückchen dichter ans Fenster. Die Scheibe beschlug unter meinem Atem.

Ich wünschte, die Bahn würde ewig fahren und nie ankommen.

Als ich an der Endhaltestelle ausstieg, zitterten meine Beine. Ich lief den kurzen Weg hinauf zum Klinikum. Drehte mich um, immer wieder. Kein rotes Auto? Kein Verfolger? Ich lief noch etwas schneller. Es regnete. Ich lief vorbei am Hauptgebäude, der Kinderklinik, der Chirurgie, der Urologie, der Gynäkologie, die Anhöhe hinauf. An der Schranke grüßte der Pförtner, wie jeden Tag. Die Bäume auf dem Rasen vor der Psychiatrie sahen aus wie schwarze Skelette. Todesgerippe. Vor der Tür zu Station 4 holte ich Luft und betete, die neugierige Schwester Gerhild möge Spätschicht haben. Ich öffnete die Flügeltür und trat in den Flur, in dem mehrere Regenschirme hingen, unter denen sich kleine Pfützen bildeten.

»Guten Morgen.« Im Schwesternzimmer beugte sich Oberschwester Ella über die Dienstpläne. Links von ihr stand Schwester Anni, rechts Schülerin Christine. Doktor Hansen saß am Schreibtisch und blätterte in den Krankenakten. Meine Kolleginnen sahen hoch, als ich eintrat.

»Sagen Sie bloß nicht, Sie werden auch noch krank«, rief Schwester Ella. »Ich habe heute Morgen schon zwei Krankmeldungen, ich weiß gar nicht, wie wir das alles schaffen sollen.« Den Blick auf Doktor Hansen gerichtet, der jedoch nicht von seinen Krankenakten aufsah, fügte sie hinzu: »Schülerin Christine, gehen Sie mal hoch. Vielleicht kann jemand von Station 3 für ein paar Stunden herunterkommen und helfen.« Christine nickte und ging.

Ich stellte die Tasche ab, nahm einen Kleiderbügel aus dem Spind und hängte meine Jacke auf. Ich bemühte mich, zuversichtlich zu klingen, als ich antwortete: »Nein, ich werde nicht krank. Ich habe nur ein wenig Kopfweh.«

Man schien es mir also doch nicht anzusehen?

»Nehmen Sie auf jeden Fall eine Kopfschmerztablette. Wir können uns keine weiteren Ausfälle leisten.« Schwester Ella fuhr mit dem Radiergummi über das Papier, machte Notizen mit ihrem Bleistift (sie trug stets einen perfekt gespitzten Bleistift hinter dem Ohr, eine Geste, die sie von ihrem Mann, der als Bürovorsteher im Einwohnermeldeamt arbeitete, übernommen hatte) und schob den Dienstplan in die Schublade des Schreibtischs. »Also dann, an die Arbeit!«

Ich knöpfte meinen Kittel zu, band meine Haare zu einem Pferdeschwanz und warf einen schnellen Blick in den kleinen Spiegel, der neben dem Spind hing. Ich sah ein Gesicht, das ich kannte; und dennoch wirkte es fremd.

»Schülerin Jana, Sie begleiten Herrn Walther heute Vormittag zu seiner Einzeltherapie.« Ich nickte und schlüpfte bereitwillig hinein in die sich anbietende Normalität, wie in ein altgewohntes Kleidungsstück.

Gemeinsam mit Christine kochte ich fünf Kannen Pfefferminztee. Während der Frühschicht hatten wir Krankenschwestern am meisten zu tun. Zuerst mussten wir das Frühstück zubereiten, später das Mittagessen, dazwischen wurden Medikamente verabreicht und Krankenblätter geführt. Wir begleiteten die Patienten zu ihren Therapieterminen und zu den Gruppengesprächen. Da mich die psychiatrischen Krankheitsbilder interessierten, nahm ich, wann immer es möglich war, auch an den Gruppengesprächen teil. Sofern die Patienten einverstanden waren, war das jederzeit möglich; der Stationsarzt freute sich, wenn sein Personal Interesse zeigte. Zweimal pro Woche fand eine große Visite statt, an der nicht nur der Dienst habende und der Stationsarzt, sondern auch alle anderen Ärzte der psychiatrischen Stationen teilnahmen.

Nach dem Frühstück machte ich mich auf und suchte Herrn Walther. Ich fand ihn im Gemeinschaftszimmer, wo er auf dem Fußboden hinter dem Sofa hockte. Hätte Frau Kramer nicht mit dem Finger auf ihn gedeutet, wobei sie mir mit verschwörerisch-geheimnisvoller Geste Sätze zuraunte, die ich nicht verstand, hätte ich Herrn Walther gar nicht gesehen. Er versteckte sich. Hielt die Arme um seine angezogenen Beine geschlungen und wiegte seinen Körper rhythmisch hin und her.

Frau Kramer war schizophren. Wenn die zerstörerischen Stimmen in ihrem Kopf wieder zu ihr sprachen, geschah es, dass Frau Kramer lauthals herumbrüllte, sie sei zwangseingewiesen worden und stünde unter Zwangsmedikation, fremde Kräfte würden sie kontrollieren. In solchen Momenten blitzten ihre Augen unheimlich vor lauter Energie und manchmal machte sie mir etwas Angst. Dann wieder durchlebte sie Phasen depressiven Rückzugs.

Herr Walther war ebenfalls depressiv. Er war nach einem Suizidversuch zuerst in die Chirurgie eingeliefert und später in die Psychiatrie verlegt worden. Sein Schicksal berührte mich besonders; Fälle wie dieser häuften sich seit einer Weile. Herr Walther hatte sein Leben lang im VEB Kabelwerk für den Sozialismus geschuftet, war ein ordentlicher Genosse und treues Mitglied der SED gewesen. Man hatte ihm Auszeichnungen verliehen, die er zu Hause in einer Vitrine aufbewahrte: das »Banner der Arbeit« in Silber, die »Verdienstmedaille der Kampfgruppen der Arbeiterklasse« und sogar eine Urkunde, auf der ihm der Vorsitzende des Staatsrates der Deutschen Demokratischen Republik den Ehrentitel »Held der Arbeit« verliehen hatte. Als all das über Nacht nichts mehr galt, stieg Herr Walther auf den Heuboden neben seiner Gartenlaube und versuchte, sich zu erhängen. Ironie des Schicksals war, dass der Balken, den er ausgesucht hatte, morsch war. Herr Walther brach sich nur das Hüftgelenk. Inzwischen hatte er sich stabilisiert, die depressiven Phasen verkürzten sich. An manchen Tagen begrüßte Herr Walther mich auf eine Art, die ich sehr mochte. »Hallo, kleine Sonne«, sagte er dann und lachte über das ganze Gesicht. Ich spürte jedes Mal, wie sehr er sich freute, mich zu sehen. Er mochte meine blonden Haare und die Witze, die ich ihm erzählte.

Heute sah Herr Walther mich stumm und ausdruckslos an. Ich war nicht einmal sicher, ob er mich erkannte.

»Guten Morgen, Herr Walther.« Ich berührte ihn sanft am Knie. »Ich begleite Sie zu Ihrem Gespräch mit Doktor Kranitz.« Doktor Kranitz war einer der Psychologen auf der Station. Herr Walther rührte sich nicht. Er starrte durch mich hindurch. Tränen liefen ihm über das Gesicht, doch auch das schien er nicht zu bemerken. Ich hockte mich auf den Boden und winkte, um seine Aufmerksamkeit zu erregen. Herr Walther sah mich nicht. Er hielt sich in einer anderen Welt auf, fern von allem, was ihn umgab. Einen Augenblick lang beneidete ich ihn um diese Abgeschiedenheit. Ich ergriff seinen Ellenbogen und versuchte, den alten Mann zum Aufstehen zu bewegen. Er folgte mir, ganz willenlos, es schien, als würde er auch das nicht bemerken.

Als ich später zur Toilette ging, dachte ich: Vielleicht habe ich mich doch nicht verändert, vielleicht bin ich immer noch die, die ich war.

Mittags, nach der Übergabe an die Kolleginnen der Spätschicht, zerplatzte diese Illusion. Kaum zog ich meine Jacke an, spürte ich, wie mir die Angst den Rücken hinaufkroch. Mit zittrigen Beinen lief ich zur Straßenbahn. Während der Fahrt sah ich nervös aus dem Fenster. Kein rotes Auto. Kein Verfolger. Ich rannte von der Haltestelle nach Hause. Als ich in die Straße bog, starrte ich wieder wie hypnotisiert auf den Fleck, an dem ich zwei Tage zuvor aus dem roten Auto gesprungen war.

In den kommenden Wochen verkroch ich mich, wenn ich nicht arbeitete, in meiner Wohnung. Saß über den alten Fotos, sah fern, löste Kreuzworträtsel. Ab und zu rief ich meine Mutter an, damit sie sich keine Sorgen machte. Manchmal telefonierte ich mit einer alten Freundin. Sobald jemand einen Besuch vorschlug, brachte ich eine der Ausreden vor, die ich mir zurechtgelegt hatte. Jeden Abend hörte ich, wie Herr Neumann die »Tagesschau« einschaltete.

Es gelang mir, ein wenn auch fragiles Gleichgewicht herzustellen. Ich fuhr zur Arbeit, ich fuhr nach Hause. So lange ich diesen Rhythmus nicht durchbrach, fühlte ich mich einigermaßen sicher, so lange würde ich überleben. Ich ging sogar gern ins Krankenhaus, denn die Arbeit lenkte mich ab. Allerdings reagierte ich schnell gereizt, wenn meine Kollegen mich auf einen Fehler aufmerksam machten.

Angst hatte ich davor, auf die Straße zu gehen. Wenn ich einkaufen musste, eilte ich durch den Konsum, der jetzt zu einem West-Konzern gehörte, und griff wahllos Lebensmittel, Seife und Zigaretten aus den Regalen. Jeden Morgen und jeden Abend fürchtete ich mich vor dem Weg zwischen Klinik und Wohnung. Erst wenn ich meine Wohnungstür hinter mir verriegelt oder die Pförtnerschranke am Eingang zur psychiatrischen Station passiert hatte, ließ die Spannung nach.

Ich hatte Angst, Askar zu begegnen.

Er wohnte ganz in der Nähe.

Sobald ich das Haus verließ, sah ich, als wäre die Gefahr kleiner, wenn ich sie nur rechtzeitig ausmachte, hinüber zu dem Kiosk, hinter dem, einen Atemhauch entfernt, der »Russenblock« lag. Ich fürchtete mich vor jedem Russen. Ich hatte Angst, Askar könnte herumerzählt haben, was geschehen war.

Im Traum betrat ich die Karibik-Bar.

Schon am Eingang musterte Papa mich mit merkwürdigem Blick. Irgendwie abschätzig. Drinnen mixten Katharina und Sonja pinkfarbene und hellblaue Cocktails. Als sie mich entdeckten, zeigten sie mit den Fingern auf mich und lachten. Nacheinander drehten sich alle anwesenden Gäste um und sahen zu mir herüber. Starrten mich an. Manche schüttelten den Kopf, andere erhoben ihre Zeigefinger, tadelnd, wie eine gestrenge Lehrerin. Ein Mann stand auf und ging langsam auf mich zu. Als er so dicht vor mir stand, dass ich die Hitze seines Körpers roch, zog er mit einer raschen Bewegung zwei Finger über seinen Hals, eine Geste, wie wenn man jemandem die Kehle aufschlitzt. Der Discjockey schaltete die Musik ab. Es war so still, dass man eine Nadel hätte fallen hören.

Dann trat die Menge beiseite und bildete ein Spalier. An seinem Ende stand ein Tisch. Dort saß Askar. Er spielte

Karten. Einen Moment lang hob er den Blick, seelenruhig, und betrachtete mich. Dann grinste er.

Ich sah an mir herunter. Ich war splitternackt.

Ich wachte auf, schweißgebadet.

Sorgfältig verteilte ich das Make-up über Wangen, Stirn und Kinn. Mit einem Schwämmchen verwischte ich die Konturen, mit einem Abdeckstift kaschierte ich die Augenschatten. Vorsichtig puderte ich mein Gesicht ab und klopfte den Puder in die Haut.

Im Spiegel kontrollierte ich die ersten Arbeitsschritte.

Mit der Fingerspitze tupfte ich Lidschatten auf beide Lider und verwischte ihn. Zog einen schwarzen Lidstrich. Tuschte die Wimpern, trennte die feinen Härchen mit einer Bürste, ließ die Tusche trocknen und wiederholte die Prozedur ein zweites und ein drittes Mal.

Wieder sah ich in den Spiegel.

Mit einem dicken Pinsel verteilte ich Rouge auf den Wangenknochen, wischte über Stirn und Kinn. Zeichnete die Konturen der Lippen nach und malte sie aus. Formte erst ein stummes »O«, zog dann den Mund zu einem zähnefletschenden Lächeln auseinander und korrigierte ein letztes Mal die Linien. Zum Schluss trug ich etwas Gloss auf. Ich schob die Schutzhülle über den Lippenstift und überprüfte mein Gesicht.

Ich war zufrieden. Ich war verschwunden.

Auf der Intensivstation lag eine Patientin mit einem Hirntumor. Es zog mich zu ihr; ich hatte das Krankenblatt studiert und in den Lehrbüchern nachgelesen, was ich über Hirntumore finden konnte.

Die Geschwulst hatte sich plötzlich bemerkbar gemacht,

beinahe über Nacht. Nachdem die Patientin einige Tage unter Kopfschmerzen gelitten hatte, war sie zu ihrem Hausarzt gefahren. Der Arzt war kurz zuvor zu einem Notfalleinsatz gerufen worden. Die Frau fragte den Neurologen in der Nachbarpraxis, ob sie einen Termin außer der Reihe bekommen könne. Ihre Kopfschmerzen waren stark, und da es in ihrer Familie mehrere Fälle von Migräne gab, machte sie sich Sorgen.

Es war ein Zufall, dass der Neurologe den Tumor entdeckte.

Die Frau wurde unverzüglich ins Krankenhaus eingeliefert und bereits am folgenden Tag operiert. Die Ärzte entfernten ein tischtennisballgroßes Gewächs. Schlimmer war jedoch, dass sie einen weiteren Tumor entdeckten, der eng mit dem Gehirn verwachsen war. Nach der Operation war die Patientin ins Koma gefallen.

Man weiß, dass Wachkomapatienten, obwohl sie mit offenen Augen in ihren Betten liegen, nichts sehen. Sie atmen und sind dennoch unerreichbar fern. Sie sind aus dem Leben gefallen. Bewusst bekommen sie nichts mit. Dennoch war ich sicher, dass die Frau spürte, was um sie herum geschah. Deshalb sprach ich mit ihr, wenn ich sie wusch, ihr die Haare kämmte, Finger- und Fußnägel schnitt oder sie mit Franzbranntwein abrieb, damit sie sich nicht wund lag. Ich beschrieb das Zimmer, in dem sie lag, den Blick aus dem Fenster, ob es schneite oder regnete. Ich erzählte ihr von Schwester Ellas angespitzten Bleistiften und von Doktor Mahlers schmutziger Scheidung. Sie sollte spüren, dass jemand in ihrer Nähe und sie nicht völlig allein war. Manchmal streichelte ich auch ihre Hand. Einmal schien es, als würde sie meine Hand, wie zur Antwort, drücken.

Alle zwei Stunden wendete ich ihren Körper, von der Rückenlage in die Seitenlage (dreißig Grad rechts), dann in die Bauchlage und wieder in die Seitenlage (dreißig Grad links). Als die Ärzte zur Visite kamen, hatte ich die Patientin gerade gewaschen und zog ihr ein frisches Nachthemd an. Die Ärzte warteten kurz und unterhielten sich über Laborwerte und einen Golfplatz in der Nähe von Hamburg. Als die Patientin angezogen war, blieb ich neben dem Bett stehen. Der Stationsarzt begann seine Fallbeschreibung. Ohne es zu bemerken, hielt ich die Hand der Frau.

»Meine Herren«, sagte der Stationsarzt, als er seinen Bericht beendet hatte, »wie schätzen Sie die Lage ein?« Einen Moment lang schwiegen alle. Dann sagte der Oberarzt, emotionslos, als verlese er Börsenkurse: »Sie wird es nicht schaffen.«

Seine unbekümmerte Dreistigkeit verschlug mir den Atem. Die Patientin hatte zwei kleine Kinder. Ich dachte an ihren Mann, ihre Familie. Ich starrte den Stationsarzt an, die Frau, den Arzt. Es empörte mich, dass ein Arzt neben dem Bett seiner Patientin, von der er eben *nicht* genau wusste, was sie mitbekam, ohne Rücksicht auf Würde und Anstand ihr Todesurteil verkündete.

Heute, ein Woche später, ist die Frau gestorben.

Man hatte sie aufgegeben; ich war sicher, dass sie das gespürt hatte.

Sonntagnachmittag klingelte es plötzlich. Erschrocken zuckte ich zusammen. Ich rührte mich nicht. Nach einer Weile klingelte es noch einmal, und jemand klopfte gegen die Tür. Mir stockte der Atem.

Dann hörte ich die Stimme meiner Mutter.

Schweißgebadet öffnete ich die Tür.

»Warum machst du nicht auf? Ich wollte gerade wieder gehen!«

»Ich hab geschlafen.«

»So siehst du auch aus, Kind. Dabei ist es drei Uhr.« Mutter ging zum Fenster und zog die Gardinen auf. »Draußen scheint die Sonne!«

Ich rieb mir die Augen, die Helligkeit blendete mich.

»Wo hast du dich denn heute Nacht herumgetrieben?«, fragte sie.

»Ich war tanzen«, log ich.

Mutter fischte die Kaffeekanne aus dem Spülbecken. »Ich koche uns Kaffee. Ich hab Kuchen dabei. Geh duschen, danach trinken wir Kaffee.«

Erleichtert verzog ich mich ins Bad. Das kalte Wasser brachte meinen Kreislauf in Schwung und spülte den eisigen Schrecken fort. Als ich wieder ins Wohnzimmer trat, war ich ganz ich selbst.

»Mami, sieh mal im Kühlschrank nach, da müsste noch Schlagsahne stehen.« Geschäftig nahm ich Tassen und Teller aus dem Schrank, sogar Servietten, und begann den Tisch zu decken. Mutter hatte bereits die Aschenbecher geleert und gelüftet. Ich fragte nach Oliver und Marcello, nach Mutters Kollegen bei der Post, nach ihrem Mann. Wir plauderten, ich hörte zu und lachte an den entscheidenden Stellen. Vielleicht war ich ein wenig ruhiger als üblich, doch schien es ihr nicht aufzufallen. Hätte sie gefragt, hätte ich die Arbeit vorgeschoben. Vielleicht hätte ich erzählt, dass ich angefangen hatte, für meine Abschlussprüfung zu lernen.

Ich tat, als sei nie etwas geschehen.

Unter keinen Umständen wollte ich an jene Nacht erinnert werden, im Gegenteil, ich arbeitete daran, jede Erinnerung auszulöschen.

Ich wollte leben.

Es gelang.

Die Wochen vergingen, und allmählich begann ich selbst zu glauben, dass überhaupt nichts geschehen war.

7. KAPITEL

Zwei Monate später fragte ich mich, ob ich es nicht selbst gewollt hatte. Immerhin war ich freiwillig in Askars Auto gestiegen; ich hätte auch ein Taxi nehmen können. Ich war ihm freiwillig in seine Wohnung gefolgt; auch das hätte ich nicht tun müssen. Ich hätte die beiden Männer, die aus dem Haus kamen, fragen können, wo ich war – und hätte schnurstracks nach Hause marschieren können.

Ich hatte es nicht getan.

Hieß das nicht, dass ich einverstanden gewesen war?

Nein, es war meine ureigenste Entscheidung gewesen, diesem Mann zu folgen. Ich war kein Opfer.

Und so beschloss ich eines Abends im Frühjahr, in die Karibik-Bar zu fahren.

Der Abend war lau, die Luft sanft. Der Winter ging zu Ende, die Büsche trieben bereits Knospen, und die Birken überzog ein zartgrüner Schimmer. In zwei, drei Wochen würden sie Blätter tragen. Die Kraft des Frühlings wirkte elektrisierend; ich wollte an diesem neuen Leben teilhaben. Plötzlich packte mich ein starkes Bedürfnis, aus meiner selbst gewählten Isolation auszubrechen. Die Zeit schien reif, den Schritt zurück ins Leben zu wagen.

Es war ein spontaner Entschluss gewesen, ausgerechnet in die Karibik-Bar zu fahren; doch je länger ich darüber nachdachte, desto zwingender schien es, genau dorthin zurückzugehen. Jahrelang war die Karibik-Bar ein Stückchen Zuhause für mich gewesen. Bei den Russen hatte ich gefunden, was ich unter Deutschen manchmal vermisste: Wärme und Herzlichkeit. Dieser Ort war mir zu wichtig, als dass ich ihn einfach aufgeben würde.

Außerdem suchte ich Askar.

Ich wollte ihm begegnen. Ich wollte ihm entgegentreten, ihm Auge in Auge gegenüberstehen, seinem funkelnden Blick standhalten. War ich dazu fähig, hatte ich mir und allen anderen bewiesen, dass ich über den Dingen stand.

Dass ich kein Opfer war.

Ich duschte, schminkte und frisierte mich, zog frische Jeans an und eine helle Bluse. Ich stopfte Schlüssel, Zigaretten, Geld und ein paar Schminkutensilien in meine Handtasche, zog meine Jacke an, sah mich noch einmal in der Wohnung um und machte mich auf den Weg.

Zum ersten Mal seit langem ging ich ohne Angst den Weg zur Straßenbahnhaltestelle. Ungeduldig wartete ich darauf, dass der Schaffner sein Brot aufaß und seine Thermoskanne in der Aktentasche verstaute, das Richtungsschild über dem Führerhäuschen auf »Kliniken« umstellte und aus der Warteschleife vorfuhr. Diesmal setzte ich mich nicht in die hinterste Reihe, und wenn ich dem Blick eines anderen Fahrgastes begegnete, erwiderte ich ihn. Keine Sekunde lang zweifelte ich an meiner Entscheidung. Ich war zu allem bereit. Meine Stimmung war beinahe euphorisch.

Als ich am Marienplatz ausstieg und den kurzen Weg zur russischen Kommandantur hinaufstieg, überkam mich ein leichtes Unbehagen. Einen Moment lang überlegte ich, wie wahrscheinlich es war, Askar überhaupt in der Karibik-Bar anzutreffen. Er war kein Stammgast.

»Priwjet, moja dotschka!« Papa wischte meine Bedenken beiseite.

»Priwjet, Papa«, grüßte ich. »Hallo Papa, wie geht's?«

»Viel Arbeit«, grinste er.

»Kenne ich ...«, grinste ich. Und freute mich, dass ich, ohne zu bezahlen, an der Schlange der Wartenden vorbeiziehen durfte.

Drinnen entdeckte ich ihn sofort.

Askar saß an einem Tisch nahe der Tür, auf einem Holzstuhl, mit dem Rücken zur Wand, sodass der Eingang, die Bar und die Tanzfläche vor ihm lagen. Sein Gesicht wirkte verschlossen. Er sah aus wie jemand, der unbeteiligt mitverfolgte, wer die Bar betrat und wer sie verließ. Intuitiv spürte ich, dass das nicht stimmte. Er hatte auf mich gewartet.

Unsere Blicke trafen sich. Einen Moment sah ich in diese schwarz funkelnden Augen. Mein Bauch fühlte sich seltsam hohl an. Dann wandte ich mich ab und ging hinüber zur Bar. Er war einer wie alle, ein Mann unter tausenden.

Niemand Besonderes.

Ich bestellte eine Cola bei einer Kellnerin, die ich noch nie gesehen hatte. Ihr Haar war blond gefärbt und sah selbst im schummerigen Licht der bunten Scheinwerfer strohig aus. Ich hatte nie verstanden, warum so viele Russinnen sich gleichzeitig blondieren und eine Dauerwelle machen ließen. Am Ende des Tresens entdeckte ich Katharina und Sonja. Beide trugen leuchtend rote Kleider, als hätten sie sich abgesprochen. Katharinas war tailliert und endete kurz über dem Knie, sie wirkte sehr feminin. Sonjas Kleid bedeckte kaum ihren Po. Unwillkürlich musste ich lachen und dachte: Der Frühling ist ihr zu Kopf gestiegen. Die beiden hatten offensichtlich frei und unterhielten sich lebhaft mit mehreren Soldaten, unter ihnen war auch Igor. Sein Haar stand nicht mehr messerkurz vom Kopf ab wie an jenem Nachmittag, als er mir die Fotos seiner Schwester und seiner Mutter gezeigt hatte. Sieht besser aus, dachte ich. Ich lehnte mich gegen den Tresen und zog ein Päckchen Zigaretten aus meiner Handtasche. Ich blickte mich um – die exotischen Blumen, die Palmen, das gerahmte Bild von Gorbatschow – und freute mich, dass ich hier war.

Es dauerte nicht lange, bis ich spürte, dass sich jemand neben mich schob.

»Priwjet, Janka.«

Ich hatte mir gerade eine Zigarette angezündet. Lächelnd blies ich ihm den Rauch ins Gesicht. »Hallo.«

Askar verzog keine Miene. Er sah mich an, mit unbeweglichem Gesicht. Ich hielt dem Blick stand. Wir taxierten einander. Im Inneren meiner Wirbelsäule spürte ich eine eisige Kälte Wirbel für Wirbel emporkriechen.

Dann lächelte er und sagte: »Wie geht es dir, Janka?«

»Was willst du von mir?« Ich bemühte mich, kühl und abgeklärt zu klingen.

»Ich möchte mit dir reden, Janka.« Warum nannte er mich Janka, was gab ihm das Recht, mich mit einem Kosenamen anzusprechen?

Ich griff nach meinem Glas und trank einen Schluck Cola. »Aber ich möchte nicht mit dir reden«, antwortete ich. Demonstrativ desinteressiert sah ich zur Seite. Spürte wieder dieses hohle Gefühl im Bauch. Ich hatte seinem Blick standgehalten; nach längeren Unterhaltungen war mir nicht zu Mute, ich war mir nicht sicher, ob ich dem auch gewachsen wäre.

»Ich möchte mich entschuldigen, Janka.« Die Musik wummerte und dröhnte, und einen Moment lang war ich nicht sicher, ob er überhaupt etwas gesagt hatte. Dann, mit einer Verzögerung von mehreren Sekunden, erreichte der Satz mein Gehirn. Doch er ergab keinen Sinn.

»Können wir uns da drüben an einen Tisch setzen? Es gibt etwas, was ich dir sagen möchte. Hier ...« Er sah sich um. »Hier versteht man ja sein eigenes Wort nicht.«

»Nein, ich will nicht mit dir reden.« Nervös drückte ich meine Zigarette aus. Im nächsten Moment zog ich eine neue aus der Schachtel.

Askar gab mir Feuer. »Bitte ...«, sagte er.

Er sah mich an mit dem Blick eines Schülers, der um die Gunst seines Lehrers buhlt. Irritiert zog ich an meiner Zigarette. Ich inhalierte tief, versuchte, Zeit zu gewinnen. Ich spürte, wie meine Abwehr bröckelte, doch dahinter war nichts, worauf ich hätte zurückgreifen können. Unzählige Male hatte ich die Begegnung im Kopf durchgespielt. Diese Variante hatte ich dabei nie berücksichtigt, sie war mir schlicht nicht eingefallen. Die Entschuldigung, der weiche Ton, der sanfte Blick trafen mich absolut unvorbereitet.

»Also gut. Aber nur kurz.«

Langsam rutschte ich von meinem Barhocker und folgte Askar zu dem Tisch nahe der Tür.

Dort standen bereits eine frische Cola und ein Glas. Askar rückte einen Stuhl zurecht und fragte: »Wo möchtest du sitzen?« Mechanisch ließ ich mich auf den Stuhl sinken, den er bereithielt. Askar setzte sich neben mich. Aus einer angebrochenen Flasche schenkte er Mineralwasser in ein Glas. Er deutete auf die Cola. Mechanisch schenkte ich etwas Cola ein und trank. Askar hob sein Glas und prostete mir zu. »Ich war jeden Tag hier und habe auf dich gewartet. Ich bin froh, dass du endlich gekommen bist.« Er zündete zwei Zigaretten an und reichte mir eine. »Nimm, Janka. Bitte ...« Mechanisch nahm ich die Zigarette und rauchte. »Es tut mir Leid, dass ich an diesem Abend grob zu dir war.« Ein kurzes Rucken ging durch meinen Magen, eine leichte Aufwärts-Abwärts-Bewegung, wie beim Anfahren eines Fahrstuhls. Im nächsten Moment wischte ich die Erinnerung wieder fort.

»Ich weiß nicht, was in mich gefahren ist. Normalerweise bin ich nicht so.«

»Oh.« Ich wollte etwas erwidern. »Ja.« Ich war unfähig, Wörter mit mehr als einer Silbe hervorzubringen.

Ich wusste nicht, was ich hätte sagen können, also schwieg ich und hörte zu.

»Janka, glaub mir, es tut mir wirklich sehr Leid. Ich verstehe mich selbst nicht. Ich habe so etwas noch nie getan. Niemals. Das musst du mir wirklich glauben, bitte.« Die Situation war grotesk. Schmierentheater. Dennoch berührten mich seine Sätze.

»Bitte, Janka, es ist mir sehr wichtig.« Askar sah mir unverwandt ins Gesicht. Seine Augen glänzten.

Tränen?

Die Scheinwerfer, entschied ich.

»Bitte ...«

Beinahe tat er mir Leid.

»Hast du Lust zu tanzen?« Die Frage kam so unvermittelt, dass ich nickte. Askar stand auf, rückte seinen Stuhl beiseite, damit ich an ihm vorbei zur Tanzfläche gehen konnte. Wir schoben uns durch die Menge, das flackernde Schwarzlicht warf wilde Muster auf die Tanzenden. Dicht hinter mir spürte ich Askars Körper, seine Hand auf meinem Rücken. Eine Erinnerung formte sich zu einem schemenhaften Bild: ein Nachmittag auf dem Jahrmarkt. Ich bin fünf oder sechs Jahre alt, und Peter, der Mann, den Mutter nach der Scheidung von Vater geheiratet hat, lädt Oliver und mich zum Karussellfahren ein. Auf dem Festplatz drängen sich die Menschen, es ist voll, und überall stehen Losbudenverkäufer, und die Ketten des Karussells glitzern in der Sonne. Ich sage, dass ich mit dem roten Feuerwehrauto fahren möchte, und Peter ist einverstanden. Wir bahnen uns einen Weg vor zur Balustrade. Peter geht ganz dicht hinter mir, so dicht, dass ich die Wärme seines Körpers durch mein Sommerkleid hindurch spüre. Ich fühle mich beschützt und freue mich, dass ich gleich mit dem Feuerwehrauto fahren darf.

»Komm, Janka ...!« Askar ergriff meine Hand und zog mich mit auf die Tanzfläche. Der Discjockey spielte ein Stück von Depeche Mode, und die fetten Beats wummerten, sie hallten in meinem Körper wider. Ich begann zu tanzen, bewegte mich langsam im Takt, glitt hinein in die Melodie, ließ mich von den satten Synthesizern tragen wie von einer Welle. Als der Sänger einsetzte, klang seine Stimme durch all die elektronischen Effekte wie ein Versprechen, das aus einer anderen Welt herüberwehte. Die Musik wurde immer mächtiger, immer großartiger, sie wuchs zu einem bombastischen Klang an und nahm dabei alles in sich auf, alles Glück, alles Leid, allen Schmerz dieser Welt. Sie war so ganz anders als die Balalaikamusik, die ich liebte, doch sie hatte die gleiche Wirkung: Sie erfüllte mich. Mein Herz schlug heftig.

Aus der Menge blitzte Askars Gesicht. Seine schwarzen Haare, die sich zu kleinen Locken kringelten, seine schmalen, leicht schräg stehenden Augen. Er war nicht sehr groß, aber größer als ich, nicht ganz schlank, aber auch nicht dick, eher kräftig, muskulös. Er sah schon gut aus.

»Ich muss mal aufs Klo«, rief ich ihm zu. Askar nickte und deutete an, dass er an der Bar auf mich warten würde.

Als ich im Vorraum der Toiletten vor dem Spiegel stand und die plötzliche Stille die Musik in meinem Kopf nachhallen ließ, fragte ich mich, ob ich noch bei Verstand sei. Ich drehte den Wasserhahn auf und hielt meine Handgelenke unter den kalten Strahl.

War das ich?

War das er?

Was geschah da?

Eine Toilettenspülung rauschte, und gleich danach hörte ich das Klacken einer Türverriegelung und Schritte. »Hallo.« Karin und ich kannten uns eher flüchtig. »Lange nicht gesehen. Wie geht's?«

»Hallo«, antwortete ich und löste den Blick von meinem Spiegelbild. »Ganz gut geht's.«

Karin stellte sich neben mich, zog einen Lippenstift aus der Hosentasche und erneuerte ihr Make-up.

»Gute Idee«, sagte ich und öffnete meine Handtasche. Kichernd standen wir nebeneinander vor dem Spiegel und malten in unseren Gesichtern. Ich lieh ihr meinen Eyeliner, und Karin gab mir ihren Kajalstift.

»Hast du einen neuen Freund?«, fragte sie, als ich ihr den Stift zurückgab.

»Du meinst ...«

»Askar. Den Süßen. Ich hab euch tanzen sehen.«

Ich sah mein Spiegelbild an. Dann sagte ich: »Ja.«

Als ich den Waschraum verließ, saß Askar an der Bar und rauchte. Ich trat einen Schritt zur Seite. Halb verdeckt durch den Zigarettenautomaten blieb ich stehen und beobachtete ihn. Seine Bewegungen waren kalkuliert, knapp. Er wirkte ruhig, beinahe unbeteiligt. Ganz und gar unaufgeregt. Souverän.

Ich wunderte mich, wie spontan ich auf Karins Frage geantwortet hatte. Das »Ja« kam wie ein Pfeil; einmal abgeschossen, kannte er längst sein Ziel und brauchte nur noch Sekunden, um dort anzukommen. Ich spürte die Wand hinter mir und lehnte mich an. Plötzlich sah ich Askar mit anderen Augen. Das Bild jenes Mannes, der sich mit Gewalt über mich hinweggesetzt hatte, verschwamm, es löste sich auf, es war kaum noch zu erkennen. An die Stelle trat das Bild eines Mannes, der allein optisch vollkommen meinem Ideal entsprach, der schwarze Haare, schwarze Augen und einen dunklen Teint hatte. Geradeso wie Marco. Der jedoch nicht so unerreichbar war wie Marco. Ein Mann, der hier lebte, in Greifswald, in meiner Nähe. Der sich um mich bemühte. Der liebevoll und höflich sein konnte. Der mir beinahe unter Tränen beteuert hatte, wie Leid ihm sein Verhalten tat. Der – ich war mir nicht sicher – sich möglicherweise in mich verliebt hatte.

Ich stieß mich von der Wand ab und durchquerte den Raum. Als Askar mich entdeckte, lächelte er. Ich ging auf ihn zu, lachend.

»Möchtest du noch etwas trinken?«, fragte er und legte seine Hand auf meinen Arm.

»Einen Sekt?« Ich sah ihn fragend an. Askar drehte sich um und bestellte Sekt. Als wir anstießen, sagte er: »*Za zdorowje!* Machen wir uns einen schönen Abend.«

»Ja, machen wir uns einen schönen Abend. Prost!«

Wir tranken Sekt, wir tanzten und flirteten. Ab und zu strich Askar über meinen Arm oder streichelte meine Finger, wie zufällig berührten sich unsere Körper. Wir redeten und erzählten uns unsere Leben – was immer wieder zu Missverständnissen führte, wenn er mit seinem Deutsch oder ich mit meinem Russisch an Grenzen stieß. Mit viel

Gelächter lösten wir die Sprachverwirrungen auf. Ich erfuhr, dass Askars Familie in Usbekistan lebte und er der jüngste von drei Brüdern war. Außerdem hatte er zwei Schwestern. Ich erzählte von meinen Brüdern und von Mutter, von Greifswald, wo ich aufgewachsen war und von meiner Ausbildung.

Als Askar fragte, ob er mich nach Hause fahren dürfe, war das hohle Gefühl wieder da.

»Wenn du mich tatsächlich nach Hause fährst ...«

»*Razumejetsja.* Selbstverständlich.«

Die Uhr an der Apotheke zeigte Mitternacht, als wir den Marienplatz überquerten. Auf einem Baugerüst vor dem Haus, in dem früher ein Delikatladen gewesen war und in Kürze ein 99-Pfennig-Laden eröffnen würde, saßen ein paar Jugendliche. Sie tranken Bier. Auch die Fassade des ehemaligen Exquisitladens wurde renoviert. Man hatte die alten Backsteine freigelegt und würde demnächst neue Fenster einsetzen. Das Nachbarhaus mit seinem graubraunen, blätternden Putz sah jetzt noch hässlicher aus.

Askar schloss die Beifahrertür auf und half mir beim Einsteigen. Er ließ den Motor an und steuerte den Wagen durch die verwinkelten Straßen, fuhr die Schlossstraße hoch und bog rechts in die Graf-Schack-Allee. Links lag das Greifswalder Schloss wie eine Trutzburg im Dunklen. Die Straßen waren leer, und der Wagen glitt durch die Nacht wie ein Schiff durch die Wellen, geschmeidig und leicht. Ich lauschte dem leisen, gleichmäßigen Geräusch des Motors. Diesmal würde ich nicht einschlafen. Ich war blitzwach, ich war nicht betrunken, ich wusste, wo ich war. Mir würde nichts passieren.

Ohne dass ich ihm den Weg beschreiben musste, bog Askar in die Georg-Simon-Ohm-Straße. Ich atmete auf. Askar hielt vor meiner Haustür, wir gaben uns die Hand, und ich stieg aus. In ruhigem Tempo ging ich den Plattenweg hoch, auf die Haustür zu. Ich fand sofort meinen Schlüssel und betrat das Haus, ohne mich noch einmal umzusehen.

Ich hatte es geschafft.

Ich war kein Opfer.

Eine Woche später war ich verliebt.

Wie ein aufgeregter Teenager fuhr ich am Freitag in die Karibik-Bar, herausgeputzt und sehr nervös. In der Straßenbahn malte ich mir aus, wie ich ihn begrüßen würde. Am Berliner Platz stellte ich mir vor, ihn zu küssen. Kurz vor der Stauffenbergstraße fragte ich mich, ob es ihm wohl ähnlich ginge. Am Platz der Jugend bekam ich Angst, ob Askar überhaupt käme. Als ich am Marienplatz ausstieg und zur Kommandantur hochging, hatte ich feuchte Hände.

Ein Pfiff. Und gleich danach ein »Janka!«

Ich zuckte. Wie aus dem Nichts stand Askar neben mir, ich hatte ihn weder gehört noch gesehen. Wo kam er so plötzlich her?

Er küsste mich auf die Wange. Zärtlich und sehr vorsichtig.

»Schön, dass du gekommen bist. Ich habe schon auf dich gewartet.« Er hakte sich unter, und gemeinsam gingen wir am Haupteingang der russischen Kommandantur vorbei, bogen in den Seitenweg und durchquerten den Innenhof. Am Eingang stand nicht Papa, sondern ein Soldat, den ich vom Sehen kannte und den Askar besser zu kennen schien, denn die beiden begrüßten sich herzlich. Askar bezahlte, und wir gingen hinein.

Der Abend verflog wie im Rausch. Wir tanzten und tranken und lachten, und alle sahen uns zu. Wir umarmten uns.

Wir waren ein Paar. Und alle wussten es. Als ich Zigaretten holte und vor dem Waschraum mehrere Frauen traf, unter ihnen Karin, hatte ich das Gefühl, dass einige mich neidisch anschauten.

»Wie geht's deinem Süßen?«, rief Karin.

»Blendend«, antwortete ich. »Sieht man ihm das nicht schon von weitem an?«

Das Geld rutschte durch den Schlitz ins Innere des Automaten, rumpelnd fiel im nächsten Moment das Zigarettenpäckchen heraus.

»Und mir geht's auch blendend!«

Ich nahm die Zigarettenschachtel und ging zurück.

Nein, niemand würde mir mehr etwas anhängen können.

Wie selbstverständlich fuhr Askar mich später nach Hause. Vor der Haustür angekommen, fragte ich ihn, ob er noch einen Kaffee trinken wolle. Askar nickte und parkte das Auto. Im Treppenhaus hallten unsere Schritte auf den steinernen Stufen. Askar ging hinter mir. Er folgte mir. Ich fühlte mich stark wie lange nicht. Ich hatte es in der Hand, ja, ich war ihm sogar überlegen. Ich wollte, dass er die Nacht mit mir verbrachte, und meine Methoden waren raffinierter.

So würde ich die Erinnerung an unsere erste Nacht auslöschen.

8. KAPITEL

Ein zarter Dunst lag über den Wiesen, die Luft roch frisch und kühl. In spätestens einer Stunde würde die Sonne die zarten Schlieren aufgelöst haben. Im Wetterbericht hatten sie vor Gewittern am späten Nachmittag gewarnt; da würden wir längst in Polen sein. Die Autobahn war leer, und Askar fuhr zügig. Vor uns leuchteten die Rücklichter von Olegs weißem Ford.

Ich schob eine Kassette mit russischen Liedern in den Kassettenrekorder, drehte das Seitenfenster herunter und lehnte mich zurück. Die Landschaft flog vorbei. Nach Berlin waren es noch knapp einhundert Kilometer. Im Bauch spürte ich ein leichtes Kribbeln.

Die Wochen waren vergangen wie ein Wimpernschlag, manchmal hatte ich mit meinem eigenen Leben kaum Schritt halten können. Askar war schnell ein fester Bestandteil meines Alltags geworden, ein fester Bezugspunkt. Wir sahen uns täglich, er holte mich mit seinem roten Sportwagen von der Arbeit ab, sogar wenn ich Nachtschicht hatte. Meine Kolleginnen tuschelten, sie bemerkten meine Veränderung, vielleicht waren sie auch ein bisschen neidisch. Manchmal überraschte Askar mich mit spontanen Besuchen, stand vor meiner Tür, wenn ich sauber machte, oder kam zufällig vorbei, wenn ich mich gerade anzog, um ins Krankenhaus zu fahren. »Komm, ich fahre dich«, sagte er dann, und ich freute mich, dass ich nicht schon wieder eine halbe Stunde in der stickigen Straßenbahn sitzen musste. Mit dem Auto waren wir in einer Viertelstunde in der Klinik, und ich konnte sogar noch ein bisschen Zeit mit meinem Freund verbringen. Wann immer Askar freihatte, waren wir zusammen, und das genoss ich. Ich verspürte nicht das geringste Verlangen, an meinen Abenden wieder rauchend, weinend und mutterseelenallein über meinen Fotoalben zu sitzen. Ich war wie ausgewechselt. Ich war glücklich.

Hinter Neuruppin wurde der Verkehr dichter. Ein Schild kündigte das Dreieck Havelland an; von dort aus war es nicht mehr weit nach Berlin. Wir würden die Stadt umfahren, bevor der Berufsverkehr einsetzte, und eine knappe Stunde später würden wir Frankfurt/Oder erreichen. Unmittelbar dahinter lag Polen. Der Gedanke machte mich nervös. Ein einziges Mal hatte ich die DDR verlassen. Als FDJlerin hatte ich eine Auszeichnungsreise gewonnen, weil ich das Schuljahr als Klassenbeste abgeschlossen hatte. Mit einem Bus voller Kinder waren wir in ein Ferienlager gefahren, irgendwo in Polen, an den Namen des Ortes konnte ich mich nicht mehr erinnern. Nur noch daran, dass ich Heimweh gehabt und dass es keine Toiletten gegeben hatte. Stattdessen wurden wir aufgefordert, uns in die Büsche zu schlagen. Wegen der Ernährungsumstellung bekam ich am zweiten Tag Durchfall und genierte mich unendlich, und als ich einmal, ohne es zu merken, mit Scheiße am Schuh aus dem Gebüsch zurückkehrte und ein paar Jungen laut »*Gówno* – Scheiße!« riefen, wäre ich am liebsten gestorben. Ich zählte die Tage bis zur Heimfahrt. Am Ende hatte ich die Reise eher als eine Strafe denn als Auszeichnung empfunden.

Askar fingerte mit einer Hand nach den Zigaretten, die in

der Brusttasche seines Hemdes steckten. Ich zog das Päckchen heraus, nahm zwei Zigaretten, zündete sie an und reichte ihm eine. Askar bedankte sich. Seit wir losgefahren waren, hatte er kaum etwas gesagt. Er sah ein wenig müde aus.

»Lass uns eine Pause machen«, schlug ich vor.

»Wenn wir in Polen sind. Dann müssen wir auch tanken.«

Als wir die Grenze erreichten, kurbelte Askar das Fenster herunter. Ein Grenzbeamter, der nicht besonders freundlich aussah, nahm unsere Pässe entgegen. Schweigend blätterte er darin. Nach einer Weile gab er Askar die Papiere zurück, bellte dabei etwas auf Polnisch und winkte uns durch. Ich hatte kein Wort verstanden, aber dem Tonfall nach musste es eine Verwünschung gewesen sein. Seine Feindseligkeit erschreckte mich.

Vor uns setzte Oleg den Blinker und bog an einer etwas marode aussehenden Tankstelle ab. Askar folgte ihm, und ich war froh, mir ein wenig die Beine vertreten zu können. Oleg und Askar tankten und unterhielten sich. Ich staunte, wie billig das Benzin war, und guckte, ob es irgendwo eine Toilette gab. Oleg bemerkte meinen Blick und deutete auf eine Tür gegenüber den Zapfsäulen.

Als ich zurückkam, stand Oleg neben seinem Wagen und rauchte. Er bot mir eine Zigarette an. Er war mir sympathisch, obwohl ich ihn erst zwei Tage zuvor kennen gelernt hatte – ein großer, ruhiger Mann, seit Jahren in Greifswald stationiert, sein Deutsch war passabel. Oleg wollte für ein paar Tage seine Mutter in Moskau besuchen, und dann zurück nach Greifswald, wo seine Freundin in Kürze ihr erstes Kind zur Welt bringen würde. Sie hieß auch Jana.

»Wo ist Askar?«, fragte ich.

Oleg deutete mit einer Kopfbewegung in Richtung des

Kassenhäuschens. »Oh ...«, sagte er im selben Moment. Drinnen stand Askar, heftig gestikulierend. Oleg hielt mich zurück. »Bleib hier, ich kümmere mich darum.« Eilig steuerte er auf das Kassenhäuschen zu. Nervös beobachtete ich, wie nun beide unter zornigen Gebärden mit dem Tankwart stritten. Nach einer Weile verließen sie schimpfend das Häuschen. »Verdammter Betrüger!«, rief Oleg. Askar lief neben ihm her, schweigend und lodernd vor Wut. So hatte ich ihn schon ein paar Mal erlebt.

Wortlos, ohne einen Blick schoss Askar an mir vorbei, warf einige Päckchen Zigaretten und Kaugummi in den Fond, stieg ins Auto und ließ den Motor an. Ich sah zu Oleg hinüber. Dann stieg ich ebenfalls ein.

Als wir wieder auf der Autobahn waren, fragte ich: »Was ist passiert?«

»Swinja!«, schimpfte Askar. »Der Tankwart ist ein Schwein! Ich habe mit deutschem Geld bezahlt, und er hat sich geweigert, mir Wechselgeld herauszugeben. Wenn ich mit polnischem Geld bezahlen würde, bekäme ich Wechselgeld. Deutsches Geld habe er nicht, also könne er mir auch nicht rausgeben.« Er deutete auf die Zigarettenpäckchen, und seine Augen funkelten. »Ich hab das Problem dann auf meine Art gelöst.« Askars rechte Hand lag auf dem Schaltknüppel, mit der linken lenkte er. Ich legte meine Hand auf seine.

»Ach, vergiss diesen Idioten«, sagte ich. »Was soll's ...«

»Scheißpolen!«, schimpfte er und spuckte aus dem Fenster.

Draußen reihten sich Wiesen und Wälder in monotoner Eintracht aneinander, nur ab und zu sah man irgendwo ein kleines Dorf. Die letzte größere Stadt, Posen, lag weit hinter uns. Oleg blinkte, um einen Lastwagen zu überholen. Askar blinkte ebenfalls. Die Tachonadel stieg immer höher. Als Askar wieder auf die rechte Spur wechselte, rutschten die Pässe über die Ablage, und ich griff nach ihnen, um sie in meiner Handtasche zu verstauen.

»Gib sie mir, ich stecke sie ein«, sagte Askar. »In diesem Land laufen zu viele Banditen herum. Bei mir sind unsere Papiere sicherer.« Er stopfte die Pässe in die Innentasche seiner Jacke.

Ich legte meine Hand auf seinen Schenkel.

»Alles in Ordnung, Janka?«, fragte Askar, nachdem wir eine Weile schweigend nebeneinander gesessen hatten, und gab mir einen Kuss. Ich nickte und lächelte.

Gegen Abend näherten wir uns Warschau. Links und rechts der Straße reihten sich Industrieanlagen aneinander, aus deren Schornsteinen gelbgraue Wolkensäulen in den Himmel stiegen. Dazwischen standen Wohnhäuser, auch sie waren längst gelbgrau, und ich fragte mich unwillkürlich, wie wohl die Menschen aussahen, die in diesen Häusern lebten. Die Straßen waren voller Schlaglöcher und Fahrrillen, und lange Kolonnen schwer beladener LKWs behinderten den Verkehr. Immer wieder bildeten sich Staus, wenn zwei Lastwagen einander überholten, langsam, beinahe kriechend. Die Sonne stand tief, doch es war noch warm und stickig, nicht einmal der Fahrtwind kühlte. Ich war müde und durstig und froh, als Oleg blinkte und an einem Parkplatz hielt. Wir stiegen aus und vertraten uns die Beine. Ich nahm eine Flasche Wasser aus dem Kofferraum und wusch mir Gesicht und Arme. Oleg und Askar breiteten eine Karte auf der Motorhaube aus und unterhielten sich auf Russisch. Sie sprachen ziemlich schnell, und ich war zu müde, mich zu konzentrieren. Mit einem Mal fühlte ich mich ausgeschlossen und allein. Mir wurde bewusst, wie weit ich bereits von zu Hause entfernt war.

Askar und Oleg beschlossen, bis zur polnisch-russischen Grenze weiterzufahren. Dort würden wir übernachten. Schweigend aßen wir den Kartoffelsalat, den Askar am Vortag eingekauft hatte, tranken Wasser dazu, rauchten schnell eine Zigarette und machten uns wieder auf den Weg. Oleg fuhr voraus, und wir folgten seinen roten Rücklichtern, die wie kleine Signalfeuer vor uns her leuchteten. Ich schob eine Kassette in den Rekorder. Die Stille hatte etwas Ungemütliches, doch mir fiel auch nichts ein, was ich hätte erzählen können.

Am Horizont ging in flammenden Farben die Sonne unter.

In Greifswald hatten wir es uns meist in meiner Wohnung gemütlich gemacht; manchmal waren wir auch spazieren gegangen oder zum Tanzen in die Karibik-Bar gefahren. Erst als ich an einem freien Vormittag Frühjahrsputz machte, bemerkte ich, wie viele von Askars Hemden und Hosen schon in meinem Kleiderschrank lagen, und auch seine Zahnbürste und sein Rasierapparat hatten längst ihren festen Platz im Bad. Beinahe konnte man denken, Askar wohnte bei mir. Dabei hatte ich ihm noch keinen Schlüssel gegeben; da wir ohnehin die meiste Zeit zusammen verbrachten, war das gar nicht nötig gewesen. Mit einem Mal wurde mir bewusst, dass wir begonnen hatten, uns ein Nest zu bauen.

Manchmal, wenn ich Askars Wäsche mit in die Waschmaschine stopfte, dachte ich an Marco. Marco hatte Margarethe immer bei der Hausarbeit geholfen. Askar tat das nicht. Das störte mich ein wenig; allerdings spekulierte ich darauf, dass solche Anfangsschwierigkeiten sich mit der Zeit geben würden. Ich war sehr verliebt, und Askar bemühte und kümmerte sich um mich. Er war ein ausgesprochen zärtlicher Liebhaber.

Das, fand ich, war schon sehr viel.

Als Oleg blinkte und an einen Rastplatz fuhr, waren Askars Augen rot und schmal vor Müdigkeit. Ich war ebenfalls todmüde. Mehrere Male waren mir die Augen zugefallen, jedes Mal hatte ich kurz das Fenster heruntergekurbelt, um wieder munter zu werden, und mir irgendeine lustige Geschichte ausgedacht, um auch Askar wach und bei Laune zu halten. Oleg parkte neben einer halbhohen Mauer, und Askar fuhr so dicht an den staubbedeckten Ford heran, dass die Stoßstangen einander berührten. Er blinkte kurz mit der Lichthupe, als wolle er Oleg gute Nacht sagen, dann verriegelten wir alle Türen, drehten die Rücklehnen zurück und suchten eine Position, in der wir einigermaßen liegen konnten.

Minuten später schliefen wir.

Ich erwachte, als jemand ausdauernd und hartnäckig gegen das Fenster klopfte. Mühsam öffnete ich die Augen. Ich fühlte mich wie gerädert. Oleg deutete auf seine Armbanduhr. Ich hatte keine Ahnung, wie spät es war.

Es gab auf dem Rastplatz nur eine einzige Toilette, vor der bereits eine Schlange wartender Männer und Frauen stand, und so wuschen wir uns die Gesichter mit Mineralwasser. Ich fühlte mich unwohl, denn ich war es gewohnt, morgens zu duschen. Im Rückspiegel bot sich ein Bild des Grauens, meine Haare standen in alle Richtungen, die Wimperntusche war verschmiert. Mit etwas Creme versuchte ich, mich abzuschminken. Es dauerte, bis ich mich unter Menschen wagte. Ich genierte mich vor Oleg.

Askar und Oleg schienen mich nicht zu vermissen. Gegen die Mauer gelehnt standen sie in der Morgensonne und rauchten und unterhielten sich. Als ich aus dem Auto stieg, traten sie ihre Zigaretten aus. »Dann können wir ja los«, sagte Askar. Seine Stimme klang, als habe er schon viel zu lange gewartet.

Ich schwieg.

»Streck dich nochmal«, sagte Oleg und breitete seine Arme aus wie ein Turnlehrer beim Frühsport. Wir machten ein paar Gymnastikübungen, bevor wir wieder in die Autos stiegen.

»Ich würde gerne duschen«, sagte ich, als Askar sich in den Verkehr einfädelte.

»Später.«

Ich schluckte. »Und Frühstück«, fragte ich zaghaft. »Werden wir irgendwo frühstücken?« Anstatt zu antworten, deutete Askar auf die Kaugummipäckchen von der polnischen Tankstelle und den Zwieback, den er vor der Abfahrt eingekauft hatte.

»Wir müssen uns beeilen«, sagte er, als er meinen Blick bemerkte. Ich schluckte wieder und zündete mir eine Zigarette an. Ich dachte an mein Badezimmer.

Die erste Stadt hinter der Grenze war Brest; ich hatte noch nie von ihr gehört. Am Ortseingang fuhr Oleg rechts ran, Askar kurbelte das Fenster herunter, und die beiden besprachen sich auf Russisch, zu schnell, als dass ich alles verstanden hätte. »Was redet ihr?«, fragte ich. Oleg zwinkerte mir zu. Askar sah aus wie jemand, der nicht weiß, ob er an einer Idee Gefallen finden soll.

»*Pojechali* – los!«, rief Oleg und lief zurück zu seinem Auto. Schweigend folgte Askar dem Ford, hinein in die fremde Stadt.

Alles, was ich bisher von Russland kannte, waren Bilder aus Moskau und Leningrad, von opulenten Gebäuden mit goldenen Kuppeln und glänzenden Zinnen, prachtvollen Kathedralen und imposanten Türmen. Was ich jetzt sah, waren hässliche Neubaublöcke, so trist, dass man sich in ihnen allenfalls das Leben nehmen wollte. Breite Straßen führten Richtung Innenstadt. Oleg schien sich auszukennen, er fuhr zielsicher vor uns her. Schließlich bog er in eine schmale Gasse ein und parkte vor einem grauen Altbau.

»Wo sind wir?«, fragte ich.

Oleg tat geheimnisvoll, es machte ihm Spaß, mich neugierig zu machen. Askar wirkte verstimmt, aber vielleicht war er auch nur müde. Wir betraten ein schäbiges Haus und stiegen ausgetretene Stufen hinauf. Vor einer Tür blieben wir stehen, Oleg klingelte. Eine Frau öffnete. Im nächsten Moment hörte ich eine vertraute Stimme: *»Priwjet, moja dotschka!«*

Sprachlos und gerührt fiel ich ihm in die Arme. »Papa!«

Wir umarmten und küssten uns, und Papa zog uns in seine Wohnung. »Wie geht's euch? Kommt, lasst uns erst einmal etwas trinken. Ihr müsst erschöpft sein.«

Die Frau, die uns geöffnet hatte, verschwand in der Küche und kam kurz darauf mit frischem Kaffee, Piroggen und einer Flasche Wodka zurück. Im Wohnzimmer saß Leonid, ein Soldat, den ich aus der Karibik-Bar kannte; ich hatte nicht gewusst, dass er aus Brest stammte. Die Frau schenkte Kaffee und Wodka ein, und Papa legte den Arm um sie. »Michaela«, sagte er, »meine Frau. Wir haben uns in Greifswald kennen gelernt, und sie ist mir nach Brest gefolgt.« Aus seiner Stimme klang unverhohlen Stolz. Einen Moment lang war ich sprachlos; ich hatte nicht gewusst, dass Papa verheiratet war. Doch ich hatte auch nicht mitbekommen, dass er die sowjetische Kommandantur verlassen hatte und in die Sowjetunion zurückgekehrt war. Wenn ich in den vergangenen Wochen mit Askar tanzen gegangen war, hatten wir jedes Mal fremde Türsteher angetroffen, doch ich war zu sehr mit meinem kleinen Glück beschäftigt gewesen, als dass ich nach Papa gefragt hätte. Wie zur Entschuldigung setzte ich mich auf seinen Schoß und gab ihm einen herzlichen Kuss.

Als wir am nächsten Morgen nach Moskau weiterfuhren, trennte ich mich schweren Herzens von Papa, Michaela und Leonid. Ich hätte diesen Zipfel Heimat gern festgehalten. Obwohl wir erst seit zwei Tagen unterwegs waren, hatte ich bereits Heimweh.

»Pass gut auf dich auf, *dotschka*«, sagte Papa zum Abschied.

Ich dachte noch an ihn, als wir Brest längst hinter uns gelassen hatten. Askar war sehr schweigsam, und ich versuchte, ihn zu unterhalten. Nun, da wir wieder allein waren, fühlte ich mich wieder für sein Wohlbefinden verantwortlich.

»Kannst du noch fahren?«, fragte ich und zündete ihm eine Zigarette an.

»Deinen Augen sehen rot aus, wollen wir eine Pause machen?«, fragte ich und bot ihm die Wasserflasche an.

»Geht's dir gut? Möchtest du etwas essen?«, fragte ich und reichte ihm einen Apfel.

Askar blieb einsilbig. Ich schob eine Kassette in den Rekorder.

Am Ende des dritten Tages erreichten wir Moskau. Oleg steuerte durch den dichten Verkehr, und Askar hatte Mühe, ihm zu folgen. Ich war überwältigt von der Größe der Stadt, von all dem Durcheinander und dem Trubel auf den Straßen. Auf Fotos hatte Moskau immer so geordnet gewirkt, so übersichtlich. Wir fuhren an Kathedralen vorbei, an Denkmälern, Palästen und Parks. Ich hätte Askar gerne nach dem gefragt, was ich sah, doch ich schwieg, um nicht zu stören.

Als Oleg seinen inzwischen schmutzig grauen Ford zwischen lauter Ladas und Volgas und Moskwitschs parkte, dröhnte mein Kopf. Mein einziger Wunsch waren eine Dusche und ein wenig Ruhe. Askar parkte ein Stück weiter die Straße hinauf. Sein roter Sportwagen wirkte wie ein frisch gelandetes Ufo zwischen all den tristen Russenautos.

Olegs Mutter bewohnte ein einzelnes Zimmer in einer großen Altbauwohnung in der dritten Etage. Außer ihr lebten zwölf weitere Menschen in dieser Wohnung. Alle zusammen teilten sich ein Bad und eine winzige Küche. Olegs Mutter, eine herzliche Frau, die mich zur Begrüßung an ihren Mutterbusen drückte, eilte, kaum dass Oleg ihr sagte, dass ich gerne duschen würde, ins Bad. Kurz darauf tauchte ich in eine wunderschöne alte Emailwanne, froh, die Strapazen der vergangenen drei Tage hinter mir lassen zu können. Ich versank in der wohligen Ruhe des Bades, überließ meinen Körper, meine Glieder, meinen Kopf der Schwerelosigkeit, wusch alle Anstrengungen von mir ab und döste in der versöhnlichen Wärme des Wassers.

Eintausendsiebenhundert Kilometer und keine vier Wochen lagen zwischen diesem Moment und dem, als Askar mich gefragt hatte, ob ich mit ihm nach Usbekistan fahren würde. Es war ein Sonntagnachmittag gewesen, ich hatte ihn genutzt, um ein wenig aufzuräumen. Askar hatte sich mit ein paar Russen verabredet; ich hatte nicht verstanden, worum es ging, und auch nicht nachgefragt, manchmal war ich müde davon, ständig zwischen zwei Sprachen hin- und herzuspringen. Zwar wurde mein Russisch durch das tägliche Training besser, aber es blieb eine fremde Sprache. Als

Askar zurückkam, schlug er vor, spazieren zu gehen. Hand in Hand liefen wir die Straße hinauf, in den kleinen Wald, der an die Siedlung grenzte. Wir sprachen nicht viel, und ich genoss die entspannte Stimmung. Als wir den kleinen See auf der Lichtung erreichten, blieb Askar unvermittelt stehen und sagte, dass er nach Usbekistan müsse. Einen Moment lang erschrak ich; der Gedanke, dass Askar eines Tages in die UdSSR zurückkehren könnte, war mir noch nicht in den Kopf gekommen.

»Nur für drei Wochen«, hörte ich ihn sagen. Ich atmete auf. »Und ich möchte, dass du mitkommst.« Der zweite Schreck schloss sich unmittelbar an den ersten an.

»Warum musst du weg?«, fragte ich.

»Es hat mit der Arbeit zu tun.« In seinem Gesicht lag ein Schmerz, den ich nicht kannte. Zum ersten Mal fiel mir auf, wie viel ich Askar aus dem Krankenhaus erzählte und wie wenig ich über seinen Beruf wusste. »Ich habe meine Familie seit drei Jahren nicht gesehen«, fuhr er fort. »Eine sehr lange Zeit. Kannst du dir vorstellen, wie das ist?« Ich schüttelte den Kopf und sah überrascht, dass er mit den Tränen kämpfte. Ich versuchte mir vorzustellen, ich hätte Mutter und ihren Mann und Oliver und Marcello seit drei Jahren nicht gesehen, kaum je mit ihnen telefoniert, weil sie weit, weit weg wohnten. Die Vorstellung war mir unerträglich.

»Wo liegt Usbekistan?«

»Ich habe Sehnsucht nach meiner Familie, verstehst du? Und ich möchte, dass sie dich kennen lernen. Meine Eltern, meine Brüder – sie sollen meine Frau kennen lernen.«

»Aber ich muss mein Examen machen. Im Juni sind die Prüfungstermine, im August bekommen wir unsere Zeugnisse. Das ist völlig unmöglich, ich kann nicht verreisen.«

Schweigend spazierten wir um den See. Ich war hin- und

hergerissen. Mein Examen war mir wichtig; dafür hatte ich schließlich sogar die Beziehung zu Marco geopfert. Gleichzeitig schmeichelte es mir, dass Askar mich seiner Familie vorstellen wollte. Und ich hätte sie gern kennen gelernt; sicher würde ich Askar besser verstehen, wenn ich sähe, wo er herkam. Es fiel mir schwer, ihm einen so bedeutungsvollen Wunsch abzuschlagen.

»Könntest du nicht fragen, ob du deine mündliche Prüfung vorzeitig ablegen kannst? Im August, wenn du dein Zeugnis bekommst, sind wir längst zurück.«

Es klang bestechend. Es klang ungeheuer simpel. Ich wusste nicht, was ich antworten sollte.

Irgendwann merkte ich, dass mir die Vorstellung, einmal aus allem herauszukommen und etwas völlig Neues zu sehen, auch gefiel. Warum sollte ich mir nicht auch einmal ein Stück vom Rest der Welt ansehen? Am Ende versprach ich, mich zu erkundigen, ob sich der Prüfungstermin verschieben ließe; zu meinem großen Erstaunen war es möglich. In jeder freien Minute saß ich fortan über meinen Büchern und lernte. Die praktische Prüfung bestand ich auf Anhieb, in der theoretischen fiel ich erst durch, konnte sie jedoch am darauf folgenden Tag wiederholen und bestand sie ebenfalls. Am Nachmittag desselben Tages besuchte ich Mutter in der Firma, um mich zu verabschieden. Sie war sehr überrascht, ich hatte ihr Askar bisher nicht vorgestellt; ich hatte befürchtet, sie könnte ihn ablehnen, weil er Russe war.

»Nach Usbekistan? Kind, du kannst nicht einfach mit einem Mann, den du gerade erst kennen gelernt hast, ans Ende der Welt fahren!«

»Mama, ich weiß, was ich tue.«

»Jana, ich mache mir Sorgen!«

»Mama, ich bin volljährig. Und ich will jetzt mit meinem Freund in den Urlaub fahren.«

Am nächsten Morgen fuhren wir los.

Ich hatte auf der Überholspur gelebt. In den vergangenen zwei Monaten, seit ich mit Askar zusammen war, hatte ich keinen Moment Ruhe gehabt, um über das, was geschah, nachzudenken.

Nun lag ich in einer Moskauer Badewanne.

Jemand klopfte an die Tür. Ich erschrak. »Askar?«

»Mama!«, antwortete eine volle, tiefe Stimme. Im nächsten Moment öffnete Olegs Mutter die Tür und trat ins Bad. Ich sank ein Stückchen tiefer ins Badewasser.

»Mädchen, ich helfe dir«, sagte die fremde Frau, marschierte festen Schrittes über den Fliesenboden und zwängte ihren ausladenden Körper zwischen Boiler und Wanne. In der linken Hand hielt sie ein Stück Seife, in der rechten eine Bürste.

»Aber ...« Verlegen drapierte ich kleine Schaumberge über meinen Busen.

»Schämst du dich?«, fragte Olegs Mutter rundheraus.

»Nein«, sagte ich mit fester Stimme.

»Dann steh auf.«

Gehorsam wie ein kleines Kind erhob ich mich. Das Wasser rann von meiner Haut, mich fröstelte. Mit kreisenden, festen Bewegungen begann die alte Frau, meinen Rücken zu schrubben. »Gut?«, fragte sie.

Erstaunlicherweise war die Massage sehr angenehm.

»Gut?«, fragte Mama noch einmal.

»Gut«, antwortete ich. Olegs Mutter hatte beide Ärmel ihrer Kittelschürze hochgekrempelt und lachte, sodass ihre Goldzähne aufblitzten.

Als sie fertig war, bedeutete sie mir, mich wieder in die

Wanne zu setzen. Sanft drückte sie meinen Kopf ins Wasser, und ich überließ mich ihren fürsorglichen Händen; plötzlich war mir meine Nacktheit nicht mehr peinlich. Mama wusch meine Haare, spülte sie aus, vorsichtig darauf bedacht, dass kein Shampoo in meine Augen tropfte, dann shampoonierte sie ein zweites Mal.

»Ich habe mir immer eine Tochter gewünscht«, sagte Olegs Mutter. Ihre Stimme klang plötzlich traurig, und ich schämte mich, dass ich zunächst so abweisend auf ihr Angebot reagiert hatte. Ich erinnerte mich an frühe Kindertage, als Mutter mich abends nach dem Spielen gebadet hatte. Mama spülte mit der Brause die letzten Shampooreste aus meinem Haar. Ich lächelte, irgendwie selig.

Als ich mich abtrocknete, hörte ich draußen eine Tür zuschlagen.

»Oleg und Askar wollen das Auto verkaufen.«

»Askars Auto?« Erstaunt hielt ich inne.

Olegs Mutter nickte. »Askar will, dass ihr mit dem Zug weiterfahrt. Das sei sicherer, meint er.«

Ich fragte mich, mit welchen Gefahren Askar rechnete, und vor allem fragte ich mich, warum er so eine Entscheidung nicht mit mir besprach. Mama nahm einen Föhn aus einem Wandschrank. Mit einer Hand fuhr sie durch mein nasses Haar, mit der anderen hielt sie den Föhn und pustete warme Luft zwischen die Strähnen.

Ab und zu klopfte sie mir beruhigend auf die Schulter.

Auf dem Bahnhof wimmelte es von Menschen, von Männern, Frauen, Kindern, von Sprachen, die ich nie zuvor gehört hatte. Plötzlich wurde mir bewusst, wie groß die Sowjetunion war. In der Schule hatten wir gelernt, dass die UdSSR aus fünfzehn Unionsrepubliken bestand. Dennoch war das Land für mich nahezu gleichbedeutend mit Moskau gewesen. In der Karibik-Bar hatte ich viele Soldaten aus Moskau kennen gelernt. Meine gesamte Kindheit und Jugend über schien Moskau sehr nahe, ein Katzensprung, ein Tagesausflug, ein paar Stunden Fahrt nur, ein Vorort von Greifswald sozusagen. Ich sah zu Askar. Sein Gesicht wirkte auf einmal sehr fremd. Ich versuchte, all die Gesichter und Sprachen um mich herum einzuordnen; es gelang mir nicht.

Auf dem Bahnsteig, an dem der Zug nach Taschkent abfahren sollte, standen Männer in Gruppen beisammen und rauchten. Die Frauen hielten sich abseits. Sie trugen lange Röcke und Kopftücher, einige hatten sogar ihre Gesichter mit Schleiern bedeckt. Ihr Anblick faszinierte und erschreckte mich. Ich fragte mich, ob die Frauen nicht schwitzten. Ich spürte, dass man uns beobachtete, und Askar schien es auch zu bemerken, denn er löste sich aus meiner Umarmung.

Als kurze Zeit später der Zug einfuhr, verwandelte sich der Bahnsteig in ein Tollhaus. Alle stürzten gleichzeitig los, stürzten auf den Zug zu, zwängten sich die schmalen Stufen hinauf, durch die engen Türen, in die Wagons. Ich taumelte. Mitten in dem Gedränge, zwischen den vielen fremden Menschen, ihrem vielen Gepäck, bekam ich Panik und griff nach Askars Hand. Askar kämpfte sich vor, zu einem der Wagons. Ich stolperte hinter ihm her. Ich war froh, als wir zwei Plätze fanden. Askar verstaute unsere Taschen, und ich setzte mich ans Fenster.

Als der Schaffner pfiff, erschrak ich und spürte wieder dieses nervöse Kribbeln im Bauch. Schwerfällig fuhr der Zug durch endlose Vororte, graue, triste Siedlungen, an Plattenbausiedlungen vorbei, manchmal so dicht, dass ich den Menschen auf den Küchentisch gucken konnte. Ich dachte an Mutter und überlegte, ob ich sie absichtlich in der

Firma abgepasst hatte, um mich zu verabschieden. Hätte ich sie zu Hause besucht, hätte sie möglicherweise so lange auf mich eingeredet, bis ich mich schließlich bereit erklärt hätte, nicht nach Usbekistan zu fahren. Mutter hatte immer schon Angst um mich gehabt.

Mir fiel ein, dass ich noch immer nicht wusste, wo Usbekistan überhaupt lag.

Askar zündete eine Zigarette an. Ich griff danach, nahm einen Zug und kuschelte mich an ihn. »Erzähl mir etwas von deiner Familie. Und von Usbekistan. Wie ist es dort?«

Askar rückte ab und zündete eine zweite Zigarette an. »Du wirst es sehen, wenn wir da sind.«

»Warum bist du so abweisend?«

Askar murmelte etwas, das ich nicht verstand. Verletzt zog ich mich zurück, schlang, obwohl es sehr warm war, die Arme um mich und lehnte den Kopf gegen die Fensterscheibe. Draußen reihte sich ein Feld ans andere, eine Wiese an die nächste. Ein Schäfer hütete seine Herde.

Als ich aufwachte, brannten im Wagon die Lichter. Draußen war es stockdunkel. Askar rauchte und starrte in die Nacht.

»Gibst du mir auch eine Zigarette?«, fragte ich und strich mir die Haare aus dem Gesicht.

»Sind alle.« Reglos, ohne mich einmal anzusehen, starrte er vor sich hin. Bislang hatte ich seine Schweigsamkeit mit der Anstrengung des Autofahrens erklärt. Womöglich war er auch nervös, nach so langer Zeit nun bald seine Familie wiederzusehen. Doch diese Schroffheit war gemein. Ich fühlte mich wie ein Gepäckstück, das Askar mitgenommen hatte und das ihm, je länger er unterwegs war, umso lästiger wurde.

»Was ist denn mit dir los?«, fragte ich, etwas gereizt.

»Nichts«, blaffte er.

»Nichts. Es fällt mir schwer, dir das zu glauben.«

»Es fällt mir schwer, dir das zu glauben ...«, äffte er mich nach. Er wandte sich um und sah mich unverwandt an. »Weißt du, was ich glaube?«

»Na?«

»Ich glaube, du bist völlig verrückt nach diesem Sascha!« Es dauerte einen Moment, bis ich begriff, dass er von *Papa* sprach.

»Papa ist für mich wie ein Vater. Ich mag ihn, er mag mich – sonst nichts.«

»Darum hast du dich auf seinen Schoß gesetzt und ihn geküsst!«

»Ich habe ihn nicht geküsst. Ich habe ihm einen freundschaftlichen Kuss auf die Wange gegeben.«

»Das ist das Gleiche!«

»Ist es nicht. Für mich ist es ein Unterschied, ob ich mit einem Mann befreundet bin oder ob ich mit einem Mann zusammen bin.« Da war es wieder, dieses Funkeln.

»Das gehört sich nicht!« Askar zog an seiner Zigarette und warf sie wütend aus dem Fenster. Einige der Fahrgäste beobachteten uns.

»Schatz«, flüsterte ich, »ich liebe dich. Du bist der einzige Mann, der mir wichtig ist. Würde ich sonst diese weite Reise machen, um mit dir deine Familie zu besuchen?« Ich legte meine Hand auf seinen Arm, doch Askars Körper war stocksteif. Feindliches Terrain, unerreichbar.

Schweigend saßen wir nebeneinander. Der Zug jagte durch die Nacht. Ab und zu stiegen Menschen ein, stiegen Menschen aus. Irgendwann kam ein Schaffner.

Irgendwann schlief ich ein.

Ich träumte von einem Campingplatz, er lag an einer Küste, ich wusste nicht, wo, das Meer glitzerte grün. Ich ging den Strand entlang. Spürte, wie der feuchte Sand unter meinen Schritten nachgab und seichte Wellen über meine Füße schwappten, ganz sanft, als wollte das Wasser meine Füße liebkosen. Am Horizont tauchte ein Mann auf. Wir gingen aufeinander zu. Irgendwann erkannte ich, dass der Mann in einer Hand eine Angel und in der anderen ein Messer trug. Durch seine schwarzen Haare blies der Wind, und der Mann lachte. Seine Haut hatte die Farbe von alten Eichenfässern und war wettergegerbt. Ich erkannte Marco. Ich erschrak, weil er so alt geworden war. Dann sah ich mich durch seine Augen. Auch ich war eine alte Frau geworden.

Als ich wieder erwachte, wusste ich nicht, wo ich war.

Der Zug fuhr durch weites, wüstes Land. Sand und Staub und flaches Land, wohin man sah. Ich hatte kein Zeitgefühl mehr. Auf der Bank neben uns aßen drei Frauen, die Kopftücher tief ins Gesicht gezogen, kalten Reis mit Huhn. Ich rieb mir die Augen. Askar schlief. Ich schämte mich, weil ich von Marco geträumt hatte. Ich bewegte mich nicht, um Askar nicht zu wecken. Draußen war kein Baum und kein Haus zu sehen.

Nur endlose Ödnis.

Als ich Askar eines Tages erzählt hatte, dass ich auf der psychiatrischen Station arbeitete, hatte er entsetzt gefragt: »Warum arbeitest du bei den Idioten?« Ich hatte versucht, ihm zu erklären, dass die Patienten krank waren und dass wir ihnen halfen, gesund zu werden. Ein paar Tage später fuhr Askar mich zur Nachtschicht, und diesmal stieg er mit aus. Ich erklärte ihm, dass er nicht mit auf die Station kommen könne. »Ich möchte wissen, wo meine Frau arbeitet«, antwortete er in einem Ton, der mich erschreckte.

»Gut, dann komm mit. Ich zeige dir das Gebäude.«

Am Eingang blieb ich stehen. Askar deutete auf ein Schild. »Du arbeitest auf der Männerstation?«

»Ja.« Ich spürte, dass ihm das nicht gefiel, aber ich verstand nicht, warum. Aus einem Grund, den ich mir nicht erklären konnte, hatte ich plötzlich ein schlechtes Gewissen. Als ich am Morgen die Station verließ, wartete Askar bereits vor der Tür. Ich freute mich, denn ich war todmüde.

Als ich gegen Mittag aufwachte, schlug Askar vor, einen seiner Freunde, Umar, zu besuchen. Ich war einverstanden; ich musste erst am Abend wieder in der Klinik sein.

Monika, Umars Frau, kochte Kaffee, und während wir in der Küche saßen, hörte ich die Männer im Nebenzimmer miteinander reden. Es war ein schwülwarmer Tag, das Fenster stand weit offen, und ich zündete mir eine Zigarette an. »Stört es dich, wenn ich rauche?«, fragte ich, als ich Monikas missbilligenden Blick bemerkte.

»Umar hat es nicht so gern«, antwortete sie, schob mir aber einen Aschenbecher hin.

Nach einer Weile kamen die Männer in die Küche. »Askar hat mir erzählt, dass du auf der Männerstation arbeitest«, sagte Umar, während Monika ihm Kaffee einschenkte.

Etwas an der Frage weckte mein Misstrauen. »Ja«, antwortete ich vorsichtig. »Ich bin Krankenschwester.«

»Askar macht sich Sorgen, dass dir etwas passiert.«

Ich wusste nicht, ob ich wütend werden oder mich geschmeichelt fühlen sollte. Sehr versöhnlich sagte ich: »Mir kann gar nichts passieren. Es ist immer jemand da, der aufpasst.« Aufmerksam sah ich von Askar zu Umar und von

Umar zu Askar. Ihre Gesichter waren verschlossen. »Außerdem werde ich bald wieder auf die Kinderstation versetzt«, fügte ich hinzu. Jetzt hellte sich Askars Gesicht auf, und er sagte etwas zu Umar, was ich nicht verstand. »Wieso sprecht ihr nicht Russisch?«, fragte ich.

»Ich bin auch Usbeke. Untereinander reden wir immer Usbekisch«, sagte Umar, in fließendem Deutsch. Monika saß stumm auf ihrem Stuhl. Umar und Askar setzten sich mit an den Tisch, und zu viert tranken wir noch eine Weile Kaffee. Doch die Stimmung blieb seltsam gedrückt.

Später fuhr Askar mich zur Klinik.

Es war gegen zwei oder drei Uhr in der Nacht, als plötzlich jemand gegen das Fenster des Schwesternzimmers klopfte. Ich erschrak. Alle Patienten schliefen. Ab und zu kam es vor, dass der Wachmann auf seiner Runde anklopfte, um zu fragen, ob alles in Ordnung sei; doch dieses Klopfen war aggressiver. Ich zog die Gardine auf. Vor dem Fenster stand Askar. Heftig gestikulierend bedeutete er mir, zur Tür zu kommen. Ich schüttelte den Kopf, ich hatte Order, meinen Arbeitsplatz nicht zu verlassen.

Wütend rief Askar: »Komm!«

Ich bekam Angst, jemand könne ihn hören, darum lief ich zur Tür und öffnete. Ehe ich mich versah, schob er einen Fuß in den Spalt. »Askar, du kannst nicht auf die Station gehen!«, flüsterte ich. »Das ist verboten. Bitte fahr jetzt nach Hause, wir sprechen morgen Früh über alles.«

»Ich will sehen, wo meine Frau arbeitet, und ich will wissen, ob wirklich alles in Ordnung ist.« Seine Augen funkelten.

»Askar!« Ich wusste nicht, was ich sagen sollte. Außerdem fürchtete ich, dass jeden Moment ein Pfleger von der Nachbarstation vorbeikommen könnte.

Askar schob mich beiseite, betrat den Flur, ging auf die Station und sah sich um, inspizierte den Gemeinschaftsraum und das angrenzende Schwesternzimmer.

»Askar, du musst jetzt gehen«, zischte ich.

Doch Askar machte keinerlei Anstalten, die Station zu verlassen. Ich wurde wütend. Minutenlang redete ich auf ihn ein, dann gab ich ihm meinen Wohnungsschlüssel und fauchte: »Warte zu Hause auf mich. Morgen Früh reden wir über alles.«

Erleichtert atmete ich auf, als Askar endlich ging.

Als ich am Morgen nach Hause kam, fiel ich todmüde ins Bett. Als ich mittags aufwachte, roch ich den Duft von frischem Kaffee.

»Guten Morgen, Janka«, sagte Askar und küsste mich zärtlich.

Damals hatte mich sein Verhalten aufgebracht, doch ich hatte mich auch beschützt gefühlt. Nun, wo Askar mir gern den Kontakt zu *Papa*, und wahrscheinlich auch zu anderen Männern, verboten hätte, bekam seine Fürsorglichkeit einen bitteren Beigeschmack.

Als wir endlich in Taschkent ausstiegen, lief Askar, immer noch schweigend, den Bahnsteig entlang, steuerte auf das Bahnhofsgebäude zu, ging in die Wartehalle, stellte unsere Taschen in einer Ecke ab und sah sich um. Er sprach kurz auf Usbekisch mit einigen Umstehenden, sagte: »Setz dich, und warte hier auf mich«, und verschwand. Ich war zu müde, um Fragen zu stellen oder zu widersprechen.

Den Rücken an eine kühle Wand gelehnt, hockte ich auf meiner Tasche. In Moskau hatte ich noch Frauen gesehen, die gekleidet waren wie ich, hier trugen alle Frauen lange Röcke, oft mehrere übereinander. Alle hatten Kopftücher umgebunden; oft waren die Kopftücher so groß, dass sie noch den halben Rücken bedeckten. Die Männer trugen Hemden und Hosen, wie ich es von zu Hause kannte; was mir auffiel, waren ihre flachen, bunten Kappen. Die Augen, die mich musterten, waren dunkel und schmal, viel schmaler noch als Askars, beinahe schlitzäugig. Asiatisch.

Und alle, Männer wie Frauen, hatten pechschwarze Haare.

Ich war die einzige blonde Frau am Bahnhof von Taschkent.

Ich war die einzige Frau, die Hosen trug.

Ich war anders.

Ich versuchte, ihren Blicken standzuhalten. Je länger sie mich betrachteten, je länger ich sie in ihrer fremden Sprache reden hörte, desto fremder und schutzloser fühlte ich mich. Ich wusste weder, wo ich war, noch wo ich hinfuhr. Ich reiste mit einem Mann, der kaum mehr ein Wort mit mir sprach, der sich immer weiter von mir entfernte, je näher wir seiner Heimat kamen. Ich sehnte mich nach *Papa*, nach Michaela, Leonid, Oleg, nach jemandem, der meine Sprache sprach, der mich kannte und den ich kannte, der wusste, woher ich kam und wer ich war. Ich sehnte mich nach meiner Mutter, nach meiner Familie, meiner Wohnung. Ich sehnte mich, zum ersten Mal seit Wochen, wieder nach Marco. Wäre er an meiner Seite gewesen – wir hätten uns ausgetauscht über alles, was wir erlebten: Schau mal hier! Guck mal da! Wie findest du dies? Hast du das schon einmal gesehen?

Stattdessen lähmendes Schweigen.

Ein Mann blieb stehen. Er sah zu mir herunter und sagte etwas, doch ich verstand kein Wort.

»Ich bin Deutsche«, sagte ich auf Russisch.

Ich war immer davon ausgegangen, dass alle Menschen in Russland auch Russisch sprächen. Doch der Mann schaute mich an, einen endlosen Augenblick lang, in dem ich nicht wusste, was er gleich tun würde. Dann schüttelte er den Kopf, murmelte noch ein paar Worte in seiner fremden Sprache und ging davon. Suchend sah ich mich um. Wo war Askar? Was tat er? Kaufte er Fahrkarten? Oder hatte er das schon in Moskau getan? Mir wurde bewusst, dass ich nichts, aber auch wirklich gar nichts wusste, was unsere gemeinsame Reise betraf. Alles Organisatorische hatte ich ihm überlassen; nicht einmal die banalsten, grundlegendsten Dinge hatte ich nachgefragt.

Eine heftige, maßlose Traurigkeit packte mich. Ihr folgte eine ebensolche Angst. Ich saß allein am Ende der Welt, angewiesen auf einen Mann, der mich sitzen ließ und verschwand, ohne ein Wort zu sagen.

»Wsjo w porjadkje?«, fragte eine Stimme. Es dauerte einen Moment, bis ich begriff, dass die Stimme Russisch mit mir sprach. »Alles in Ordnung?« Ich sah hoch. Vor mir stand ein Polizist.

»Woher kommst du? Aus Moskau?«

»Aus Deutschland«, antwortete ich.

»Aus Deutschland! Und warum weinst du?« Tatsächlich weinte ich, ich hatte es nicht bemerkt. »Warum weinst du?«, fragte der Polizist noch einmal.

»Ich habe Heimweh.«

»Wo ist dein Mann?« In dem Moment entdeckte ich Askar, der sich aus einer Gruppe von Männern löste.

»Da.« Der Polizist drehte sich um. Er sprach mit Askar, diesmal auf Usbekisch und forderte ihn auf, mitsamt Gepäck mitzukommen. Ich sah den beiden nach, wie sie in einem angrenzenden Raum mit schmalen Fenstern verschwanden. Vor den Fenstern hingen Jalousien. Die Minuten vergingen, zäh und quälend. Irgendwann fuhr ein Zug auf dem Bahnsteig ein. Ich konnte weder die Schilder an den Wagons lesen, noch verstand ich die Stationsansage.

Als Askar den Polizeiraum verließ, funkelten seine Augen. Heftiger als bei unserem Streit im Zug, heftiger als in der Nacht auf der psychiatrischen Station, heftiger als auf der Tankstelle in Polen, wo der Tankwart versucht hatte, Askar zu betrügen.

Er loderte vor Zorn.

Kalte Angst kroch meine Wirbelsäule hinauf.

Schweigend saßen wir nebeneinander auf unseren Taschen und warteten auf unseren Anschlusszug. Die Luft brannte. Ich traute mich nicht, auch nur einen Mucks von mir zu geben. Ich überlegte fieberhaft, was Askar so aufgebracht haben könnte. Diesmal konnte es nicht daran liegen, dass ich mit einem fremden Mann gesprochen hatte, schließlich war dieser Mann Polizist. Zudem hatte er mich angesprochen, ich hatte nur geantwortet.

Als der Zug kam, stand Askar auf und stieg, ohne mich zu beachten, in einen Wagon. Ich wusste nichts anderes zu tun, als ihm zu folgen. Wir bezogen ein Schlafabteil. Der Zug verließ Taschkent, und wir saßen immer noch schweigend nebeneinander. Draußen war es dunkel. Ich hatte das Gefühl, in ein großes schwarzes Nichts hineinzufahren.

Nach einer Stunde hielt ich die Stille nicht mehr aus. Ich hatte ein unstillbares Verlangen, in den Arm genommen zu werden, ich wollte beachtet werden, ich wollte eine Geste, nur eine winzig kleine, die mir zeigte, dass ich nicht allein war. Sanft strich ich über Askars Arm und fragte: »Was ist mit dir?«

Askar explodierte. Ein Sprengkörper, dessen Uhr lange

getickt hatte; nun hatte jemand den Zündmechanismus ausgelöst.

Er brüllte mich an. »Du bist an allem schuld! Wegen dir kommen wir zu spät, wegen dir haben wir den Zug verpasst! Deinetwegen hat mich der Polizist abgeführt, deinetwegen hat er mich bestohlen, dieser Schweinehund, *swinja*! Deinetwegen hat er jetzt die Zigaretten! Die mir zustanden, schließlich hat mich dieser polnische Tankwart betrogen.« Er holte kurz Luft, um im nächsten Moment weiterzubrüllen. »Du hast Schuld, dass ich das Geld verloren habe, das ich meiner Familie mitbringen wollte. Du bist an allem schuld, an allem! Hättest du nicht mit dem Polizisten gesprochen, wäre das alles nicht passiert. Nur deinetwegen wusste er, dass ich aus Deutschland komme, nur deswegen kam er auf die Idee, er könne mich ausnehmen. Alles ist deine verdammte Schuld! Du bringst Unglück über mich! Du bist ein Stück Dreck!« Er schlug meinen Kopf gegen das Zugfenster, noch einmal und noch einmal.

Ich schrie. »Nein, Askar, bitte nicht! Ich kann dir alles erklären. Ich hatte Heimweh, darum habe ich geweint, darum hat der Polizist mich angesprochen. Ich habe ihm erklärt, warum ich weine. Ich habe dich nicht verraten! Hör auf, Askar, hör auf. Hilfe – *pomogite*!«

»Du bist schuld!« Seine Stimme überschlug sich.

Ich versuchte, mich zu befreien. Askar schlug meinen Kopf gegen das Fenster, immer wieder, meine Haare flogen, ich sah nichts, er hielt meinen Nacken mit eisernem Griff, ich war bewegungsunfähig wie eine Katze, die man im Genick packt. »Lass mich los!« Angst mischte sich mit Wut. Ich schrie, ich trat, ich kratzte, ich versuchte, meinen Kopf aus dem Klammergriff zu befreien. »Du Schwein, lass mich los!«

»Ich bin ein Schwein? Du hast Heimweh?? Dir gefällt mein Land nicht, du willst lieber zurück nach Deutschland? Zu einem deutschen Mann? Ein Mann, der kein Schwein ist?? Ich zeige dir, was ich mit so einer Frau mache!«

Die schneidende Kälte des Fahrtwindes schlug mir so brutal ins Gesicht, dass ich keine Luft bekam. Meine Haut brannte, platzte auf. Askar drückte meinen Kopf aus dem offenen Fenster des fahrenden Zuges und schrie: »Heimweh hast du? Ein Schwein bin ich? Ja!? Sag das noch einmal, sag noch einmal, dass ich ein Schwein bin!«

Der Wind war eisig, der Zug raste dahin, alles war schwarz, ich bekam keine Luft, mein Kopf, er platzte, er flog weg, ich flog weg, mein Kopf, er zerschmetterte an einem Pfeiler, einem entgegenkommenden Zug, niemand sah mich, das war das Ende, das war der Tod. »Neiiin! – *njeeet*!!«

Mit einer abrupten Bewegung zog Askar mich zurück, ich flog durchs Abteil, stieß gegen eine Wand, rutschte aus, eine Hand riss mich hoch, eine Hand schlug mich, schlug mir ins Gesicht, meine Haare flogen, ich sah nichts, ich flog, stieß gegen etwas Hartes, ein Tritt, mein Bauch, mein Gesicht, es schmerzte, ich stolperte, eine Ohrfeige, ein Schlag, etwas Warmes, Blut, mein Kopf ... mein Kopf tat so weh, es wurde dunkel ... alles wurde so dunkel ... so leicht ...

Als ich wieder zu mir kam, lag ich auf einer Pritsche. Mein Auge war geschwollen, es ließ sich nicht öffnen. Mein Kopf schmerzte, mein Gesicht, mein Körper. Ich rührte mich nicht, lag nur still und horchte auf die Geräusche. Ich hörte Askars Atem. Ich hörte die dumpfen Stimmen von Menschen in anderen Abteilen.

»Janka?«

Ich rührte mich nicht.

»Janka, komm. Ich bringe dich zur Toilette. Du musst

dein Gesicht waschen.« Eine Hand zog mich hoch. Mein Kopf zerplatzte in tausend Teile.

Dann kamen die Tränen.

Sie kamen aus einer Urtiefe, bahnten sich ihren Weg, waren nicht mehr zu stoppen, brachen hervor mit Gewalt, sie hatten hundert Jahre darauf gewartet.

»Jetzt heul nicht, komm. Ich gehe mit dir zur Toilette.«

Ich weinte und weinte, ich hielt mir die Hände vors Gesicht, ich wollte sterben und war froh, noch am Leben zu sein.

»Komm!« Es war der Ton, diese Drohung, die mich folgsam machte. Ich stand auf. Mein Kopf dröhnte, das Auge pochte. Askar öffnete die Tür des Abteils, sah nach links, nach rechts, griff meinen Arm und zog mich hinter sich her. Mit gesenktem Blick folgte ich ihm.

Erst auf der Toilette hob ich den Kopf. »Bist du das?«, fragte ich mein Spiegelbild. »Was tust du hier?«

Alles zerbrach.

Die ganze Nacht hindurch lag ich wach, stocksteif auf meiner Pritsche, hörte Askars Atem, hörte, dass er schlief. Mein Körper starr vor Angst, mein Geist betäubt, meine Seele gefroren. Alles war zerbrochen.

Nie wieder würde ich diesem Mann ins Gesicht sehen können.

Nie wieder würde ich mir ins Gesicht sehen können.

Niemals würde es werden, wie es mit Marco gewesen war.

Alles war zerstört.

Ich hörte Mutters Worte: »Pass auf dich auf, Kind!«

Ich hörte *Papas* Worte: »Pass gut auf dich auf, Töchterchen.«

Ich weinte. Warum hatte ich nicht auf sie gehört?

Ich hörte Askars Atem. Ruhig und regelmäßig.

Ich spürte das Kissen in meiner Hand. Ich könnte es auf sein Gesicht drücken. Eine gnadenlose Wut bohrte sich an die Oberfläche. Ihr folgte blanke Ohnmacht.

Und dann?

Was wäre, wenn ich Askar bestrafen würde, für das, was er mir angetan hatte? Ich stünde allein am Ende der Welt. Ich kannte niemanden, ich verstand die Sprache nicht, ich würde mich nicht zurechtfinden. Ich hatte kein Geld und nicht einmal mehr meinen Pass.

Wer würde mir helfen?

Irgendwann schlief ich doch ein. Und träumte einen kurzen Traum.

Zu Hause im Wohnzimmer schimpfte ein fremder Mann mit Mutter. Er schrie: »Wenn du nicht aufisst, schlage ich dich tot.« Dann wickelte er ein kleines Baby in Zeitungspapier, verschnürte das Päckchen und legte es auf den heißen Ofen.

Schweißgebadet wachte ich auf.

Hügel wechselten mit Senken, kleine Erhebungen mit flachen Kratern, wie eine Haut voller Pockennarben lag die Landschaft in der Sonne. Sie hatte nichts Schönes, war nur karg. Nirgendwo stand ein Baum, nur dürres Gras, trostlos wie die Oberfläche des Mondes. Ich hatte kein Zeitgefühl. Die Sonne brannte.

Askar hatte mich am Morgen zur Toilette begleitet. Mit gesenktem Kopf war ich ihm gefolgt, hatte nur auf seine Füße gestarrt, auf andere Füße, fremde Füße, auf die Füße von Männern und Frauen, die mich alle gehört haben mussten, und niemand, niemand hatte mir geholfen. Ich schämte mich. Ich schämte mich, als wäre es meine Schuld, dass ich aussah, wie ich aussah.

In der Nacht hatte ich in dem fast blinden Spiegel kaum etwas gesehen. Nun, im Licht, sah ich das geschwollene Auge, die dunkelblauen, beinahe violettfarbenen Flecken. In der Nacht hatte ich auch nicht bemerkt, wie schmutzig die Toilette war. Aus dem Wasserhahn tröpfelte braunes Wasser, ich versuchte, mein Auge zu kühlen. Es schmerzte. Jemand klopfte an die Tür. Es stank bestialisch, doch am liebsten wäre ich ewig hier drinnen geblieben. Es war der einzige Raum, in dem ich mich sicher fühlte.

Das Klopfen wurde lauter, heftiger. Ich hörte Askar meinen Namen rufen. Ich drehte den Wasserhahn zu, hielt die Luft an und hockte mich mit geschlossenen Augen über die Toilette. Ich zog, doch nichts geschah. Dann öffnete ich die Verriegelung.

Mit gesenktem Kopf folgte ich Askar zurück in unser Abteil. Nur einmal sah ich kurz auf, als sich über zwei Füßen lange Röcke bauschten. Ich blickte in das Gesicht einer alten Frau. Sie sah mich an, mit ruhigem Blick. Alles schien seine Richtigkeit zu haben; das war der Lauf der Dinge.

Der Zug hielt an einem Bahnhof, der zu klein und zu unbedeutend war, als dass man ihm einen Namen gegeben hätte. Nur die Schienen, ringsherum Steppe. Kein Haus, kein Baum, kein Mensch. Erst als der Zug längst weitergefahren war und der Staub sich legte, sah man zwei Autos, die mitten im Nichts standen. Ein Taxistand. Nie im Leben hätte ich gedacht, dass es solch eine Einöde geben könnte.

Askar nahm unsere Taschen und ging auf die Autos zu. Ich setzte meine Sonnenbrille auf und folgte ihm. Wortlos stiegen wir in eines der Fahrzeuge, intuitiv setzte ich mich in den Fond. Wortlos ließ der Fahrer den Motor an.

Eine Weile fuhren wir mitten durchs Niemandsland. Noch immer kein Haus, kein Baum, kein Mensch, keine Kuh. Nichts. Nur roter Staub. Irgendwann begannen Askar und der Fahrer, sich zu unterhalten. Der Fahrer sah in den Rückspiegel, ich hatte das Gefühl, sie sprachen über mich. Ich verstand kein Wort.

Irgendwann erreichten wir ein Dorf. Ein paar Kinder liefen zusammen, als sie das Auto kommen sahen, sie zeigten mit den Fingern auf uns und lachten. Ein paar Männer standen beieinander und rauchten. Ein Schuhmacher saß vor seinem Haus auf einem halbhohen Sitzgestell und nähte einen Schuh.

Wir hielten vor einer Wand. In regelmäßigen Abständen reihte sich ein Blechtor an das nächste. Es sah aus, als habe jemand Garagen für mindestens zwanzig Autos gebaut, eine schnurgerade, viele Meter lange Reihe. Ich fragte mich, wo die Menschen wohnten, die diese Autos fuhren. Weit und breit sah ich kein Haus, im Gegenteil, auf der gegenüberliegenden Straßenseite entdeckte ich eine weitere Reihe voller Garagentore. Ich stellte meine Tasche in den Staub und sah mich um, sprachlos, fassungslos.

Askar ging auf eines der Tore zu und klopfte.

9. KAPITEL

Wie ein Derwisch schoss ein klein gewachsenes Wesen aus dem Tor, stürzte mit lautem Schrei auf die Straße, flog auf Askar zu, bunte Röcke bauschten sich, flatterten. Wild, gierig riss das Wesen Askar an sich, zog ihn zu sich herab, umklammerte und zerrte und tätschelte, drückte und liebkoste, trat einen Schritt zurück, schaute fassungslos, fuhr sich mit beiden Händen durchs Gesicht und stürzte erneut auf den verloren Geglaubten zu. Ein weiterer gellender Schrei jagte durch die Luft. »Askaaar!«

Wie erstarrt stand ich auf der staubigen Straße und verfolgte das Spektakel. Wer war diese hysterische, steinalte Frau? Askars Großmutter? Und wo blieb der Rest der Familie?

Ein Schwall fremd klingender Wörter ergoss sich über Askar, Küsse, nicht endend, eine Flut, die alles mit sich riss. Diese wilden Hände hörten nicht auf, zu klammern. Fordernd und hemmungslos griffen sie nach einem Schatz, den sie nie wieder hergeben würden. Auch Askar fuhr sich wiederholt mit den Innenflächen seiner Hände durchs Gesicht, auch er sprach in dieser fremden Sprache.

Irgendwann drehte er sich um. Rief »Jana!« und winkte.

Abrupt hielt der Derwisch inne. Ich blickte in zwei Augen, schmal und schwarz und funkelnd.

Eine Hexe, schoss es mir durch den Kopf.

Der Derwisch löste sich, ging langsam auf mich zu, gefolgt von Askar. Die Frau war klein, kleiner noch als ich. Sie trug ein Kopftuch, tief in die Stirn gezogen, und mehrere gemusterte Röcke, alle übereinander. Ihre Füße waren nackt, staubig und voller Hornhaut, die Fußnägel gelb. Eine Handbreit entfernt blieb sie stehen. Sah mich an, wortlos. Ohne eine Regung in ihrem Gesicht, die ich hätte lesen können.

Ich wollte höflich sein. Ich reichte ihr die Hand und sagte auf Russisch: »Guten Tag.«

Der Derwisch sah mich an, durchdringend. Schien mit diesen unheimlichen, schwarzen Augen in mich hinein und durch mich hindurch zu sehen, schien mit einem Blick alles zu wissen. Ich trat einen Schritt zurück.

»Mama«, sagte sie auf Russisch und schlug sich mit der Hand auf die Brust. »Mama!«

Ich lächelte und sagte: »Jana.«

Askar nahm das Gepäck und trat durch das Tor.

Einen Augenblick lang sah ich nichts. Dann schälte sich rechts eine Tür aus der Dunkelheit. Eine Treppe. Auch links ging eine Tür ab, auch zu ihr führten niedrige, ausgetretene Stufen. Wir standen in einer Art Flur. Der Boden war gepflastert.

Hinter uns fiel scheppernd das Tor zu.

Etwas legte sich beklemmend schwer auf meine Brust.

Am Ende dieses Flures eröffnete sich ein Hof, gleich einem Patio. Als wir ihn betraten, blendete uns das Sonnenlicht. So ein Haus hatte ich noch nie gesehen. Hohe Mauern aus Lehm umschlossen den Innenhof nach allen vier Seiten, in der Mitte stand ein Baum, in seinem Schatten eine hölzerne Bank, daneben stach ein Rohr aus dem Boden, mit einem Wasserhahn an seinem oberen Ende. Mehrere Türen gingen ab, doch mich irritierte, dass es nirgendwo ein Fenster zur Straße hin gab; als wolle man sich abschotten. An einem der dickeren Äste des Baumes hatte jemand eine Wäscheleine befestigt, auf der Leine hingen zwei Kinderhosen. Ich sah mich um; nirgendwo war ein Kind zu sehen. Auf dem Boden lagen mehrere Eimer und Krüge, auf der Bank stand ein Korb mit dunkelgrünen Wassermelonen. Ich bekam Durst.

Es war unerträglich heiß.

Zwei Mädchen betraten den Hof und liefen lachend auf Askar zu, küssten seine Hände und umarmten ihn. Auch sie wischten sich mit beiden Händen durchs Gesicht; eine Geste, als wüschen sie sich.

Mich begrüßte niemand.

Irgendwann löste Askar sich aus der Umarmung und wandte sich mir zu. »Meine Schwestern«, sagte er auf Russisch und deutete auf die Mädchen. Beide blickten zu ihrem Bruder auf, und ich fragte mich, ob sie wohl Russisch verstanden. Askar lachte, er sagte etwas auf Usbekisch. Scheu und zögerlich kamen die Schwestern auf mich zu. Eine berührte meine Hand. Die andere strich über mein Haar. Beide deuteten mit ihren dunklen Fingern auf meine Jeans, sagten etwas, das ich nicht verstand. Sie kicherten.

Ich sah zu Askar, doch er ignorierte meinen Blick. Die Schwestern berührten meine Hände und zupften an den Ärmeln meiner Bluse. Sie strichen über mein Haar, immer wieder. Und kicherten. Askar sah zu, irgendwie stolz. Ich fühlte mich wie ein seltenes Haustier, das einem staunenden Publikum vorgeführt wurde.

Bald herrschte Aufregung im Innenhof.

Askars Mutter schleppte Eimer und scheuchte mit scharfen Worten ihre Töchter umher. Die Mädchen riefen einander aufgeregte Sätze zu. Alle liefen durcheinander. Askar setzte sich auf die Bank im Schatten des Baumes und zündete eine Zigarette an. Ich wusste nicht, was ich tun sollte. Ich fühlte mich fremd und überflüssig. »Wo ist das Bad?«, fragte ich. Askar deutete auf eine der Türen.

Ich betrat einen Raum, und wieder dauerte es einen Moment, bis sich meine Augen an die plötzliche Dunkelheit gewöhnt hatten. Der Raum war groß und kahl, der Boden mit Holzbrettern ausgelegt. Die Tür ließ sich nicht verriegeln. Ich sah mich um. Schwarze Fliegenschwärme kreisten durch die Luft, bildeten schwarze Schwaden, die durch die stickige Luft sirrten. In der Mitte des Raumes fehlten mehrere Bretter; ich flehte kurz, dass dies nicht wahr sein möge, doch war dieses Plumpsklo die einzige Möglichkeit, sich zu erleichtern. Einen Augenblick wünschte ich, mich in Luft aufzulösen oder, besser noch, aufzuwachen und festzustellen, dass alles nur ein böser Traum gewesen war. Dann holte ich Luft, öffnete meine Handtasche, suchte nach einem Taschentuch und näherte mich vorsichtig dem Spalt im Boden. Überall waren Flecken. Ich bemühte mich, über sie hinwegzusehen. Ich ekelte mich vor den schwarz schillernden, dicken Fliegen. Mir wurde übel.

Ich drehte um.

Ging zurück zur Tür, atmete durch, sah nach, ob das Schloss sich nicht doch verriegeln ließ, nach irgendeinem System, das ich nicht kannte. Vergeblich, ich konnte nur hoffen, dass niemand hereinkäme. Ich holte Luft und ging erneut zu dem widerlichen Loch, überlegte, wie ich es am besten anstellen sollte. Das Loch war etwa einen halben Meter breit – ich hatte Angst, das Gleichgewicht zu verlieren. Schließlich schloss ich die Augen, öffnete meine Jeans und hockte mich breitbeinig und der Länge nach über den

Spalt. Es stank erbärmlich. Ich hörte, wie der Strahl in die Tiefe schoss, tief unten auf etwas traf, ich wollte mir nicht vorstellen, auf was. Doch die Bilder ließen sich nicht vertreiben. Ich stellte mir vor, wie Männer stehend ihre Blasen und Därme in die Lücke zwischen den Brettern entleerten. Ich spürte, wie mein Magen krampfte. Ich schoss hoch und schloss meinen Reißverschluss, sah mich ein weiteres Mal um, doch es gab keine Möglichkeit, sich die Hände zu waschen. Ich schwor, in den kommenden drei Wochen nichts zu essen und zu trinken.

Askar saß noch immer auf der hölzernen Bank. Seine Schwestern liefen wie aufgescheuchte Hühner durch den Hof, die Mutter erteilte Befehle, als müsse sie ein Regiment kommandieren. Ich setzte mich zu Askar, doch im nächsten Moment zerrten seine Schwestern an meinen Armen, bedeuteten mir, ich solle ihnen folgen. Eine griff nach meiner Sonnenbrille, zog sie mir von der Nase, ohne dass ich mich wehren konnte. Ich blinzelte, mein geschwollenes Auge pochte heftig. Die Schwestern verstummten.

Ich wandte den Kopf ab.

Die Stille war unheimlich.

Die Schwestern fassten sich als Erste, zogen mich zu einer der Türen. Im Gehen spürte ich einen Gegenstand in meiner rechten Hand, klein, kühl. Die Mutter schleppte einen Eimer mit Kartoffeln, und ehe ich mich versah, stand ich in einem dunklen Zimmer. Der Boden war mit Teppichen ausgelegt. Eines der Mädchen griff nach meinem Handgelenk. Ich kniete nieder. Tränen stiegen mir in die Augen. Viereinhalbtausend Kilometer weit war ich gereist; nun drückte man mir ein Küchenmesser in die Hand und forderte mich auf, Kartoffeln zu schälen.

Am Nachmittag feierte das Dorf Askars Heimkehr.

Die Männer hatten ihn in ihre Mitte genommen und saßen unter dem Baum und aßen und tranken und rauchten und redeten. Ich stand in einiger Entfernung und sah zu. Die Gesichter der älteren Männer waren verwittert, die meisten verschlossen. Manche sahen geradezu grimmig aus mit ihren dichten, schwarzen Bärten und den steilen Stirnfalten. Die Gesichter der Jüngeren waren auf eigenartige Art schön, dunkel und fremd, ebenmäßig und doch seltsam unproportioniert, was an ihren asiatisch-schmalen Augen lag. In ihren Zügen entdeckte ich etwas Verletzliches, Trotziges, etwas, was mich gleichermaßen anzog und abstieß. Sie alle bewegten sich mit einem Stolz, den ich nicht kannte und der mich an Bilder von Dschingis Khan denken ließ. Alle Männer trugen flache, bunt bestickte Kappen; auch Askar.

Er war einer von ihnen.

Während ich mit den Schwestern Kartoffeln geschält hatte, hatte Askar im Hof gesessen. Als ich ihn plötzlich zur Tür hereinkommen sah, sprang ich auf und lief auf ihn zu. Ich wollte ihn umarmen. Ich sehnte mich nach einer Berührung, nach jemandem, der mir meine Angst nahm. Der mich beruhigte und mir versicherte, dass all dies zwar ein wenig fremd war, doch dass sich das bald geben würde. Doch Askar war zurückgewichen, hatte meine Umarmung abgewehrt und auf Deutsch gezischt: »Nicht hier.«

»Warum?«, hatte ich atemlos gefragt.

»So ist unsere Tradition«, lautete seine knappe Antwort.

Askar hatte noch ein paar Worte mit seinen Schwestern gewechselt, die albern gekichert hatten, dann hatte er sich umgedreht. »Ich wollte nur nachsehen, ob alles in Ordnung ist«, hatte er gesagt und war verschwunden.

Seither hatte ich Askar nur aus der Entfernung gesehen.

Jetzt, als die Männer bereits aßen, trug Askars Mutter eine Schale mit dampfendem Reis und Gemüse ins Zimmer. Sie hatte ein frisches Kopftuch umgebunden, ein dunkelbraunes, größer noch als das, das sie zuvor getragen hatte, es bedeckte beinahe den ganzen Rücken. Sie stellte die Schale auf den Boden, und alle hockten sich auf die Teppiche. Die Schwestern stürzten sich auf das Essen, wie Barbaren klaubten sie mit bloßen Händen Klumpen von Reis und tropfendem Gemüse heraus und stopften sie sich in die Münder. Angewidert sah ich zu. Die Mädchen lachten und forderten mich auf, es ihnen nachzumachen. Beschwörend legten sie ihre schmierigen Finger auf meinen Arm.

Ich schüttelte sie ab.

Ich rutschte ein Stück beiseite und erklärte auf Russisch, ich sei sehr müde von der Reise und wolle nichts essen. Sie sahen mich an, verständnislos, verwundert. Sie reichten mir die Schale mit dem Reis und wiederholten mehrmals ein usbekisches Wort, als würde ich es verstehen, wenn sie es nur oft genug sagten. Ich schüttelte den Kopf und legte eine Hand auf meinen Magen. Ich tat, als sei mir schlecht. Sie sahen einander an, sahen mich an, sahen wieder einander an und kicherten.

Wie Hühner, dachte ich böse. Gackernde, alberne Hühner. Und eine Hexe als Mutter.

Als die Männer aufbrachen, dämmerte es.

Wo sie eben noch gegessen hatten, begannen die Schwestern Matratzen auszurollen, Kissen und Decken. Ich fragte Askar, wo das Bad sei; seit wir Moskau verlassen hatten, hatte ich mich nicht mehr gewaschen. Ich dachte an Oleg, an unseren Abschied auf dem Bahnsteig, mir war, als sei das ewig her. »Es gibt keine Dusche«, antwortete Askar. »Morgen Früh kochen wir Wasser, und du kannst dich in der Küche waschen.« Ich spürte, wie mein Mund sich öffnete, doch es kam kein Laut heraus.

Askars Mutter zog mich mit sich. Mit dem Finger deutete sie auf ein Lager, und ein Schwall usbekischer Sätze ergoss sich aus ihrem Mund. Ich verstand kein Wort.

Doch ich begriff, dass dies mein Bett sein sollte.

»Nein«, rief ich und sah mich Hilfe suchend um. »Nein, Askar! Sag etwas! Ich will nicht bei deinen Schwestern schlafen! Ich kenne sie überhaupt nicht.« Meine Stimme klang schrill. Der Gedanke, mit den Mädchen in einen Raum gesperrt zu werden, versetzte mich in Panik. »Askar, ich will bei dir schlafen. Lass das nicht zu! Tu etwas ...« Ich wollte in Askars Nähe sein, ich brauchte ihn, egal, was Stunden zuvor geschehen war. Er war mein einziger Vertrauter in dieser erschreckend fremden Welt.

Askars Mutter, die begriff, dass ich mit ihrem Sohn in einem Zimmer schlafen wollte, redete zornig auf ihn ein. Beide Hände in die Hüften gestützt, stand sie wütend und zeternd im Raum; ich hätte ihr gern gesagt, dass Askar und ich in Deutschland bereits miteinander gegessen, geschlafen und gewohnt hatten. »Was ist, wenn wir mal allein sein wollen ...?«, fragte ich Askar schließlich.

Die beiden stritten lauthals und heftig weiter. Irgendwann stürmte die Mutter hinaus. Ich wusste nicht, was geschehen würde. »Komm mit«, sagte Askar.

Hinter uns hörte ich die Schwestern kichern.

Wir überquerten den dunklen Hof. Durch das Laub des Baumes sah ich die schmale Sichel des Mondes, der Himmel war schwarz wie Teer, ein Vogel kreischte. Wir traten in einen kleinen Flur, von dem auf beiden Seiten Türen abgingen. Eine Tür war angelehnt; ich hörte, wie Kissen aufgeschüttelt wurden. Askar, der meine Tasche trug, stieß die Tür mit dem Fuß auf und stellte das Gepäck auf den Boden. Der Raum war nicht besonders groß, das Fenster zum Hof stand offen, darunter ein eisernes Bett. Auf dem Fußboden, der mit einem großen Teppich bedeckt war, lag eine Matratze. Lodernd, mit bösem Blick deutete Askars Mutter auf das Bett und befahl: »Jana!« Dann deutete sie auf die Matratze und befahl: »Askar!« Ihr Sohn nickte. Ich kicherte.

Übermüdet, erschöpft und vollkommen überwältigt von der absurden Sturheit, mit der sie darauf bestand, dass ihr Sohn und seine Freundin keinen Sex haben sollten, ließ ich mich lachend auf das Bett fallen. Sollte die alte Hexe denken, was sie wollte. Askars Mutter starrte mich entgeistert an. Im nächsten Moment schlug, laut krachend, die Tür hinter ihr zu. Ich stand auf, zog meine Bluse aus und die Jeans, griff nach Askars Hand, zog ihn ins Bett und kuschelte mich in seine Arme.

Sekunden später schlief ich ein.

Im Morgengrauen hörte ich, noch ehe ich ganz wach war, Stimmen. Jemand hantierte mit Eimern und Krügen, da war das Geräusch von Blech und von Porzellan, das aneinander schlug. Nach einer Weile erkannte ich die Stimme der Mutter. Still lag ich im Bett und lauschte. Ich bemerkte, dass niemand ihr antwortete. Gerade begann ich, mich zu fragen, ob Askars Mutter Selbstgespräche führte, da hörte ich ein Husten und eine Männerstimme, die Worte ausspuckte wie fauliges Obst. War das Askars Vater?

Schaudernd wickelte ich mich in die Decke und rutschte dichter an Askars schlafwarmen Körper. Er sah friedlich aus, sanft und schön. Zärtlich strich ich über sein Haar. Die Berührung schmerzte, eine Welle von Sehnsucht spülte über mich hinweg und ließ mich zurück in einem Gefühl kalter Einsamkeit. Wie Strandgut tauchten Bilder vom Abend zuvor auf – der lange Tisch mit den fremden Männern und Askar, der ihnen so ähnlich sah; Askar, der ins Zimmer kommt, in dem ich mit seinen Schwestern Gemüse putze, der unmittelbar vor mir steht und dabei unerreichbar scheint; die Mutter, die mir ihren Hexenblick zuwirft. Ich spürte eine Hand über meinen Rücken streichen. Ein geflüstertes »Guten Morgen, Janka«, der warme Atem kitzelte in meinem Ohr. Ich drehte mich um und sah in Askars Gesicht. Ein Blick, der mich band, der mich nicht losließ, der mir Halt gab, mich herauszog aus meiner Sehnsucht. Ich spürte, wie die Hand meinen Rücken entlangfuhr und überließ mich ihren zärtlichen Bewegungen. Draußen ertönte die schneidende Stimme der Mutter. Die Hand glitt weiter, strich über meinen Po, meine Schenkel, schob sich zwischen sie, suchte ihren Weg, ich spürte die Feuchtigkeit, den Schweiß, die Erregung. Spürte Askars Atem, die Hitze seiner Haut. Ich presste mich an ihn, ließ ihn ein, umschlang ihn, hielt mich fest. Und er hielt mich.

Wir versanken.

Als ich wieder auftauchte, hörte ich das Kichern der Schwestern. Unwillkürlich musste ich lachen. Askar sah mich an. »Stell dir vor, deine Mutter wüsste, dass du nicht auf deiner Askar!-Matratze liegst«, sagte ich. Einen Augenblick lang grinste er, dann verschloss sich sein Gesicht. Er schlug die Decke zurück und stand auf.

»Du wolltest duschen? Komm, ich zeige dir, wo du dich waschen kannst.«

Erschrocken über den abrupten Stimmungswandel, rutschte ich ebenfalls aus dem Bett. Im Halbdunkel zog ich einen Bademantel aus meiner Reisetasche, Seife und frische Wäsche. Als wir in den schmalen Flur traten, jagte ein Bild durch meinen Kopf – ich sah die Toilette, die Bretter, die Fliegen. Einen Moment fühlte ich mich wie eine Katze, die man in die Enge getrieben hatte. Dann ergab ich mich und folgte Askar.

In der Küche gab es einen alten Eisenherd. An der Wand hingen Töpfe, auf dem Boden lagen Körbe, auf einem Hocker stand eine Schale mit Melonen, so groß wie Fußbälle. Askar griff nach einem leeren Eimer. »Ich hole Wasser.« Durch die halb offen stehende Tür sah ich ihn im hellen Sonnenlicht auf das Rohr mit dem Wasserhahn zugehen.

Mein Blick wanderte über die Lehmwände. In der ersten Klasse hatte ich einmal Daniela Pahlow besucht. Danielas Vater war an ihrem vierten Geburtstag beim Baden im See ertrunken. Kurz danach war sie mit ihrer Mutter auf den Bauernhof der Großeltern gezogen. Den ganzen Nachmittag waren wir auf dem Heuboden herumgekrochen, hatten Eier gesucht und den Schweinen beim Fressen zugesehen. Am Abend durften wir sogar die Hühner füttern. Immer wieder fuhr ich mit beiden Händen in den Futtersack und ließ die kleinen, goldenen Körner über meine Finger rieseln, sie kitzelten auf meiner Haut. Abends vor dem Einschlafen dachte ich an all die Tiere und beneidete Daniela. Dennoch hätte ich nicht mit ihr tauschen wollen. In dem alten Bauernhaus gab es keine Heizung, Frau Pahlow musste jedes Zimmer mit einem alten Ofen heizen, musste Kohlen schleppen und Holz. Es gab kein fließendes Wasser, und die Toilette lag auf dem Hof, neben dem Schweinestall. Nachts stellte Danielas Mutter ihren Kindern einen Nachttopf vors Bett, und im Winter nahm jeder einen Ziegelstein mit ins Bett, den die Großmutter zuvor auf dem Ofen angewärmt hatte.

Diese Küche kam mir noch ärmlicher vor.

Als die Tür aufflog, ließ mich das helle Licht zusammenzucken. Askar stellte den Eimer auf den Boden und nahm mehrere Töpfe von der Wand. Bald brannte unter jedem eine Flamme, und Askar goss das Wasser in die Töpfe. Ich fragte mich, wo man hier duschen konnte, und als habe er meinen Blick bemerkt, deutete Askar auf einen Vorhang in der Ecke. »Dahinter kannst du dich waschen.« Er kontrollierte noch einmal die Flammen, fragte: »Alles okay?«, und verließ, ohne eine Antwort abzuwarten, die Küche.

Das Geräusch der zufallenden Tür hallte in meinen Ohren.

Langsam ging ich hinüber zu dem Vorhang. Ein buntes, grob gewebtes Tuch teilte eine etwa zwei mal zwei Meter breite Ecke des Raumes ab. Es war staubig und trocken, und ich fragte mich, wann zuletzt jemand geduscht hatte. Auf einem Hocker lag ein grauer Klotz Seife. Ich stellte meine Shampooflasche daneben, packte mein Duschbad aus, die Bodylotion, das Deo, Zahnbürste und Zahnpasta. Weil ich keinen Haken für mein Handtuch fand, stellte ich die Schale mit den Melonen auf den Boden und schob den Hocker neben den Vorhang. Vorsichtig breitete ich das Handtuch darüber und achtete darauf, dass es nicht auf den Fußboden hing.

Eingewickelt in meinen Bademantel, stand ich vor dem Herd, in einer fremden Küche, irgendwo in Usbekistan. Das Wasser war eiskalt, seine Oberfläche spiegelglatt. Kein zartes Kräuseln deutete darauf hin, dass es sich langsam erwärmte. Ich starrte auf die blechernen Kochtöpfe, als würde das die Sache beschleunigen.

Ich wartete und zählte still die Sekunden, die verrannen.

Die Hexe würdigte mich keines Blickes, als ich auf die Bank unter dem Baum zuging. Die Schwestern starrten mich an, sie kicherten nicht einmal. »Guten Morgen«, sagte ich auf Russisch.

Niemand antwortete.

Ich setzte mich neben Askar, setzte mich in einen Schneidersitz, so wie die anderen auch auf diesem merkwürdigen Sitzgestell saßen. Askar zündete sich eine Zigarette an. Ich versuchte zu lächeln. Nach einer Weile brach die Mutter ein Stück von einem großen Fladenbrot ab und schob es mir zusammen mit einem Becher Kaffee herüber.

Ihr Gesicht war eine Mauer.

»*Yaxshi*«, kicherte eine der Schwestern und schnüffelte unvermittelt an meinen Haaren.

»Gut«, übersetzte Askar. Und grinste.

»*Yaxshi*«, sagte die andere Schwester und ließ ihre Nase über meinen Oberarm gleiten. Ich spürte ihren warmen Atem. Die Berührung war mir peinlich. Askar sagte etwas auf Usbekisch, und alle lachten. Ich biss in mein Fladenbrot.

Als Askar sich erneut eine Zigarette anzündete, griff ich ebenfalls nach dem Päckchen. So schnell, dass ich kaum Zeit hatte, es zu begreifen, schob Askar die Packung beiseite, und meine Hand stach ins Leere. Beinahe hätte ich den Kaffee umgestoßen. Verwundert sah ich Askar an.

»Was soll das?«, fragte ich.

»Frauen rauchen nicht«, sagte er schroff.

Zuerst war ich perplex – nicht einmal meine Mutter hatte versucht, mir das Rauchen zu verbieten. Die Schwestern kicherten, und ihr albernes Getue machte mich wütend. Ich blickte Askar ins Gesicht. Ich sah das Funkeln seiner Augen. Ich zuckte zurück. Ich dachte an die Zugfahrt.

Ich griff nach meiner Kaffeetasse und trank einen Schluck. Ich biss in mein Brot und versuchte, die Wut hinunterzuschlucken. Ein Vogel sprang auf die Sitzbank. Mit einer kurzen Handbewegung verscheuchte die Mutter ihn. Die Sonne fiel auf den Teller mit den Melonen, ihr rotes Fleisch leuchtete. Daneben lag das Zigarettenpäckchen. Betont ruhig sagte ich auf Russisch: »Askar, ich möchte eine Zigarette rauchen.«

Niemand erwiderte ein Wort.

Plötzlich sprudelte eine der Schwestern los, die andere kicherte. Mein Herz klopfte. Im nächsten Augenblick streckte die Mutter die Hand nach der Zigarettenschachtel aus und reichte sie mir. Mit ihren schmalen Augen deutete sie in Richtung einer Tür nahe des Eingangstors, sagte auf Russisch: *»Papa!«*, und schüttelte den Kopf.

Verblüfft starrte ich die alte Frau an.

Sie wandte sich ab und rutschte von der Bank.

Im Gehen hob Askars Mutter zwei Karaffen auf, die im Sand lagen, und verschwand in der Küche. Askar rauchte, schweigend. Ich zog eine Zigarette aus der Schachtel, zündete sie an und nahm einen tiefen Zug. Die Schwestern kicherten, eine verbarg ihr Gesicht an der Schulter der anderen. Sie würden sich daran gewöhnen, dass ich rauchte, dachte ich trotzig. Doch die Ungerührtheit, die ich an den Tag zu legen versuchte, kostete Kraft. Ich verstand nicht, warum Askars Mutter mir die Zigaretten gegeben hatte; gestern hatte sie noch streng auf die Einhaltung der Traditionen gepocht.

Eine Weile später kehrte Askars Mutter mit einer Schale voll dampfendem Essen zurück. Eine der Schwestern sprang auf und trug die Schale hinüber zum Zimmer des Vaters. Askar fing meinen Blick auf. »So ist es Tradition.« In seinem Gesicht lag ein Ausdruck vollkommenen Einverstandenseins.

Die Luft flimmerte, und sogar die Fliegen waren träge. Langsam krochen sie durch den Staub, nur selten flog eine auf. Der Schatten unter dem Baum im Hof war zu einem engen Kreis geschrumpft. Es sah aus, als habe sogar er sich vor der Hitze zurückgezogen.

Ich ging ins Zimmer und legte mich aufs Bett.

Askar war nach dem Frühstück fortgegangen, wohin hatte er nicht gesagt. Seine Mutter und die Schwestern hatten sich schlafen gelegt. Askars Mutter bewohnte das Zimmer gegenüber; im Vorbeigehen hatte ich gesehen, dass der Raum voller edler Teppiche lag. Als sie mich bemerkte, hatte die Hexe die Tür zugeschlagen. Die Feindseligkeit, mit der mir Askars Familie begegnete, erschreckte mich. In der Ferne hupte ein Auto. Die Mauern um den Innenhof schirmten beinahe alle Außengeräusche ab. Ich schwitzte. Nicht ahnend, was mich erwartete, hatte ich mehrere Jeans eingepackt, Blusen und ein paar Pullover, falls es abends kühl würde. Allein ihr Anblick ließ mich noch mehr schwitzen, in Strömen rann mir der Schweiß Rücken und Bauch hinab. Ich hätte gern geduscht, doch der fremde Herd, dessen Technik mir nicht vertraut war, und die unwirtliche Umgebung hielten mich zurück.

Draußen war kein einziges Geräusch zu hören.

Die Hitze war unerträglich. Ich hatte Durst. Ich stand auf, überquerte den Hof und ging in die Küche. Ich schenkte mir ein Glas Wasser ein und trank es in einem Zug leer. Die plötzliche Kälte kühlte meinen Körper; im nächsten Moment schwitzte ich umso mehr. Ich goss das Glas erneut voll und trank es aus, diesmal langsamer. Bald würde ich die

Toilette aufsuchen müssen. Ich suchte nach etwas Essbarem, fand aber nur kalten Reis und Wassermelone. Ich schnitt eine Scheibe ab und ging hinaus in den Hof.

Das Haus lag in der Mittagshitze wie ein toter Käfer.

Ich ging zurück ins Zimmer. Ich nahm eine Zeitschrift aus meiner Reisetasche und blätterte lustlos durch die Seiten. Die Models erschienen mir grotesk bunt. Ob Askars Mutter jemals eine Modezeitschrift gelesen hatte? Ob sie überhaupt lesen konnte, ob die Schwestern zur Schule gingen? Ob sie wussten, was außerhalb der Mauern ihres Hauses, ihres Dorfes geschah?

Ich legte die Zeitung beiseite. Eine Fliege kroch über die Wand, am Rand eines schmutzigen, braunen Flecks entlang. Der Fleck erstreckte sich beinahe über die gesamte linke Hälfte der Außenwand. Als habe ein Maler die rechte Seite frisch getüncht und wäre dann gestört worden. An der gegenüberliegenden Wand hing ein kleiner Teppich, dunkelgrüne Linien verwoben sich mit hellgrünen zu einem regelmäßigen Geflecht. Auf dem Fußboden lag die Matratze. Vor meinen Augen tauchte ein Bild auf, und wie in einer Rückblende schlossen sich andere Bilder an: meine Wohnung in Greifswald; ich, die ich von der Nachtschicht komme; Askar, der schläft. Ich krieche neben ihn unter die Decke.

Stunden später weckt mich seine dunkle Stimme.

»Jana, Essen!«, sagt sie.

Nur mühsam werde ich wach. Sehe auf den Wecker, es ist Mittag, ich habe höchstens fünf Stunden geschlafen.

»Jana, Essen ...«, sagt die Stimme noch einmal.

Ich reibe mir den Schlaf aus den Augen. Gähne. Zähle die Tage bis zum Wochenende. Freue mich auf einen Kaffee. Drehe mich um. Sehe Askar, der gegen die Wand gelehnt im Bett sitzt und raucht.

»Ich habe Hunger, Jana«, sagt er.

Wie in Zeitlupe beginne ich zu verstehen.

»Spinnst du?«, frage ich ungläubig. Meine Stimme ist rau vor Müdigkeit. »Wenn du Hunger hast, bedien dich, du weißt, wo alles steht.« Fassungslos drehe ich mich um und ziehe mir die Decke über den Kopf.

Askar zerrt an der Decke. »Lass mich schlafen«, fauche ich.

»Jana, es ist Mittag!« Seine Hartnäckigkeit macht mich wütend.

»Wenn ich Hunger habe, koche ich etwas. Und du bist schließlich schon groß, also kriegst du das wohl auch hin.«

»Janka ...«

Nach zehn Minuten stehe ich auf. An Schlaf ist nicht mehr zu denken, und Hunger habe ich inzwischen auch.

Damals hatte ich mir die Situation damit erklärt, dass Askar höflich sein und sich in meiner Wohnung nicht bewegen wollte, als sei er dort zu Hause. Dennoch war ein unbestimmtes Gefühl zurückgeblieben.

Nun erschien sein Verhalten in einem anderen Licht.

Die Schwellung ließ nach, die Verfärbung wechselte von Blau zu Rot. Ich tupfte etwas Creme auf das Lid meines Auges, kämmte mir die Haare, klappte den Taschenspiegel zu und setzte die Sonnenbrille auf.

Im Schatten auf der Bank unter dem Baum lag eine Katze. Ich ging auf sie zu, streckte ihr meine Hand entgegen und ließ sie schnuppern. Die Katze reckte ihren Kopf. Ich zog sie auf meinen Schoß, kraulte ihren Hals und sprach leise mit ihr. Ich versuchte, mich zu erinnern, wann zuletzt jemand mit mir in meiner Muttersprache gesprochen hatte. Es musste in Moskau gewesen sein, bei *Papa* und Michaela.

Das Zimmer des Vaters lag still in der Sonne, aus dem Zimmer der Schwestern hörte ich leise Stimmen. Ich strich der Katze über die rechte Vorderpfote, woraufhin sie mit ihrer linken nach meinem Finger schlug.

Das Gespräch verstummte, kaum dass ich das Zimmer betrat. Dann kicherten die Mädchen. Sie winkten und bedeuteten mir, ihr solle mich zu ihnen setzen. Ich hockte mich im Schneidersitz auf den Teppich. Eine der Schwestern hielt ein Stück Stoff, und als ich hinsah, entdeckte ich, dass sie stickte.

»Do'ppi«, sagte sie. Und lächelte.

Ich versuchte, das Wort nachzusprechen. Die Mädchen kicherten.

»Jamila«, sagte die eine und schlug sich auf die Brust.

»Aziza«, sagte die andere und schlug sich ebenfalls auf die Brust.

»Jana«, sagte ich.

»Jana«, wiederholten sie und kicherten.

Ich fragte mich, warum sie so albern waren. Oder war ihr Gekicher eine Verlegenheitsgeste? Doch wieso fühlten sie sich unsicher, immerhin kannten sie sich aus in dieser Welt. Auf Russisch fragte ich Aziza, wie alt sie sei. Sie verstand nicht und sah fragend zu ihrer Schwester hinüber. Ich begann mit den Fingern bis neunzehn zu zählen und schlug mir auf die Brust. Jamila schüttelte den Kopf. Ich wusste nicht, wie ich mich anders hätte verständlich machen können, also gab ich auf. Beide verhielten sich wie pubertierende Teenager, doch sie schienen nicht viel jünger zu sein als ich. Ich wunderte mich, dass sie keine Männer hatten. Aziza ähnelte ihrer Mutter und hatte deren große Nase geerbt und das mondrunde Gesicht. Doch Jamila war hübsch. Ihre Augenbrauen bildeten zwei erhabene Bogen über ihren mandelförmigen Augen, und wenn sie lachte oder sprach, blitzten ihre Zähne. Ihr Haar war zu langen Zöpfen geflochten. Azizas Haar dagegen war schulterlang und stand widerspenstig nach allen Seiten. Plötzlich fiel mir auf, dass die Schwestern keine Kopftücher trugen.

Jamila breitete ein Stoffstück auf dem Teppich aus. Eine gestickte Linie zog sich über die gesamte Breite, an ihr entlang wanden sich Halbkreise, manche leuchteten in bunten Farben. Jamila fädelte einen Faden durch das Nadelöhr und begann, in kleinen Stichen weitere Figuren zu sticken.

Mir war langweilig.

»Do'ppi«, sagte Aziza und presste beide Hände flach gegen ihren Kopf. Ich wusste die Geste nicht zu deuten. Ein weiteres Mal versuchte ich, das exotische Wort nachzusprechen, wieder erntete ich Gelächter. Kurz spürte ich den Impuls, diese zwei albernen Hühner auf ihren bunt zusammengewürfelten Teppichen sitzen zu lassen.

Doch dann blieb mir nur, in ein leeres Zimmer zurückzugehen und zu warten.

Ein kleiner Junge schoss wie ein Pfeil auf mich zu. Unmittelbar vor mir blieb er stehen, grinste und legte einen Kieselstein vor meinen Füßen in den Staub. Dann rannte er auf eine Frau zu, die im Schatten unter dem Baum stand; das Erste, was mir auffiel, waren ihre lackschwarzen Zöpfe. Der kleine Junge versteckte sich hinter seiner Mutter und lugte vorsichtig hinter ihren Beinen hervor. Ich hob den Kieselstein auf und hielt ihn in der ausgestreckten Hand.

»Ein Geschenk?«, fragte ich auf Russisch.

Der Junge sah mich unsicher an. Mit theatralischer Geste drückte ich den Stein an mein Herz. Der Junge kicherte. Zärtlich streichelte ich die glatte Oberfläche des Kiesels und tat so, als würde ich ihn in eine kostbare Schatulle betten. Der Junge nickte. Ich bückte mich, hob einen anderen Kieselstein vom Boden auf und ging auf den Jungen zu. Ich hockte mich vor ihm in den Sand. Unsere Augen waren auf gleicher Höhe, seine waren schmal und schwarz. Ob Askars Augen auch einmal so in die Welt geschaut hatten? Der Junge sah mich schweigend an, und da mir auf Russisch die Vokabeln fehlten, sagte ich auf Deutsch: »Ich habe auch ein Geschenk für dich. Es ist ein kostbarer Stein, der dir eines Tages einen Wunsch erfüllen wird, wenn du nur gut auf ihn Acht gibst.«

Ich hielt den Stein auf meiner ausgestreckten Hand. Der Junge nahm ihn. Er nickte, als habe er verstanden.

Dann hörte ich ein lautes Lachen.

Ich drehte mich um. Neben dem Zimmer der Schwestern gab es eine weitere Tür, aus der ich bislang jedoch niemanden hatte kommen sehen. Nun stand dort ein Mann. Er lachte, und je heftiger er lachte, desto heftiger bebte sein mächtiger Bauch. Der Junge lief zu ihm. Er zeigte seinem Vater den Stein. Der Mann sagte etwas auf Usbekisch, und wieder schoss der Junge wie ein Pfeil auf mich zu, bremste im letzten Moment ab, legte den Kopf in den Nacken und lächelte zu mir herauf. Er streckte mir seine Hand entgegen und sagte etwas; vermutlich sagte er »danke«.

Ich hockte mich hin, zeigte mit dem Finger auf mich und sagte: »Jana.«

Dann deutete ich mit dem Finger auf ihn. Er sagte: »Zebo.«

Askars Mutter begann, Teppiche auszuschütteln, und die Schwestern trugen Schüsseln und Schalen aus der Küche in den Hof. Zebos Mutter half, und bald glich die Sitzbank unter dem Baum einer großen Tafel. Die Stimmung war ungewohnt heiter. Der fremde Mann war Askars Bruder, Sardor, und seine Frau hieß Feruza.

Ich ging zum Wasserhahn und wusch mir die Hände. Hinter mir hörte ich das Knarren einer Tür. Ein steinalter Mann trat in den Hof. Er war klein und wirkte erschreckend ausgedörrt, regelrecht vertrocknet, als habe jemand alles Leben aus ihm herausgelassen. Ich sah, dass es ihm Mühe machte, sich aufrecht zu halten, dennoch hatte sein Gang etwas Autoritäres, beinahe Furcht Einflößendes. Ich erkannte sein Gesicht wieder. Ich hatte es in der Runde von Männern während des Festessens gesehen. Doch hatte mir niemand gesagt, dass dies Askars Vater war.

Ohne ein Wort ging der alte Mann zur Toilette. Plötzlich hatte ich das Gefühl, dass die Luft ein paar Grad kälter geworden war. Die Schwestern kicherten nicht mehr, und Zebo versteckte sich hinter seiner Mutter. Minuten später überquerte der Mann erneut den Hof. Ohne seine Familie eines Blickes zu würdigen, verschwand er in seinem Zimmer. Kurz darauf wies die Mutter Jamila an, dem Vater eine Schale mit Essen zu bringen.

Als die Ersten sich gerade auf der Sitzbank niederließen, schepperte das Hoftor. Askar kam nach Hause. In Greifswald hatte er mich mit einer Umarmung, einem Kuss begrüßt; jetzt musterte er mich stumm, sah dann zu seiner Mutter hinüber, sie nickte. Askar schien zufrieden. Hatte er sich erkundigt, ob ich mich in seiner Abwesenheit wohl verhalten hatte?

Zebo zog an meiner Hand, er wollte, dass ich mich neben ihn setzte. Ich wartete, bis Askar sich gesetzt hatte, dann hockte ich mich neben ihn und nahm Zebo auf meinen Schoß. Seine Hände waren klein und dunkel wie polierte Haselnüsse.

In der Mitte der Tafel stand eine Schüssel mit dampfendem Reis und Fleisch. In den kleineren Schalen war Gemüse – Bohnen, Gurken und Tomaten. Die Schwestern brachen Fladenbrot in grobe Stücke und reichten sie herum. Bald tauchte jeder sein Brot oder die bloßen Finger in die Schüsseln und Schalen. Alle schmatzten und lachten und redeten auf Usbekisch durcheinander.

»Iss«, sagte Askar, als er sah, dass ich zögerte.

Ich biss in mein Fladenbrot.

»Non«, sagte Sardor und deutete auf das Brot.

»Non«, wiederholte ich und lächelte.

»Plow«, sagte Feruza und deutete auf die dampfende Schüssel.

»Yaxshi«, sagte ihr Mann und fügte auf Russisch hinzu: »Gut!«

Yaxshi hieß also gut. Und Sardor sprach Russisch.

Mein Herz machte einen Satz.

»Iss«, sagte Askar und deutete auf den *Plow*. Ich knabberte an meinem Brotstück. Ich konnte mich nicht überwinden, auch in den gemeinsamen Topf zu langen.

»Kann ich eine Gabel bekommen?«, fragte ich.

»Wir essen so.«

Ich zögerte. »Ich habe keinen Hunger.«

»Bist du krank?« Ein scharfer Blick.

»Ich hatte Bauchweh, heute Nachmittag.« Eine Lüge.

»Etwas Ernstes?« Ein Verhör.

»Nein, nein.« Eine Besänftigung.

Askar musterte mich, dann langte er in die Schüssel. Soße rann über sein Handgelenk, als er sich den Reis-und-Fleisch-Klumpen in den Mund schob. Er kaute. Ich schluckte meinen Ekel.

»Taht«, sagte Sardor und klopfte auf die Sitzbank. *»Taht*

heißen diese Bänke. Du wirst sie überall in Usbekistan sehen. Man kann darauf sitzen, schlafen, essen ...« Mit einer Handbewegung deutete er auf die Schüsseln. »In Usbekistan spielt sich das Familienleben in den Höfen ab. Und dort steht fast immer ein *Taht*.«

»*Taht*«, sagte ich.

Sardor lächelte. Dann deutete er auf den Baum. »Ein Saksaulbaum.«

»Saksaul?« Die Laute klangen ungewöhnlich, anders als die russische Phonetik, rauer, kehliger.

»Sak-saul-baum. Ganz typisch.«

Ich erinnerte mich an die lange Fahrt, die Einöde, in der nirgendwo ein Baum oder Busch gestanden hatte. »Wasser ist knapp in Usbekistan«, sagte Sardor, als hätte er meine Gedanken erraten. Er deutete auf den Saksaulbaum und griff nach meiner Sonnenbrille. »Nimm sie ab, dann siehst du besser. Die Blätter sind ganz ...«

Sardor hielt meine Sonnenbrille in der Hand und starrte mich an. Sah zu Askar und fragte etwas auf Usbekisch. Askar schwieg. Zebo schaute aufmerksam und neugierig umher, die anderen blickten auf das Brot in ihren Händen, die Schüsseln, den *Plow*. Die Stille war bedrohlich. Ich senkte den Kopf. Sardor wiederholte seine Frage, diesmal antwortete Askar. Verblüfft und misstrauisch wandte Sardor sich mir zu. »Du bist gegen einen Schrank gelaufen?«, fragte er auf Russisch.

Ich murmelte eine undeutliche Antwort.

Die Mutter nahm eine Schale mit Gemüse und ermunterte Sardor zuzugreifen. Die Schwestern kicherten und tunkten ihre Brotstreifen in den *Plow*. Askar rülpste und schob sich eine Hand voll Reis in den Mund. Langsam kam wieder ein Gespräch in Gang. Ich versteckte mich hinter den fremden Worten, versuchte mich zu sammeln, meine Wut und die Tränen zu schlucken.

Zebo lehnte seinen Kopf an meine Schulter. Mit seinem Kieselstein malte er kleine Kreise auf meine Haut.

Am nächsten Morgen saß ich auf dem *Taht* und trank Kaffee. Auf dem Teppich lagen Reiskrümel vom Abend zuvor, ich schnippte sie beiseite. Die Mutter war nirgends zu sehen, aus dem Zimmer der Schwestern ertönte das gewohnte Geplapper. Es war früh, doch die Luft brannte bereits heiß und trocken. Die Tür zur Wohnung von Sardor und Feruza war verschlossen, und auch Askar schlief noch. Es war der Morgen des vierten Tages, und ich hatte beschlossen, ihn heute nicht allein aus dem Haus gehen zu lassen. Ich war nicht um die halbe Welt gereist, um mich in einem öden Hinterhof zu langweilen.

Auf einem Krug, der im Staub lag, tanzten zwei Fliegen. Ich trank einen Schluck Kaffee. Im Zimmer hörte ich Askar. Hastig drückte ich meine Zigarette aus.

Als Askar sich auf dem *Taht* niederließ, schenkte ich ihm Kaffee ein und sagte: »Guten Morgen.«

»Morgen«, antwortete er auf Russisch.

Ich reichte ihm den Teller mit frischem *Non*, den Aziza gebracht hatte. Askar nahm ein Fladenbrot und brach es in der Mitte entzwei. Er tunkte einen Streifen in seinen heißen Kaffee, dann zündete er eine Zigarette an und lehnte sich gegen die niedrige Lehne der Bank. Versonnen blickte er den Rauchkringeln nach, die er in die Luft blies.

»Unternehmen wir heute etwas Schönes?«, fragte ich, leicht und freundlich.

Askar schaute mich an, prüfend. Ich hielt dem Blick stand.

»Später zeige ich dir das Dorf«, sagte er und spuckte in den Sand. Ich schenkte ihm noch etwas Kaffee ein und mir auch.

Ich kam mir albern vor, weil ich mich freute.

Askars Mutter trat in den Hof. In ihren Armen hielt sie ein buntes Bündel. Ich konnte nicht erkennen, was es war. Sie marschierte geradewegs auf uns zu, und als sie vor uns stand, ließ sie das Bündel auf den *Taht* fallen. Es waren Röcke. Röcke, wie die, die sie selbst trug, wie die, die die Schwestern trugen, gemusterte Röcke, die meisten in gedeckten Farben. Askars Mutter deutete mit dem Finger erst auf mich, dann auf die Röcke und sagte: »Jana!«

Ich schaute Askar an. »Was meint deine Mutter?«

Askars Mutter zupfte an meiner Jeans, schüttelte den Kopf und verwies auf die Röcke. »Ich soll diese Röcke anziehen?«, fragte ich ungläubig.

»Ja«, antwortete Askar.

»Nein«, antwortete ich.

Die Mutter sagte etwas auf Usbekisch. Ich bat Askar zu übersetzen, doch er ignorierte mich. Ich holte Luft.

»Nein!«, sagte ich, und meine Lautstärke erschreckte mich selbst. »Askar, sag deiner Mutter, ich ziehe nie Röcke an. Ich hasse Röcke!«

Die Hexe starrte mich entgeistert an.

»Ich bin keine Usbekin«, rief ich auf Russisch, sprang vom *Taht*, baute mich vor der Mutter auf, sah in ihre Hexenaugen, schlug mit der flachen Hand gegen meine Brust und rief: »*Njemka* – Deutsche! Ich bin Deutsche.« Zu Askar gewandt schrie ich: »Ich bin eine Frau aus Deutschland, und ich bin es gewohnt, selbst zu entscheiden, was ich anziehe. Ich bin anders, ich bin nicht wie deine Schwestern.«

»Schluss jetzt«, rief Askar. Er sprach, schnell und heftig,

mit seiner Mutter. Die Mutter schimpfte. Askars Hände flogen durch die Luft, seine Stimme wurde lauter. Die Stimme der Mutter schwoll ebenfalls. Mir wurde schwindelig, diese Heftigkeit machte mir Angst.

Unvermittelt raffte die Mutter die Röcke zusammen und lief zum Zimmer der Schwestern. Ich starrte ihr nach. Mein Herz pochte. Askar zündete sich eine Zigarette an. Sehnsüchtig sah ich zu, wie er daran zog.

Unbarmherzige Hitze schlug uns entgegen, als wir durch das Tor auf die Straße traten. Das Licht war grell, ich rückte meine Sonnenbrille zurecht und griff nach Askars Hand. Blitzartig trat er einen Schritt beiseite und steckte beide Hände in die Hosentaschen. Dann spazierte er los. Nach ein paar Schritten sah er sich um und rief: »Komm, Janka.«

Ich folgte ihm.

Ein erbsengrünes Auto fuhr langsam die Straße entlang. Ein Hund sprang an der Karosserie hoch, immer wieder versuchte er, in den vorderen Reifen zu beißen. Irgendwann gab der Fahrer Gas, das Auto schoss davon, und der Hund landete mit einem heftigen Schwung im Straßenstaub. Ein paar Kinder lachten. Auf der gegenüberliegenden Straßenseite, vor einem blechernen Tor, saßen eine sehr alte Frau und ein ebenso alter Mann. Reglos hockten sie auf ihren Schemeln, einen Moment lang dachte ich, ich sähe zwei Puppen. Dann entdeckte ich eine schmale, blaue Rauchsäule; der Mann hielt eine Zigarre in seiner rechten Hand. Die Frau trug ein Kopftuch und mehrere Röcke, die sich um ihre Beine bauschten.

»Komm, Janka«, sagte Askar.

Nebeneinander gingen wir die breite, staubige Straße hinunter. Links und rechts reihten sich niedrige Häuser aus

Lehm aneinander, nirgendwo war ein Fenster zu sehen, nur blecherne Tore, eines neben dem nächsten. Am Tag unserer Ankunft waren sie mir wie eine lange Reihe von Garagentoren erschienen; auch jetzt fiel es mir schwer, mir vorzustellen, dass sich hinter jedem dieser Tore ein Haus verbarg, ein Innenhof, ein Baum, ein *Taht*, eine Familie. Ein Zuhause. Die Fassaden wirkten schroff und abweisend, beinahe feindlich.

Als wir eine Kreuzung erreichten, bog Askar rechts in eine Straße, die ebenso staubig und schnurgerade verlief. Das ganze Dorf schien aus unbefestigten Wegen und flachen Häusern zu bestehen. Eine Gruppe Kinder spielte mit Stöcken und Kieselsteinen. Ich lächelte und winkte ihnen zu. Sie winkten zurück.

Ich freute mich, endlich einmal das Haus zu verlassen.

Ich lächelte Askar an und tippte gegen seine bunte Kappe. »Was ist das für eine witzige Mütze?«

Askar wich meiner Hand aus.

»Kann ich sie mal aufsetzen? Sie gefällt mir.«

»Nein!«

»Sei doch nicht gleich beleidigt. Ich wollte nur einen Spaß machen.«

»Das ist nicht lustig.«

Schweigend marschierten wir die Dorfstraße entlang. Askar grüßte nach links und rechts, und ich nickte jedes Mal freundlich. Ich versuchte, in den fremden Gesichtern irgendetwas Vertrautes zu entdecken. Vor einem Café blieben wir stehen. Askar unterhielt sich mit mehreren Männern, ich hielt mich abseits und wusste nicht, ob ich ihm folgen oder lieber Abstand halten sollte. Ich spürte, dass die Männer mich aufmerksam musterten.

»Setzen wir uns und trinken einen Kaffee?«, fragte ich, als mein Freund sich von seinen Bekannten löste.

»Nein.«

»Warum nicht?«

»Weil ich ›Nein‹ gesagt habe.«

Askar drehte sich um und ging die Straße hinauf, ohne mich weiter zu beachten. Ich wusste nicht, was ich tun sollte, also folgte ich ihm. Mir fiel auf, dass nur Männer und Kinder auf der Straße unterwegs waren. Nirgendwo sah ich eine Frau. Ich folgte Askar, mit gesenktem Blick. Die vielen neugierigen Augenpaare brannten auf meiner Haut.

Als wir durch das Tor wieder in den Innenhof traten, war kaum eine halbe Stunde vergangen.

Auch in den folgenden Tagen kam und ging Askar, wie er wollte.

Die Vormittage verbrachte ich in unserem Zimmer. Auf dem Bett liegend, blätterte ich in den Zeitschriften, die ich für die Fahrt gekauft hatte, und deren Inhalt ich längst auswendig kannte. Nachmittags, wenn die Hitze ihren Höhepunkt erreichte und alle schliefen, ging ich in die Küche, duschte und wusch mir die Haare und schrubbte mit der Hand Askars und meine Wäsche. Eine Waschmaschine gab es nicht. Abends saß ich mit der ganzen Familie auf dem *Taht* beim Essen.

Die einzige Abwechslung waren gelegentliche Besuche bei Sardor und Feruza. Askar mied seinen Bruder, und er sah es auch nicht gern, wenn ich die beiden besuchte. Seine Mutter registrierte meine Besuche mit Argwohn, zwischen ihr und Sardor gab es gelegentlich Auseinandersetzungen. Doch ich fühlte mich wohl in der kleinen Wohnung. Sardor und Feruza sprachen Russisch, sie interessierten sich für das Leben in Deutschland und stellten viele Fragen. Zebo freute sich ohnehin, wenn ich kam, wir spielten und tollten über die dicken Teppiche. Sardor und Feruza waren sehr freundlich zu mir, und sie gingen auch freundlich miteinander um. Sie lachten viel, und ab und zu sah ich, wie Sardor über Feruzas Arm strich. Sardor behandelte seine Frau mit dem Respekt, den ich an Askar von Tag zu Tag mehr vermisste.

Ein paar Mal hatte ich protestiert, wenn Askar nach dem Frühstück aufstand, um fortzugehen, hatte ihn gebeten, mich mitzunehmen. »Du bist nicht allein«, hatte er geantwortet. »Meine Familie ist bei dir.« Dass ich, außer mit Feruza und Sardor, mit niemandem sprechen konnte, hatte er übersehen.

Am Tag zuvor hatte Askar versprochen, abends mit mir in den Park zu gehen. Aufgeregt und freudig hatte ich geduscht, eine hübsche weiße Bluse angezogen und mich geschminkt. Ich hatte gewartet, doch die Stunden waren verstrichen. Schließlich hatte ich mich ins Bett gelegt. Mitten in der Nacht wachte ich auf, als Askar sich zu mir legte. Er stank nach Alkohol.

Nun zählte ich die Tage bis zum Ende dieses Urlaubs.

Gegen Ende der zweiten Woche fuhren wir nach Taschkent.

Feruza hatte Verschiedenes in der Hauptstadt zu erledigen, und sie und Sardor waren der Meinung, ich sollte ein bisschen mehr von Usbekistan sehen als nur das Dorf. Sie luden mich ein, sie zu begleiten. Askar war zunächst dagegen gewesen, hatte sich aber unter dem Druck seines älteren Bruders schließlich einverstanden erklärt. Zebo sollte den Tag bei einem Spielkameraden in der Nachbarschaft verbringen.

Vor Aufregung wachte ich früh auf. Der Hof war leer und still, die Sonne kroch gerade über die Außenmauern. Ich setzte mich, in meinen Bademantel gehüllt, auf den *Taht* und rauchte eine Zigarette. Die Katze legte sich auf meine Füße, und ich kraulte ihren Hals. Ich dachte an Mutter. Wenn ich ihr von unserem Ausflug in die Hauptstadt berichten würde, würde sie meine Freude darüber kaum verstehen.

Mir war, als dürfte ich für einen Tag das Gefängnis verlassen.

Die Katze schnurrte, und draußen auf der Straße fuhr ein Lastwagen vorbei. Ich verstand nicht, warum Askar so selten etwas gemeinsam mit mir unternahm. In Greifswald hatten wir Tag und Nacht zusammen verbracht. Ich verstand auch diese Stimmungsschwankungen nicht; eben hatte Askar mich noch zärtlich Janka genannt und im Schutz unseres Zimmers umarmt, im nächsten Moment wies er mich scharf zurecht. Ich wusste nicht, wie ich mit ihm reden könnte, mir fehlten die Worte, die russischen Vokabeln. Außerdem hatte ich Angst, ihn zu reizen. Manchmal streichelte ich seinen Arm oder gab ihm einen flüchtigen Kuss, um ihm zu zeigen, dass ich noch da war, und um ihn zu beschwichtigen.

Ich schob die Katze von meinen Füßen und ging in die Küche. Hastig wusch ich mich und horchte dabei auf Geräusche. Jeden Moment rechnete ich damit, dass die Mutter oder eine der Schwestern in die Küche platzten, oder, schlimmer noch, Askars Vater. Nachdem ich mich angezogen hatte, schminkte ich mich vor meinem Taschenspiegel. Mein Auge schimmerte gelb, doch das ließ sich mit einem Abdeckstift und etwas Lidschatten kaschieren. Ich tuschte die Wimpern und trug etwas Lippenstift auf. Ich wollte hübsch sein, wenn wir in die Stadt fuhren.

Als ich ins Zimmer zurückkam, hockte Askar, in Jeans

und Latschen, auf dem Boden vor seiner Reisetasche, in der Hand zwei Hemden, ein blaues und ein weißes.

»Nimm das blaue, das steht dir gut«, sagte ich und breitete mein Handtuch zum Trocknen über den einzigen Stuhl. Ich schlüpfte aus meinem Bademantel und zog eine Unterhose über. »Machst du ihn mal zu?«, fragte ich augenzwinkernd und hielt Askar meinen BH hin. Im nächsten Moment sah ich eine Hand auf mich zufliegen. Ich konnte dem Schlag nicht ausweichen, stolperte, fiel und schlug mit dem Kopf gegen die Wand.

»Wie benimmst du dich!? Und wie siehst du überhaupt aus?«, brüllte Askar.

Benommen starrte ich Askar an, zu Tode erschrocken.

»Wie eine Nutte siehst du aus!«, schrie er. »Angemalt, als wärst du in einen Tuschkasten gefallen.« Beinahe hätte er vor mir auf den Boden gespuckt.

Mir schossen die Tränen in die Augen. Mein Gesicht tat weh, mein Kopf, eine bodenlose Wut packte mich. »Ich habe mich hübsch gemacht. Für dich! In Deutschland habe ich mich jeden Tag geschminkt, und es hat dir gefallen!«

»Wir sind hier nicht in Deutschland. Ich will nicht, dass meine Frau sich schminkt wie ein Flittchen!«

»Ich bin nicht deine Frau«, brüllte ich zurück. »Und ich bin erst recht kein Flittchen.« Wieder flog die Hand auf mich zu, diesmal wich ich ihr aus. Im nächsten Moment packte mich ein eiserner Griff, Askar schüttelte mich, ohrfeigte mich, ich flog durch den Raum, landete auf dem Bett. Schützend schlug ich die Hände vors Gesicht.

Unvermittelt hörten die Schläge auf.

»Yomon!«, rief Askar. »Du bist schlecht!«

Er spuckte auf den Boden.

Nackt und schutzlos und zusammengerollt wie ein Embryo lag ich da und weinte. Kurz darauf krachte die Tür ins Schloss. Nach einer Weile klopfte es. »Jana?«

Es war Feruzas Stimme. Mit zittrigen Fingern zog ich das Bettlaken über mich. »Komm rein.«

»Was ist passiert?« Feruza setzte sich auf den Bettrand und nahm meine Hand. Sofort schossen mir wieder die Tränen in die Augen.

»Er ist ein Schwein«, schluchzte ich. *»Swinja!«*

»Männer sind manchmal so.«

»Sie haben kein Recht, eine Frau zu schlagen und zu beschimpfen.«

Feruza zog ein Taschentuch aus der Tasche ihres Rocks und reichte es mir. »Komm«, sagte sie. »Zieh dich an. Wir müssen bald losfahren.«

»Ich fahre nicht. Nicht, wenn Askar mitkommt! Ich will ihn nie mehr sehen.« Ich heulte wie ein Kind. »Ich will nach Hause.«

»Sardor wird mit Askar reden. Und nun steh auf. Wir müssen los, es ist weit bis Taschkent.« Feruza ging zur Tür, zögerte einen Moment, nickte mir noch einmal zu und ging hinaus.

Ich putzte mir die Nase und überlegte fieberhaft, was ich tun sollte. Sardor und Askar warteten im Hof, ich hörte ihre Stimmen, gelegentlich mischte sich auch die Hexe ein. Wenn ich nicht kam, würde man mich holen. Womöglich sogar Askar selbst, er würde noch wütender werden. Also stand ich auf. Ich zog meine Jeans an, band meine Turnschuhe zu und sah in den Taschenspiegel. Die Wimperntusche war verlaufen. Mit dem Taschentuch beseitigte ich alle Spuren, dann puderte ich mein Gesicht, erneuerte den Lidschatten und trug mit einem wütenden Strich Lippenstift auf. Ich nahm meine Handtasche und ging.

Den Rest des Tages erlebte ich wie im Nebel. Ich sah große Straßen mit niedrigen Bäumen, prächtig verzierte Moscheen mit runden Kuppeln, alte Häuser, moderne Wohnblöcke. Wir kauften auf einem Markt ein, der größer war als alles, was ich bisher gesehen hatte. Wir liefen an einer Moschee vorbei, die zur Straße hin offen war und in deren Halle Männer auf dem Boden hockten und sich verneigten. Viele von ihnen trugen einen Turban. Vor dem Eingang standen lange Reihen von Schuhen. Doch über all diese Bilder legten sich drei Worte: Flittchen. Nutte. *Yomon.*

Yaxshi und *yomon*.

»Warte nicht auf mich«, sagte Askar. Durch die offene Tür sah ich mehrere Männer, die im Hof auf ihn warteten. Scheppernd schlug kurz darauf das Hoftor zu.

Die Stille, die blieb, war ewig.

Ich schloss die Tür und setzte mich aufs Bett. Ich zündete eine Zigarette an. In meiner Erinnerung suchte ich den Askar, den ich aus Greifswald kannte; alles, was ich fand, war ein Unbekannter. Der Mann, der mich einmal angezogen hatte und dem ich gefolgt war, um ihn näher kennen zu lernen, entfernte sich von Tag zu Tag weiter. Zurückgekehrt in seine Heimat, an den Ort, an dem er groß geworden war, wurde er mir von Minute zu Minute fremder. Askar sprach kaum noch Russisch, manchmal übersetzte er nicht einmal mehr. Ich fühlte mich an den Rand gedrängt. Mein Freund nahm mich kaum noch zur Kenntnis, bald würde ich ganz aus seinem Bewusstsein verschwunden sein. Bald würde ich aufhören zu existieren.

Die Zigarette glühte auf, als ich an ihr zog. Usbekistan war ein Land, von dem ich nie gehört hatte, bevor ich Askar kennen lernte, eine Gegend irgendwo im großen Reich Sowjetunion. Nichts, absolut gar nichts hatte ich über die Lebensgewohnheiten der Menschen gewusst, ihre Sitten, ihre Werte, ihre Religion. In der Schule hatten wir gelernt, dass alle Bürger der UdSSR gleich waren, so wie auch in der DDR alle Menschen gleich waren. Frauen und Männer arbeiteten gemeinsam für Frieden und Sozialismus. Man unterschied sich in Haarfarbe oder Temperament. Doch man unterschied nicht nach Herkunft oder Geschlecht. Ein einziges Mal hatte ich mit Askar über den Islam gesprochen, als ich entdeckt hatte, dass er beschnitten war. Er hatte mir erklärt, dass das in seiner Heimat so üblich sei. Um mir keine Blöße zu geben, hatte ich nicht weiter nachgefragt. Ich wusste, dass Moslems zu Allah beteten wie die Christen zu Gott, und dabei beließ ich es. Es gab wichtigere Dinge in meinem Leben.

Nun spürte ich täglich, dass ich mich in einem Land befand, in dem die Männer das Sagen hatten. Sie behandelten Frauen wie Wesen ohne eigenen Willen, ohne Würde. Möglicherweise konnte man so leben, wenn man in dieser Tradition erzogen worden war. Ich jedoch konnte es nicht.

Ich war anders.

Ich wollte zurück in meine Welt. Niemals hätte ich mit Askars Schwestern tauschen wollen; nicht einmal mit Feruza, obwohl sie ein niedliches Kind hatte und einen Mann, der sie mit Respekt behandelte. Nein, ich wollte mit einem Mann leben, der mich verstand und der mich achtete, mit ihm wollte ich eine Familie gründen.

Eine tiefe Sehnsucht nach Marco überkam mich.

Ich träumte von einem Mann. Er war groß, trug lange Koteletten und einen schütteren Schnauzbart. Sein Anzug sah sehr ordentlich aus, das weiße Hemd leuchtete vor Sauber-

keit, und die Krawatte war zu einem englischen Knoten gebunden. In der Tasche seines Sakkos steckte eine Sonnenbrille.

An seiner Seite ging eine blonde Frau, sie trug einen kurzärmligen Sommerpullover und einen Faltenrock. Plötzlich blieb der Mann stehen und schlug der Frau einen Zahn aus. Als der Zahn auf den Asphalt fiel, erklang ein leises »Pling«.

Der Mann rückte seine Krawatte zurecht und ging fort.

Am Nachmittag käme Besuch, hatte Askar gesagt, sein Bruder, der in der Stadt wohnte, mit seiner Familie. »Sie wollen dich kennen lernen.«

Also hatte ich geduscht, eine saubere Hose und eine frische Bluse angezogen. Schwitzend saß ich auf meinem Bett und wartete. Die Hitze wurde von Tag zu Tag unerträglicher. Draußen hörte ich die Stimmen der Mutter und der Schwestern, ab und zu stieß Zebo einen spitzen Freudenschrei aus, doch zog ich es vor, im Zimmer zu warten. Es war mir unbehaglich hinauszugehen, wenn Askar nicht da war; obwohl alle es wussten, wollte ich nicht, dass sie sahen, dass er mich ständig allein ließ.

Am Morgen hatten Askar und seine Mutter gestritten. Die Hexe hatte am Ende das letzte Wort behalten. Später erzählte Feruza, dass die Mutter darauf bestanden hatte, dass Askar an diesem Abend nicht ausginge. Offensichtlich mochte Askar auch seinen ältesten Bruder nicht. Das weckte meine Neugier.

Als die Stimmen im Hof lauter wurden, fuhr ich mir mit den Fingern durch die Haare. Im nächsten Moment flog die Tür auf. »Wo bleibst du?«, fragte Askar.

Ich stand auf und folgte ihm.

Zakir war ein kräftiger Mann, deutlich größer als Askar und Sardor. Er sah sympathisch aus, gebildet, wie ein Intellektueller; aber vielleicht lag das nur an seinem grauen Haar. Zakirs Frau reichte ihrem Mann kaum bis zur Schulter und war ausgesprochen dick. Sie waren ein ungleiches Paar. Die beiden Töchter ähnelten ihrer Mutter, hatten das gleiche herzförmige Gesicht, die gleichen bleistiftschmalen Augen. Wahrscheinlich würden sie in ein paar Jahren auch ihre Figur haben.

»Hallo«, sagte Zakir auf Russisch. »Du bist also Jana aus Deutschland. Ich habe schon viel von dir gehört.«

»Hoffentlich nur Gutes«, antwortete ich.

Zakir schüttelte meine Hand. »Das ist Malika«, sagte er. Seine Frau war weniger förmlich, drückte mich an sich und küsste mich auf beide Wangen. Die Mädchen gaben artig die Hand.

»Unser Sohn ist zu Hause geblieben«, sagte Malika, ebenfalls in fließendem Russisch. »Er muss für die Schule lernen.«

Bald begann ein großes Essen, das die Mutter und die Schwestern am Vormittag zubereitet hatten. Zu meiner Enttäuschung gab es dennoch nur *Plow*. Es war offensichtlich, dass Zakir der Älteste der Brüder war, denn er bestimmte das Gespräch. Er war es gewohnt, zu befehlen und zu entscheiden, dennoch verbreitete er Wärme und Herzlichkeit. Zakir erkundigte sich, wie meine Reise gewesen war und was ich bereits gesehen hätte. Als ich sagte, ich sei einmal im Dorf gewesen und einmal in Taschkent, sah er Askar fragend an. Askar schwieg. Ich spürte, dass er sich unwohl fühlte; und ich war mir sicher, dass er bemerkte, dass ich seinen großen Bruder mochte.

»Du musst uns unbedingt besuchen«, sagte Zakir. »Malika wird kochen, wir essen gemeinsam, und vorher zeigen wir dir noch die Stadt. Einverstanden?« Bevor ich etwas sagen konnte, wandte Zakir sich an Askar: »Morgen Abend hole ich euch ab.« Es klang wie ein Befehl, nicht wie eine Einladung.

Am nächsten Tag wartete ich ungeduldig auf Zakir.

Er kam in einem roten Lada. Wie selbstverständlich öffnete Zakir mir die Beifahrertür. Askar saß im Fond, ich konnte seine Wut spüren, sie füllte die Luft wie ein schlechter Geruch. Doch er sagte kein Wort. Zakir fuhr die Dorfstraße hinauf, und die Kinder winkten. Als er um die Ecke bog, entdeckte ich einen Markt.

»Warst du noch nicht dort?«, fragte Zakir.

»Nein.« Ich sah, dass Zakir seinem Bruder im Rückspiegel einen prüfenden Blick zuwarf. Bei unserem einzigen Spaziergang waren wir die Hauptstraße in die andere Richtung entlanggegangen, diesen Teil des Dorfes hatte ich noch nie gesehen. Doch sah er, bis auf den Markt, ähnlich staubig und öde aus.

In der Stadt schlängelte sich der Lada durch schmale Straßen. Einmal kam uns ein Esel entgegen; das Auto und das Tier passten nicht aneinander vorbei. Sein Besitzer zog den Esel in einen Hauseingang. Zakir rief ihm etwas zu, und der Mann winkte.

Das Haus, in dem Zakir und Malika mit ihren Kindern wohnten, glich vom Grundriss Askars Elternhaus. Doch sah alles heller und freundlicher aus. Malika hatte bereits den Tisch gedeckt, und mein Herz schlug heftig, als ich sah, dass dort Teller standen. Messer und Gabeln links und rechts! Jeder hatte eine eigene Serviette und ein eigenes Glas. Als die Mädchen das Essen auftrugen, fühlte ich mich wie im Himmel. Es gab Fleisch mit Soße und Kartoffeln und Gemüse. Zakir und Malika sprachen die ganze Zeit über Russisch, sogar untereinander, damit ich alles verstand. Sie wollten wissen, wie ich in Deutschland lebte, und ich erzählte von meiner Wohnung und meiner Ausbildung, davon, dass ich unmittelbar vor der Abfahrt mein Examen gemacht hatte und im August mein Zeugnis bekäme. Ich erzählte von Mutter und ihrem Mann und meinen Brüdern.

»Möchtest du deine Mutter anrufen?«, fragte Zakir unvermittelt. Ich starrte ihn an, als habe er gefragt, ob ich zum Mond fliegen wolle. Ich nickte.

Sekunden später hielt ich einen schweren, grauen Hörer in der Hand. Meine Finger waren feucht und zitterten, als ich die Wählscheibe bewegte. Ich hörte das Rauschen in der Leitung. Plötzlich konnte ich mich nicht mehr an Mutters Durchwahl in der Firma erinnern. 344? Oder 433? Wie spät war es jetzt in Deutschland? War noch jemand in der Zentrale, wenn ich es mit einer Null versuchte?

Am anderen Ende hörte ich ein Knacken.

Dann ein Besetztzeichen.

Ich wählte erneut. Was würde ich sagen? Wie würde ich Mutter beschreiben, wo ich war?

Wieder das Besetztzeichen.

Hastig wählte ich ein weiteres Mal.

Mutter würde mich finden. Sie würde mich retten. Sie würde die Vopos mit ihrem Toniwagen schicken. Blödsinn, Vopos gab es nicht mehr – dann eben andere Polizisten mit einem Streifenwagen. Was weiß ich, was Mutter tun würde, aber sie war meine Mutter, sie musste mir einfach helfen.

Ich wählte fünfmal, zehnmal, fünfzehnmal.

Stets ertönte das Besetztzeichen. Mit Tränen in den Augen legte ich den Hörer auf die Gabel. Wenige Minuten zuvor hatte ich nicht einmal daran gedacht; dann war die

Möglichkeit zum Greifen nahe gewesen. Nun war alles verloren.

Malika legte einen Arm um meine Schultern. »Versuch es später noch einmal«, schlug sie vor. Ein brüllendes Heimweh überwältigte mich, mein Körper schmerzte vor Sehnsucht. Ich wollte Mutters Stimme hören, wollte ihr sagen, dass es mir nicht gut ging, dass Askar mich schlug, dass ich nach Hause wollte und nicht wusste, wie ich es anstellen sollte. Ich wollte ihr sagen, dass ich bereute, nicht auf sie gehört zu haben, und dass ich nie wieder ihren Rat leichtfertig in den Wind schlagen würde. Wenn ich nur nach Hause dürfte.

Ich weinte.

Askar grinste.

Malika streichelte meinen Rücken.

Zwei Tage später schlug Askar vor, am Abend in den Park zu gehen.

»Meinst du das diesmal ernst?«, fragte ich.

»Ja, Janka. Es tut mir Leid, dass ich so häufig unterwegs war. Ich hätte mich besser um dich kümmern sollen.«

»Einverstanden«, sagte ich. »Lass uns in den Park gehen.« Ich drückte seinen Arm. Was immer der Grund für Askars plötzliche Wandlung war, die Aufmerksamkeit tat wohl wie eine warme Dusche.

»Vorher muss ich noch einmal weg. Aber es dauert nicht lange.« Ich nickte und nahm die Zigarette, die Askar mir anbot.

Als er später zurückkam, begleitete ihn ein schmächtiger junger Mann. »Das ist Umid«, sagte Askar. »Wir werden zusammen in den Park gehen.«

Ich nickte. Und zündete mir eine Zigarette an.

»Nicht jetzt!«

»Bitte ...?«

»Du sollst die Zigarette ausmachen.«

»Aber du hast sie mir doch selbst gegeben, vorhin.«

»Ich will nicht, dass du vor meinem Freund rauchst.«

»Aber ...«

»Was soll mein Freund von dir denken!«

Die Ohrfeige brannte. Noch mehr brannte die Scham, vor Umids Augen geschlagen zu werden. Ich warf die Zigarette weg und lief in unser Zimmer.

In der Nacht wachte ich auf. Eine Hand streichelte über meinen Bauch. Es dauerte einige Sekunden, bis ich begriff, wo ich war, und bis ich Askar erkannte, der auf dem Boden vor meinem Bett hockte.

»Es tut mir Leid, Janka«, flüsterte er, und sein Atem roch wieder nach Alkohol.

Ich biss mir auf die Lippe.

Askar legte sich neben mich und schloss mich in seine Arme.

Ich verlor die Beherrschung.

Ich weinte wie ein Kind, das man stundenlang in den Keller gesperrt hatte und das nun endlich wieder hinauf in die Wohnung durfte. Ich fühlte mich wehrlos, machtlos, schutzlos. Ich fühlte mich diesem Mann ausgeliefert. Und ahnte, dass er es wusste. Dass er seine Macht sogar genoss.

Und ich wollte, dass er mich nie wieder losließ.

»Ich will mit dir schlafen, Janka.« Askars heißer Atem kroch in mein Ohr. Seine Lippen glitten über meinen Hals, meinen Busen.

»Nein ...«, schluchzte ich und schob seine Hand beiseite. Ich fühlte mich wie auf einem großen Meer, ich wurde eins mit dem Ozean, war ohne Grenzen, ohne Formen, ohne

Konturen, in völliger Auflösung. Haltlos und hilflos. Askar stand auf, zog sich aus und legte sich wieder neben mich. Ich zog die Nase hoch. Askars Hand suchte ihren Weg. »Nein, bitte ...«

»Doch Janka. Ich will dich ...«

Er schob sich auf mich, und ich stöhnte unter seinem Gewicht. Ich wand mich und versuchte, Luft zu bekommen. Askars Atem ging immer schneller. Ich hatte Angst. Für eine weitere Szene fehlte mir die Kraft. Ich dachte an Mutter. An zu Hause. An mein Examen.

Wenn wir wieder zu Hause wären, würde ich Askar verlassen.

Ich wartete, bis es vorbei war.

10. KAPITEL

Der Schweiß kitzelte. Dicke Tropfen rannen über meine Haut, Rinnsale bildeten sich, mündeten in Ströme, flossen den Körper hinab. Die Sonne glühte. Selbst im Zimmer war es unerträglich heiß. Das Land stand in Flammen.

Ich öffnete die Tür. Barfuß ging ich den schmalen Flur hoch. Sogar der Boden strömte Wärme aus. An der Treppe zum Hof blieb ich stehen. Der Schattenkreis unter dem Saksaulbaum war zusammengeschrumpft, wie eine Jacke, die man zu heiß gewaschen hatte. Im Eingang zu ihrer Wohnung hockten Feruza und Zebo, mit einem Stock zogen sie Linien in den Sand. Sie lachten. Ich winkte.

»Magst du herüberkommen?«, rief Feruza. Ich nickte.

Ich ging zurück ins Zimmer, kämmte mich und zog ein frisches T-Shirt über. Ich überlegte, wann Askar zurückkäme; dann wischte ich meine Zweifel beiseite. Ich besuchte die Frau seines Bruders, daran war nichts Subversives. Ich schloss die Tür und durchquerte den Hof.

»Setz dich«, sagte Feruza, »ich koche uns Tee.« Ich kniete mich auf den Teppich im vorderen Zimmer, und Zebo kuschelte sich in meinen Schoß. Sein Hemd rutschte hoch, und ich kitzelte seinen braunen Bauch. Zebo kicherte, er wand sich wie ein Aal und rief etwas auf Usbekisch, als ich das Glas nahm, das Feruza mir reichte. Fragend sah ich ihn an.

»Ich soll den kleinen Zebo weiterkitzeln? Ist es das, was

du willst? So richtig durchgekitzelt zu werden ...?« Zebo quiekte und lachte, und seine Augen waren schmal wie zwei Bleistiftstriche. Ihn würde ich vermissen, ebenso Feruza und Sardor und Zakir und Malika.

»Trotzdem freue ich mich auf zu Hause.« Ich erschrak. Mehrmals hatte ich in den vergangenen Tagen unvermittelt laut gesagt, was ich gerade dachte, als hätte ich keine Kontrolle mehr über meinen Mund, als bahnten sich die Gedanken ganz unabhängig ihren Weg nach außen. Vielleicht hatte ich einfach zu wenig mit anderen Menschen gesprochen, die Ruhe und Abgeschiedenheit des Zimmers erdrückten mich, und es gab wenig Möglichkeiten, dem zu entkommen.

»In vier Tagen fahren wir nach Deutschland«, fügte ich hinzu, als sei die Äußerung Absicht gewesen.

Feruza sah mich an.

»Ich freue mich auf meine Mutter. Auf meine Wohnung. Und dann haben wir auch bald unsere Examensfeier, darauf freue ich mich besonders.« Ich versuchte, die Euphorie in meiner Stimme zu drosseln, und nicht zu schnell zu sprechen. Feruza trank einen Schluck Tee.

»Aber Askar kann nicht zurück nach Deutschland«, sagte sie.

»Was?« Beinahe hätte ich das Glas in meiner Hand zerdrückt.

»Askar kann nicht zurück nach Deutschland. Weißt du das nicht?«

Meine Zunge war taub. Die Lippen schwer, die Arme, die Hände steif, mein Körper gehorchte mir nicht mehr, war ein fremdes Tier. »Was heißt das?«, fragte ich nach einer Weile, die mir ewig erschien. In meinem Kopf rauschte das Blut.

»Askar hat Probleme mit seinem Visum. Es wurde nicht

verlängert.« Feruza sah mich an, überrascht. Ich starrte sie an, fassungslos.

»Aber ...« Zebo kitzelte meinen Bauch. Ferngesteuert schob ich seine Hand beiseite. »Das heißt, ich kann nicht nach Hause?«

Feruza schwieg.

»Aber ich muss nach Hause!« Meine Stimme überschlug sich. »Ich muss nach Hause, ich muss, ich muss, ich muss ...« Mir war kalt, Tränen schossen mir in die Augen, alles verschwamm. »Feruza, ich muss nach Hause! Ich kann nicht hier bleiben, ich will nicht hier bleiben!« Panisch riss ich an ihrem Ärmel. Tee schwappte aus Feruzas Glas, ein heißer Fleck auf meinem Bein. Ein Schmerz, der sich durch meinen Magen bohrte, Raum griff, meinen ganzen Körper ausfüllte. »Nein!«, schrie ich. *»Njet!«*

»Hat Askar dir denn nie etwas gesagt?«

Ich schüttelte den Kopf.

Die Welt brach in Stücke.

Ich weinte, und Feruza legte ihren Arm um mich und versuchte, mich zu trösten. So fand uns Sardor, als er nach Hause kam.

Sardor sprach mit Feruza, lauter fremde Wörter, Wörter, die mich zurückwiesen, an denen ich abprallte, ich war eine Fremde in einem fremden Land, in einer fremden Welt.

»Ich will nach Hause«, stammelte ich.

»Hat Askar dir nicht gesagt, dass er kein Visum hat?«, fragte Sardor, kopfschüttelnd.

Ich starrte auf den Teppich. Was sagte mir Askar schon?

»Ich ver-verstehe das nicht ...«, stotterte ich. »Ich muss doch nach Hause ...« Die Tränen liefen, ich konnte keinen klaren Gedanken fassen. »Drei Wochen Urlaub, so war es abgemacht ...«

Sardor goss sich Tee ein und rührte lange in seinem Glas. Niemand sprach ein Wort, sogar Zebo lag still in Feruzas Armen. Das Schweigen füllte den Raum, beherrschte ihn.

Das Scheppern des Hoftors zerschnitt die Stille.

Wie eine Furie raste ich hinaus, stürzte auf Askar zu. »Du Schwein!« Meine Stimme überschlug sich, ich schrie, auf Deutsch, auf Russisch. »Was fällt dir ein, wieso hast du nicht mit mir gesprochen, wie kannst du so etwas tun, ich will nach Hause!«

»Gibt es ein Problem?« Askar packte meine Handgelenke. Wie eine Katze, die man im Nacken gepackt hatte, hing ich reglos, wehrlos in der Luft.

»Warum hast du mir nicht gesagt, dass du kein Visum hast?«, rief ich. »Warum hast du mich angelogen?«

Askar sah mich an. Mir wurde kalt. Dieses Grinsen hatte ich schon einmal gesehen, an jenem Morgen in seinem Zimmer im Russenblock in Greifswald. Ich wand mich und zerrte und versuchte, meine Arme zu befreien, schrie: »Du Schwein, *swinja*! Ich will nach Hause, lass mich nach Hause!« Ich trat gegen sein Schienbein, Askar ließ meine Hände los, ich trommelte mit den Fäusten gegen seine Brust.

Ein Brennen. Eine Ohrfeige. Ich stolperte, fiel in den heißen Staub. Ein Tritt. Ich schnappte nach Luft, röchelte.

»Mein Visum geht dich überhaupt nichts an.«

»Doch Askar, dein Visum geht mich etwas an.« Mein Magen zog sich zusammen. »Ich muss nämlich nach Hause! Das weißt du.«

Noch ein Tritt.

Ich krümmte mich. Schrie.

»Du bist hier in meinem Land.« Eine Stimme kalt wie Eis. »Du bist meine Frau, du tust, was ich dir sage.«

»Ich bin nicht deine Frau«, wisperte ich. »Und die drei Wochen sind vorbei.« Sand in meinem Mund.

Eine Hand zog mich hoch.

Eine Faust traf mein Auge.

Ich taumelte. Sah, wie Sardor seinen Bruder zurückhielt. Schmeckte Blut auf meiner Lippe. Sah die Hexe, die beide Hände vor ihrem Gesicht zusammenschlug. Sah die Schwestern, die schrien.

»Du gehörst mir«, brüllte Askar.

Ich versuchte aufzustehen, schwankte. Schleppte mich in unser Zimmer, warf die Tür zu, drehte mit zitternden Fingern den Schlüssel um.

Ich musste eingeschlafen sein.

Eine junge Frau buk einen Kuchen, eine prächtige Torte voller rosa Verzierungen. Als sie gerade fertig war, kam eine Frau in die Küche, sah die Torte und sagte: »Die macht dick. Wirf sie weg.«

Die junge Frau widersprach.

»Wirf die Torte weg. Sie ist giftig.«

Die junge Frau weinte. Die ältere Frau warf die Torte in den Mülleimer. »Solange du deine Füße unter meinem Tisch hast, tust du, was ich sage.«

Die junge Frau übergab sich.

Dann ging die junge Frau die Straße entlang. In der Hand trug sie einen Koffer. Die Sonne schien. Plötzlich stürzte hinter einem Baum ein wilder Gorilla hervor, er zog die junge Frau ins Gebüsch. Die junge Frau schrie. Doch niemand hörte sie.

Dann kam eine steinalte Frau. Sie streichelte und neckte den Gorilla. Sie zog eine Tüte aus ihrer Handtasche, und der Gorilla fraß Erdnüsse von ihrer ausgestreckten Hand.

»Siehst du, Kind«, sagte die steinalte Frau. »Du wolltest deine Freiheit. Aber du kannst die Gefahren ja gar nicht einschätzen.«

Der Gorilla kicherte und trank eine Brause.

Ich wachte auf.

Jemand klopfte gegen die Tür.

»Jana, komm!« Ich zuckte zusammen, als ich Askars Stimme hörte. Mein Auge war zugeschwollen und pochte, sobald ich den Kopf bewegte.

»Jana! Essen!«

»Ich habe keinen Hunger«, sagte ich. Meine Stimme klang belegt.

»Mach die Tür auf.« Das Klopfen wurde heftiger. Ich hatte Angst. Ich stand auf und öffnete die Tür. Eine Hand griff nach meinem Gesicht.

»Nein ...« Ich zitterte. Askar hielt mein Gesicht, betrachtete mein Auge. Dann ließ er mich los und sagte: »Komm essen.«

»Ich möchte nichts essen. Ich habe keinen Hunger.«

Er drehte sich um und zog die Tür hinter sich zu.

Ich setzte mich aufs Bett. Ich weinte, ich konnte mich gar nicht dagegen wehren. Mein Kopf tat weh, mein Bauch schmerzte, ich fühlte mich wie Dreck. Abschaum. Und draußen saß die Familie auf dem *Taht* und aß.

Im Taschenspiegel untersuchte ich mein Gesicht. Das Auge war violett verfärbt und zugeschwollen. Auch die Lippe war angeschwollen, eine kleine Blutkruste hatte sich gebildet. Ich tupfte etwas Creme darauf. Die Wunde pulsierte, als ich die Haut berührte. Ich sah mich um. Ich hätte mein Gesicht gern gekühlt, doch ich wusste nicht, womit. Ich stand auf und presste meine Hand gegen die

Außenwand; auch sie war warm. Ich legte mich aufs Bett und weinte.

Als ich das Hoftor zuschlagen hörte, atmete ich auf.

Ich wartete noch, bis es draußen vollkommen still war, dann lief ich hinüber zur Küche, nahm einen Topf von der Wand, rannte zum Wasserhahn. Als habe sie auf mich gewartet, trat im selben Augenblick die Hexe aus der Tür. Sie sagte etwas, was ich nicht verstand. Die Schwestern kamen und betrachteten mich neugierig. Ein Kreuzverhör der Blicke; ich war die Schuldige. Ich riss mich zusammen. Nein, ich würde nicht weinen, nicht vor euch, ihr miesen Weiber. Ich drehte den Wasserhahn zu, lief mit dem Topf in der Hand über den Hof, zur Treppe, an der Hexe vorbei, die etwas rief, lief den Flur entlang, stürzte ins Zimmer und schlug die Tür zu.

Mit einem Taschentuch kühlte ich mein Gesicht.

Irgendwann stand ich auf, schloss die Tür ab und legte mich schlafen.

In den kommenden Tagen verließ ich das Zimmer nur, um zur Toilette zu laufen, Wasser zu holen oder in der Küche nach etwas Essbarem zu suchen. In meinem Taschenspiegel schaute ich in das Gesicht einer Frau, die man verprügelt hatte; ich wollte nicht, dass mich irgendjemand sah.

Askar kam selten. Nachts schlief er auf dem *Taht*.

Die Zeit troff zäh wie Harz.

Ich lag auf dem Bett, vollkommen reglos. Jede Bewegung schmerzte und jagte Ströme von Schweiß aus meinen Poren. Die Luft im Zimmer stand. Ich weinte und fühlte mich dabei leer und hohl, als hätte ich alle Tränen bereits geweint. Vollkommen erschöpft. Die Welt war stehen geblieben.

Nur mein Gehirn arbeitete auf Hochtouren.

Askar hatte meinen Pass. Ich besaß kein Geld. Ich sprach und verstand kein Wort Usbekisch. Ich wusste nicht, wo der nächste Bahnhof war. Ich wusste nicht, wie ich an eine Fahrkarte kommen könnte. Und wie kam man ohne Pass über die Grenze? Wie kam ich hier je wieder weg?

Meine Gedanken drehten sich im Kreis.

Ich hatte in Askars Reisetasche nachgesehen, aber weder Papiere noch Geld gefunden. Wahrscheinlich lag mein Pass im Zimmer der Hexe; oder, noch schlimmer, im Zimmer des Vaters. Wie sollte ich es jemals anstellen, sie dort zu suchen?

Ein großes, graues Nichts drohte mich zu verschlingen.

Die ganze Zeit über hatte ich das Fremde, Abstoßende, Unheimliche, Unfreundliche hingenommen. Hatte versucht, es auszuhalten. Hatte versucht, mich anzupassen. Hatte versucht, Askar bei Laune zu halten, seine aggressiven Ausbrüche über mich ergehen lassen. Und die Tage gezählt, bis all dies zu Ende sein würde. Nun war meine Kraft verschwunden, ich war leer, eine Hülle, dünn wie Pergament.

Kein Halt, nirgends.

Warum hatte Askar mir nicht gesagt, dass sein Visum nicht verlängert worden war? Ich grübelte, rauchte, weinte. Irgendwann musste ich über mich selbst lachen. Wie konnte ich ernsthaft annehmen, dass Askar wesentliche Dinge mit mir besprach, hier, in einer Welt, in der Männer es offensichtlich gewohnt waren, sich über Frauen hinwegzusetzen, sie zu verprügeln, sobald sie eine eigene Meinung hatten und diese gar noch äußerten. Schließlich begann ich, mich zu fragen, ob Askar schon vor unserer Abreise gewusst hatte, dass sein Visum ablaufen und nicht verlängert werden würde. War es möglicherweise nie sein Plan gewesen, zurückzukehren? Hatte er mich unter einem falschen Vorwand in seine Heimat gelockt, wo ich, davon konnte er ausgehen, keinerlei Möglichkeit haben würde, auf eigene Faust und gegen seinen Willen zurückzukehren, wo ich mich nicht kurzerhand in die Straßenbahn setzen und nach Hause fahren konnte. Warum war ich so naiv gewesen, mit einem Mann, den ich kaum kannte, ans Ende der Welt zu reisen? Je länger ich nachdachte, desto mehr musste ich einräumen: Es hatte Warnsignale gegeben.

Da war jener Tag, an dem es mir gelungen war, meinen Prüfungstermin vorzuverlegen. Ich kam aus der Klinik, voller Freude und wollte Askar mit der guten Nachricht überraschen. Ich kochte Kaffee, deckte den Tisch und wartete. Irgendwann hatte ich so viel Kaffee getrunken, dass ich ganz zittrig war, und beschloss, in die Karibik-Bar zu fahren. Doch Askar war nicht dort, und weder Katharina noch Sonja noch einer der anwesenden Soldaten hatten ihn den Nachmittag über gesehen. Am Tresen saß Karin, ich bestellte eine Cola, und wir unterhielten uns. Ich erzählte, dass ich mit Askar nach Usbekistan fahren würde. Karin sah mich an. »Jana, überleg dir das«, sagte sie und zündete eine Zigarette an.

»Wieso?«, fragte ich. »Askar möchte, dass ich seine Familie kennen lerne. Und ich möchte das auch. Wenn ich weiß, woher er kommt, werde ich ihn besser verstehen.«

Karin schüttelte den Kopf. Auf eine unbestimmte Art machten mich ihre Worte, und mehr noch das, was sie nicht sagte, nervös. »Wovor willst du mich warnen?«, fragte ich.

»Hier weißt du, was du hast. In Russland kennst du dich nicht aus«, antwortete Karin. »Mehr sag ich dazu nicht.«

Mir fiel nichts ein, was ich hätte entgegnen können, und so schwiegen wir. Schließlich sagte ich: »Wir machen drei Wochen Urlaub. Was soll mir passieren?«

Karin trank ihren Kaffee aus. Ich wusste, dass sie auch mit einem Soldaten aus der Kommandantur befreundet war. Bald darauf verabschiedete sie sich. Ich zündete eine Zigarette an und beschloss, ebenfalls nach Hause zu fahren.

Da riss mich jemand an den Haaren.

Ich fuhr herum. »Aua, du tust mir weh!«

»Was machst du hier! Solltest du nicht zu Hause sein?«

»Lass mich los, du Idiot.«

»Nix Idiot!«

»Doch, du bist ein Idiot«, rief ich. »Ich hab dich überall gesucht, um dir zu sagen, dass ich meine Prüfung eher machen kann und dass wir zusammen zu deiner Familie fahren können. Den ganzen Nachmittag hab ich auf dich gewartet!« Wütend nahm ich meine Tasche und rannte hinaus.

Auf dem Marienplatz holte Askar mich ein. »Komm, ich fahre dich nach Hause.«

»Nicht nötig. Ich nehme die Straßenbahn.«

»Komm, Janka. Sei nicht so bockig. Es tut mir Leid, das wusste ich doch nicht.« Askar umarmte und küsste mich. »Mein Schatz, ich bin so froh, dass du mit mir fährst.«

Ich war wütend. Sprachlos. Überwältigt.

»Komm, Janka, lass uns nach Hause fahren.« Sanft bugsierte er mich zu seinem Auto. Widerstandslos ließ ich mich auf den Beifahrersitz sinken. »Ich liebe dich«, sagte Askar und sah mich an mit einem Blick, der mich in meiner Seele traf. »Ich liebe dich, wie ich noch nie eine Frau geliebt habe.«

»Aber du kannst mich nicht vor allen Leuten an den Haaren ziehen. Was sollen die denken?«

»Es tut mir Leid, Janka. Das war ein Ausrutscher. Es kommt nicht wieder vor.«

Am Ende erklärte ich mir Askars Ausrutscher, nicht ganz

ohne Stolz, mit seiner Eifersucht. Dieser Mann liebte mich mit Haut und Haaren, und wenn ich ehrlich war, waren es gerade seine Entschlossenheit und seine Kraft, die mich faszinierten. Seine Vitalität zog mich an, war elektrisierend und erotisch. Die selbstbewusste Art, mit der Askar völlig ohne Angst Menschen gegenübertrat und in jeder Situation das Richtige zu sagen wusste, hatte mir von Anfang an imponiert. Askar war kein Hanswurst, der nägelkauend in der Ecke saß, auf ewig zu schüchtern, eine Frau anzusprechen. Solche Duckmäuser interessierten mich nicht. Wie sollte mich so einer beschützen?

In den Tagen danach war Askar liebevoll, zuvorkommend und aufmerksam gewesen. Immer wieder hatte er mir versichert, wie sehr er sich auf unsere gemeinsame Reise freue.

Mein Gott, war ich naiv gewesen.

Warum hatte ich die Warnsignale nicht beachtet?

Ich hatte gehofft, mit Askar würde das Leben so, wie es mit Marco gewesen war. Ich hatte uns schon gesehen – verheiratet, in einem kleinen Häuschen, mit zwei Kindern. Das war mein größter Wunsch, an diesem Idyll klebte ich. Ich wollte nicht, dass irgendetwas daran kratzte; am wenigsten die Realität.

Sobald Askar mich in seine Arme schloss, war alles wieder gut.

Doch nun war gar nichts mehr gut.

Nun hatte ich Angst.

Im Hof hörte ich Stimmen, jemand rief meinen Namen. Schnell setzte ich meine Sonnenbrille auf. Kurz darauf klopfte es. Vor der Tür stand Malika, sie küsste mich auf beide Wangen. »Komm«, sagte sie, »Zakir ist auch da.«

Ich zauderte. »Mir ist nicht gut«, sagte ich.

»Was hast du?«, fragte Malika.

»Nicht Ernstes. Mir ist nur ein wenig flau.« Es wäre unhöflich, den Besuch nicht zumindest zu begrüßen, doch ich hatte Angst. Ich hatte Angst, Askar zu begegnen, Angst, dass jemand meine Verletzungen entdeckte, Angst davor, was dann geschehen würde. »Okay, ich komme gleich«, antwortete ich. »Ich ziehe mir nur eine frische Bluse an.«

Als ich in den Hof trat, war mein Auge überschminkt und verborgen hinter einer Sonnenbrille.

»Hallo Zakir. Schön, dich zu sehen.«

»Hallo Jana, wie geht's?« Zakir lachte und reichte mir die Hand. Meine Hand verschwand in seiner, sein Händedruck war kräftig. Dann verschwand das Lachen. »Was ist mit dir?«, fragte er.

»Nichts«, log ich und ging hinüber zum *Taht*. »Alles in Ordnung.« Ich spürte seinen Blick. »Wirklich.«

Zakir machte einen Schritt auf mich zu, nahm mein Gesicht in beide Hände, nahm mir die Sonnenbrille ab. »Das nennst du ›Alles in Ordnung‹?«

Im nächsten Augenblick lag ich in seinen Armen.

Als ich mich löste und mir die Tränen aus dem Gesicht wischte, sah ich die Hexe, sie stand nur wenige Schritte entfernt – ihr Blick eine unverhohlene Drohung.

»Wie ist das passiert?«, fragte Zakir.

Ich spürte den brennenden Blick der Hexe, doch dann brach in einem Schwall alles aus mir heraus – die Spannung, die Angst, die Demütigung, die Einsamkeit, die Sehnsucht. Ich redete wie getrieben, ohne Pause, auf Russisch, auf Deutsch, die Sätze stürzten durcheinander. Ich sah Malikas Blick, ich sah die Hexe, die Schwestern. Ich redete und redete. Ich fürchtete mich vor Askar, ich hoffte, Zakir würde mir helfen.

Als Askar nach Hause kam, nahm Zakir ihn zur Seite.

Bald entbrannte ein heftiger Streit. Lodernd stand Askar vor seinem Bruder, der ihn um mindestens einen Kopf überragte. Zakir sprach ruhig, doch Askar brüllte in einer Lautstärke, die mir Angst machte. Am Ende klopfte Zakir an die Tür des Vaters. Er sprach kurz mit dem alten Mann, und beide Brüder verschwanden in seinem Zimmer.

Ich saß auf dem *Taht*. Von Minute zu Minute wurde ich nervöser. Feruza reichte mir ein Glas mit süßem Tee. Der Löffel klapperte, als ich es entgegennahm. »Was haben sie gesagt?«, fragte ich.

»Ich weiß nicht, ich konnte es nicht hören.«

Aufgeregt pulte ich an den Häuten meiner Fingernägel. Einige bluteten. Ich kaute auf den Innenseiten meiner Wangen, biss ins Fleisch, bis ich den Schmerz kaum mehr ertrug. Ich versuchte, meine Angst und meine Aufregung zu übertönen. Ich freute mich, dass Askar zur Rechenschaft gezogen wurde, und ich fürchtete seine Rache.

»Zakir kennt ein paar Leute bei den Behörden«, sagte Malika. »Er wird sie anrufen. Vielleicht bekommt Askar dann sein Visum.« Mein Blick wanderte von Malika zu Feruza, von Feruza zu Malika. Ich war bereit, alles zu glauben, wenn es nur half, nach Hause zu kommen.

Eine Ewigkeit später öffnete sich die Tür.

Askar stürmte aus dem Zimmer, im nächsten Moment fiel krachend und scheppernd das Hoftor zu. Dann verließ Zakir das Zimmer des Vaters, durchquerte ruhigen Schrittes den Hof und ließ sich auf dem *Taht* nieder, mir vis-a-vis. Ich biss auf meine Wange. Auf meiner Zunge schmeckte ich Blut.

»Askar hat vor den Augen unseres Vaters auf den Koran geschworen, dich nicht mehr zu schlagen und dich nach Moskau zu bringen«, sagte Zakir.

Wie ein Kind fiel ich meinem Retter um den Hals.

Etwas abseits stand die Hexe. Augen wie Messer.

»Aber warum nach Moskau?«, fragte ich atemlos.

»Askar bekommt kein Visum. Er kann nicht nach Deutschland. Aber er wird dich nach Moskau bringen, dort habe ich Freunde, die werden euch weiterhelfen.«

Ich jubelte. Ich war nicht mehr allein, ich hatte einen Verbündeten, jemanden, der mich beschützte und mir half, nach Hause zu kommen. Tausend Fragen jagten mir durch den Kopf; ich traute mich nicht, sie zu stellen. Alles würde gut. Ich weinte, diesmal vor Freude und Aufregung. »*Spasibo*, Zakir. Danke!«

Am Abend zog ich die Matratze in den Hof und legte sie auf den Boden unter dem Fenster. Von nun an würde ich draußen schlafen. Es war die einzige Möglichkeit, Askars Zudringlichkeiten zu unterbinden. Die Hexe schlief ebenfalls draußen, auf dem *Taht*; ihre bösen Blicke nahm ich in Kauf.

»Was soll das?«, fragte Askar, als er in der Nacht nach Hause kam.

»Im Zimmer ist es so warm«, antwortete ich. »Draußen schlafe ich besser.«

Drei Tage später kam Zakir. In der Hand hielt er zwei Flugscheine.

»Ihr werdet von Taschkent nach Leningrad fliegen und von dort weiter nach Moskau. Übermorgen geht es los, ich hole euch ab und fahre euch zum Flughafen.«

Ich fiel ihm um den Hals.

Zakir reichte Askar die Tickets. Askar zuckte zurück, als habe man ihm glühende Eisen in die Hand gedrückt. Den

Blick auf seinen kleinen Bruder geheftet, fügte Zakir hinzu: »Sollte Askar sich schlecht benehmen, zögere nicht, mir Bescheid zu sagen, Jana.«

Erleichtert und glücklich lief ich ins Zimmer und begann zu packen. Stopfte meine Zeitungen in die Reisetasche, meine Jeans, meine T-Shirts und Blusen, den Bademantel. Ich hätte sofort abreisen können.

Wann immer ich nun der Hexe begegnete, lachte ich ihr ins Gesicht. Ich lachte die Schwestern an, lachte sie aus. Ich war unbeschreiblich froh. Ich zählte die Sekunden, bis ich diesen elenden Ort verlassen konnte.

Askar sah ich nur selten.

Wie versprochen holte Zakir uns ab. Wieder hielt er mir die Autotür auf, ganz selbstverständlich. In seinen Augen war ich ein Gast, den man zuvorkommend behandelte, weil die Gastfreundschaft das gebot. Ich stieg in den Fond; ich wollte Askar nicht brüskieren.

Als wir aus dem Dorf fuhren, sah ich den Schuhmacher, wieder saß auf dem *Taht* vor seinem Haus und nähte einen Schuh. Nebenan auf dem Markt feilschten Frauen mit Kopftüchern um Preise für Melonen. Überall standen Männer in kleinen Gruppen und rauchten, Kinder liefen umher. Einen Moment lang war ich überrascht, so viele Menschen zu sehen.

Wir fuhren durch die weite, staubige Landschaft. Ab und zu sah Zakir in den Rückspiegel und fragte: »*Wsjo w porjadkje?* – Alles in Ordnung?«

»Ja«, sagte ich. »Ja, alles in Ordnung.«

Askar sprach kaum ein Wort. Er hatte seinen rechten Arm gegen das Fenster gelehnt und den Kopf auf die Hand gestützt, manchmal schien er einzunicken, doch mit einem

Zucken wachte er jedes Mal wieder auf, sobald sein Arm wegrutschte. Als ich in der Ferne die ersten Häuser sah, schlug mein Herz laut wie ein Presslufthammer. Als der Lada die Auffahrt zum Flughafen hochfuhr, hatte ich das Gefühl, beinahe schon zu Hause zu sein.

»Viktor wird euch in Moskau abholen. Er weiß Bescheid«, sagte Zakir, als wir uns in der Halle verabschiedeten. Ich wollte ihn umarmen, stattdessen reichte Zakir mir die Hand und sagte: »Gute Reise, Jana. Du wirst sehen: Alles wird gut.«

»Danke, Zakir. Ich weiß gar nicht, wie ich dir danken soll.«

»Ist schon in Ordnung.«

Als wir die Absperrung passierten, fühlte sich mein Bauch seltsam hohl an. Ich versuchte, mich zu beruhigen. Sollte Askar seinen Schwur brechen, würde Zakir es erfahren. Ich war noch immer geschützt.

Wir durchquerten die Halle und suchten unseren Schalter. Ein Sicherheitsbeamter tastete mich von oben bis unten ab. Mir war, als würde er mich in aller Öffentlichkeit ausziehen, doch weder Askar noch einer der Umstehenden verlor darüber ein Wort. Ich war froh, als ich im Flugzeug saß. Ich war noch nie geflogen und sehr aufgeregt. Eine Stewardess zeigte uns, wie man den Gurt anlegte. Als das Flugzeug sich in Bewegung setzte, starrte ich aufs Rollfeld, als die Maschine abhob, krallte ich die Finger in die Armlehne. Dann schloss ich die Augen.

Ich erwachte, kurz bevor wir in Leningrad ankamen.

Als der Pilot zur Landung ansetzte, ging ein Ruck durch meinen Bauch wie in einer Achterbahn, und meine Ohren schmerzten. Zum ersten Mal erlebte ich, was ich nur vom Hörensagen gekannt hatte. Eine Stewardess verteilte Kaugummis, und ich nahm eines und kaute, um den Druck auszugleichen. Das Fliegen war ein berauschendes Erlebnis; ich beschloss, es unter besseren Bedingungen möglichst bald zu wiederholen.

Im Terminal wimmelte es von Menschen. Ich sah Frauen, die Hosen trugen. Frauen mit blonden Haaren. Pärchen, die sich umarmten. Niemand starrte mich mehr an. Alle Menschen sprachen Russisch. Ich fühlte mich, als käme ich nach langer Verbannung wieder in der Heimat an.

Ich sah Läden, in denen es Coca-Cola zu kaufen gab und West-Zigaretten, und mein Herz machte einen Satz. Ich hatte nicht gewusst, wie sehr ich mich in der kurzen Zeit seit der Wende an all die West-Produkte gewöhnt hatte. Die Aussicht, bald nicht mehr von *Plow* und Fladenbrot, von Wasser, Tee oder staubigem Mokka leben zu müssen, machte mich geradezu euphorisch. Bald würde ich baden! Bald gäbe es wieder richtige Toiletten! Die erste Wasserspülung, die ich hören würde, sie würde ein Konzert sein, ein einziger Luxus. Ich würde mir ein Spiegelei braten. Ich würde meine Wäsche in der elektrischen Waschmaschine waschen.

In Gedanken war ich längst zu Hause, während ich schweigend neben Askar saß und auf den Anschlussflug wartete. Auch Askar würde ich bald nicht mehr sehen. Ich überlegte sogar, in Greifswald zur russischen Kommandantur zu gehen und den Obersten von seinem Verhalten zu berichten. Vielleicht konnte ich erwirken, dass er kein Visum mehr bekam.

Irgendwann stand Askar auf und ging fort. Es machte mir nichts aus. Ein paar Minuten später kehrte er zu meiner Überraschung mit zwei Brötchen in der Hand zurück. »Iss, Janka«, sagte er, »du musst hungrig sein.« Ich stellte keine

Fragen. Ich war tatsächlich hungrig. Als unser Flug aufgerufen wurde, streichelte Askar meinen Arm. »Komm, Janka.«

Während des Flugs dachte ich über Askars Verhalten nach. Er schien sich unterschiedlichen Lebensgewohnheiten anzupassen wie ein Chamäleon. Je weiter wir Richtung Osten gereist waren, umso patriarchalischer und liebloser war sein Verhalten geworden. Kaum flogen wir Richtung Westen, passte er sich der modernen westlichen Lebensweise an. Ich selbst kannte solche Unterschiede nicht; wenn ich einen Menschen liebte, zeigte ich ihm das überall auf der Welt.

Nach der Ankunft warteten wir in der Flughafenhalle auf unser Gepäck. Ich schaute mich um, ich konnte mich kaum satt sehen. Ich war überglücklich, endlich wieder unter Menschen zu sein, die waren wie ich.

»Ihr müsst Askar und Jana sein«, sagte eine Stimme. Ich drehte mich um. Ich hatte keine Vorstellung davon gehabt, wie Viktor aussehen könnte, doch war ich davon ausgegangen, dass er ein Russe wäre.

Vor mir stand ein Usbeke.

Mit schwarzen Haaren und schmalen Augen.

Er lächelte und sagte: »Ich bin Viktor.« Er drückte meine Hand und nahm meine Reisetasche. Aufmerksam beobachtete ich, wie Askar und Viktor einander begrüßten. Ihre Zurückhaltung ließ mich vermuten, dass sie einander nicht kannten.

Ich folgte den beiden Männern.

Draußen war es bereits dunkel. Wir stiegen in einen Lada; automatisch setzte ich mich in den Fond. Noch im fahlen Licht der wenigen Straßenlaternen fand ich Moskau so viel schöner als Usbekistan mit seinen staubigen Straßen und den Häusern hinter scheppernden Garagentoren. Viktor und Askar sprachen Usbekisch miteinander, bis Viktor darauf bestand, in meiner Gegenwart nur noch Russisch zu sprechen.

Vor einem Mehrfamilienhaus parkte Viktor. Wir stiegen die Treppen hinauf in den zweiten Stock, eine Frau öffnete und sagte: »Hallo, ich bin Nina. Kommt herein, ihr müsst müde sein.« Ich atmete auf. Nina hatte kurze, blonde Haare, sie trug Hosen und ein Sweatshirt. Sie gab Viktor einen Kuss und reichte Askar und mir die Hand. Ich hatte erwartet, eine Frau mit Kopftuch und in langen Röcken anzutreffen.

Die Wohnung war klein, sie hatte drei Zimmer, von denen eines ein Durchgangszimmer war. Nina führte uns in einen Raum, der eindeutig ihr Schlafzimmer war. »Wo schlaft ihr?«, fragte ich.

»Bei den Kindern.« Es rührte mich, dass Nina und Viktor ihr Schlafzimmer fremden Leuten zur Verfügung stellten.

»Willst du die beiden sehen?«, fragte Nina. »Sie schlafen schon.«

Ich nickte. Nina nahm meine Hand, und ich folgte ihr ans andere Ende der Wohnung. Im Schein einer kleinen Lampe sah ich ein Mädchen, es hatte lange schwarze Haare und schlief mit einem Teddy im Arm.

»Das ist Natalya«, sagte Nina.

»Wie niedlich ...«

»Und das ist Valerij.« Der Junge war etwas jünger als seine Schwester und ein Abbild seiner Mutter.

»Wie goldig.«

»Möchtest du auch einmal Kinder haben?«, fragte Nina.

»Unbedingt.«

Nina deckte ihren schlafenden Sohn zu, und ich strich über sein blondes Haar. »Komm«, sagte sie, »lass uns noch etwas trinken, bevor wir auch ins Bett gehen.«

Wir tranken Wodka, und ich erzählte ein wenig von der Reise. Nina lachte viel. Viktor war stiller. Mir fiel auf, dass er Askar gegenüber sehr zurückhaltend war; als habe Zakir ihn gewarnt. Aber vielleicht dachte ich das nur, weil ich es mir insgeheim wünschte.

Als wir uns kurz darauf schlafen legten, hüllte ich mich fest in meine Decke und wandte Askar den Rücken zu.

Kinderstimmen weckten mich.

»Kaffee«, krähte Valerij.

»Aufstehen«, rief Natalya und zog an meiner Bettdecke.

Askar blieb im Bett. Ich verbrachte den Tag mit Nina und den Kindern. Ich erzählte von zu Hause, von Mutter, von meinem Examen. Nina hörte interessiert zu, fragte nach. Ich mochte sie. Ich vertraute ihr, sie war mir so nahe wie eine gute Freundin. Die kleine Natalya half ihrer Mutter im Haushalt, trocknete ab und fegte. Das Mädchen hatte einen unglaublichen Charme. Wenn ich einmal ein Kind habe, dachte ich, dann bitte ein Mädchen wie Natalya.

Als Viktor nachmittags nach Hause kam, fuhren wir gemeinsam zum Roten Platz.

Aus Greifswald kannte ich die Straßenbahn, deren Wagons vor allem vor der Wende manchmal recht schäbig ausgesehen hatten. Die Moskauer Metro war dagegen von atemberaubender Pracht. Kronleuchter, Stuckarbeiten, bunte Glasfenster und immer wieder an Decken und Wänden Mosaike, die Begebenheiten der russischen Geschichte dokumentierten. Als wir am Revolutionsplatz ausstiegen und auf den Roten Platz traten, verschlug es mir ein weiteres

Mal die Sprache. Natürlich hatten wir in der Schule Bilder vom Kreml gesehen. Die Lehrer hatten uns erzählt, welche Schätze noch heute im ehemaligen Sitz des Zaren lagern, in der Rüst- und der Schatzkammer. Seit ich denken konnte, hatte ich die sowjetischen Militärparaden gesehen, die bei zahlreichen Gelegenheiten vor dem Kreml stattfanden. Nun leibhaftig auf diesem Platz zu stehen, war erhebend, faszinierend. Ich bestaunte die Paläste, die Kuppeln, die Spitzen der Türme, die Zwiebeltürme der Basiliuskathedrale, die Iwan der Schreckliche hatte erbauen lassen. Vor dem Eingang standen Soldaten Wache. Wir gingen dicht an ihnen vorbei. »Die gucken ja völlig ungerührt. Wie Statuen«, kicherte ich.

»Sie dürfen nicht reden«, sagte Viktor.

»Das wollen wir doch mal sehen!« Ich schnitt Grimassen und erzählte Witze. Ich war völlig aufgekratzt. Nina lachte, und Viktor grinste. Die Soldaten behielten ihre Statuengesichter. Auch Askar verzog keine Miene.

»Dort drüben ist das Lenin-Mausoleum«, sagte Nina.

»Da liegen sie alle«, unkte Viktor. »Lenin, Stalin, Breschnjew, Gagarin ...«

»Aber die Warteschlange ist ewig lang«, sagte ich. »Außerdem ist das Wetter viel zu schön, um Leichen anzugucken. Was ist das da drüben?«

»Das GUM«, sagte Nina. »Ein Kaufhaus. Das größte in der ganzen Sowjetunion.«

»Lasst uns hineingehen.« Von außen glich das Gebäude einem Palast. Drinnen reihte sich unter einer mächtigen gläsernen Kuppel ein Laden an den anderen. Doch gab es kaum etwas zu kaufen. Die meisten Regale waren leer. Das Fleisch in der Auslage sah so zweifelhaft aus, dass ich es niemals gegessen hätte. In einem Ständer stapelten sich unzählige Wollknäuel, in zwei verschiedenen Farben. Die ganze Atmosphäre war noch elender, als ich es aus der DDR kannte.

Wir kamen an einem Spielzeuggeschäft vorbei, und natürlich waren Natalya und Valerij nicht zu halten. Sie stürzten auf ein Auto zu, einen Lastwagen aus Holz, so groß, dass beide hineinklettern konnten. Aufgeregt fuhren sie zwischen den Regalreihen herum. Valerij juchzte jedes Mal, wenn er sich mit seinen kurzen Beinen vom Boden abstieß. Natalyas Augen leuchteten. Dann nahm Nina ihre Kinder an der Hand. Halblaut sagte sie etwas; intuitiv begriff ich, dass sie ihren Kindern erklärte, dass sie kein Geld für Spielzeug hätten.

Am Abend sprach ich mit Askar. Ich wusste nicht, wie viel von meinem Geld noch übrig war, doch war es mir ein Bedürfnis, Natalya und Valerij dieses Auto zu schenken. Ich wollte mich bei ihren Eltern für ihre Gastfreundschaft und Unterstützung bedanken. Ich war überrascht, dass Askar meinen Vorschlag nicht rundweg ablehnte. Er hörte zu und versprach, am nächsten Tag in das Kaufhaus zu gehen und den Lastwagen zu kaufen. Ich gab ihm einen Kuss. Doch als er später, nachdem wir ins Bett gegangen waren, seine Hand auf meinen Bauch legte, schob ich sie beiseite.

»Nein, Askar. Ich will nicht.«

Schweigend drehte er sich um.

Am Abend des dritten Tages erkundigte Viktor sich nach unseren Reiseplänen. »Wisst ihr schon, wann ein Zug fährt?« Ich zuckte mit den Schultern; ich war davon ausgegangen, dass Zakir mit Askar gesprochen und ihn instruiert hatte. Fragend richteten sich alle Blicke auf Askar. Er starrte aus dem Fenster.

»Morgen gehen wir zum Bahnhof«, sagte er. Und zündete eine Zigarette an.

Ich nahm das Päckchen und bot Nina und Viktor eine Zigarette an. Ich war zufrieden, geradezu stolz, dass ich Askar dazu gebracht hatte, ein Geschenk für die Kinder zu kaufen; doch ich traute mich nicht, ihn zu fragen, wo er in den vergangenen beiden Tagen gewesen war. Ich war froh, als Nina das tat.

»Ich war spazieren«, antwortete Askar. Und schwieg.

Viktor sah Nina an, Nina sah mich an, ich sah Viktor an.

Dann holte Nina eine Flasche Wodka aus der Küche. Mir war etwas übel, doch ich wollte kein Spielverderber sein.

»Weißt du, wie man richtig Wodka trinkt?«, fragte Nina.

»Mund auf und runterschlucken?« Ich kicherte.

»Zeig es ihr, Viktor.«

Viktor stand auf, schenkte zwei kleine Wassergläser randvoll und stellte sich in Positur. »Du winkelst den Arm an. Schau, so ...«

Ich winkelte den Arm an.

»Du nimmst dein Glas ...«

Ich nahm mein Glas.

»Du atmest tief ein, hältst die Luft an und trinkst das Glas in einem Zug leer.«

Ich atmete tief ein, hielt die Luft an und trank das Glas in einem Zug leer. Einen Moment lang rang ich um Atem. Dann schossen mir die Tränen in die Augen.

»Wenn du ausgetrunken hast, stellst du das Glas mit einem Ruck auf den Tisch.«

Ich stellte mein Glas auf den Tisch, mit einem leisen Klackern. Meine Kehle brannte wie ein Buschfeuer.

»Na, gleich nochmal üben ...?« Viktor grinste. Nina hielt ihr Glas hin. Ich ebenfalls.

»Auf die Freundschaft!«, keuchte ich.

»Auf die Gesundheit!«, sagte Viktor.

»Za zdorowje!«, sagte Nina.

Askar trank, doch er schwieg beharrlich. Ich stand auf und setzte mich aufs Sofa, zwischen Nina und Viktor. Wir lachten, amüsierten uns und nahmen ihn kaum zur Kenntnis.

Am Nachmittag fuhren Askar und ich zum Bahnhof.

Askar ging zielstrebig auf einen Schalter zu. »Eine Fahrkarte nach Deutschland«, sagte er.

Die Antwort war schallendes Gelächter.

»Nee, junger Mann. Fahrkarten nach Deutschland gibt's hier nicht. Fahrkarten ins Ausland gibt's dort drüben ...« Die Frau wies mit ihrem pink lackierten Fingernagel auf einen Pulk von Menschen.

Ungläubig starrte ich auf die Menge, auf die Frau, auf Askar. »Sie meinen ...«

»Ich meine, Schätzchen, dass ihr euch da drüben anstellt. Und wartet. So, wie das hier alle machen.« Dann klappte sie ihren Schalter zu.

Langsam, wie von einer fremden Hand geschoben, ging ich auf den Menschenpulk zu. Die Szenerie erinnerte an einen Bazar. Etwa dreihundert Männer und Frauen drängelten durcheinander, schoben sich, stießen sich gegenseitig die Ellenbogen in die Rippen. Als drohe morgen der große Hunger, dachte ich entsetzt.

Wir schoben uns durch die Menge und drängelten uns schließlich zu einem Mann vor. In einer Hand hielt er ein Buch, aus dem mehrere lose Zettel ragten. Zwischen seinen Lippen steckte ein Bleistift, der Mann murmelte etwas Unverständliches, und als er seinen Stift aus dem Mund nahm, lief eine schmale Spuckespur an seinem Finger entlang.

»Wenn Sie eine Fahrkarte wollen, stellen Sie sich an«, schnauzte der Mann.

»Wo denn?« Ich konnte keine Schlange ausmachen, überall standen Menschen und warteten.

»Da hinten.« Er zeigte in Richtung einer Säule.

Mit Tränen in den Augen ging ich auf die Säule zu.

»Lass uns morgen wiederkommen«, sagte Askar. »Ganz früh, damit wir die Ersten sind.« Ich nickte.

Wir fuhren nach Hause.

Nina saß in der Küche und half Natalya bei den Schularbeiten.

»Wie siehst du denn aus?«, fragte sie.

Ich ließ mich auf einen Stuhl sinken und erzählte, was geschehen war. »Ich komme nicht nach Hause«, schluchzte ich. »Aber ich muss doch nach Hause. Ich bekomme doch mein Examenszeugnis.«

»Wir werden mit Viktor reden.«

Ich fuhr mir mit dem Ärmel meiner Bluse durchs Gesicht.

Ich hatte es mir so einfach vorgestellt. Froh, dem Gefängnis entflohen zu sein, hatte ich erwartet, dass wenn ich erst einmal in Moskau wäre, bei Zakirs Freunden, jemand innerhalb von ein, zwei Tagen eine Fahrkarte nach Greifswald besorgen würde, ich würde in den Zug steigen, noch einmal winken und nach Hause fahren.

»Komm, trink einen Schluck«, sagte Nina und schenkte mir ein Glas Wodka ein. Ich trank. Mir war übel, die Aufregung schlug mir auf den Magen.

»Ich muss nach Hause«, sagte ich leise. »Ich will weg von Askar. Er hat mich geschlagen, er ist ein Schwein.«

Nina bat Natalya, sich vor dem Essen die Hände zu waschen.

»Viktors Familie lebt auch in Usbekistan«, sagte sie, als das Mädchen gegangen war. »Wir waren schon öfter zu Besuch dort. Die Eltern legen auch Wert auf moslemische Traditionen, aber sie respektieren, dass ich in Moskau aufgewachsen bin und über manche Dinge anders denke.«

Ich zog die Nase hoch. »Askars Mutter ist eine Hexe. Sie hat mich ignoriert und mich behandelt wie ein Stück Dreck. Die Schwestern sind alberne Hühner, kichern den ganzen Tag und sprechen nicht einmal Russisch. Und der Vater tyrannisiert die gesamte Familie, obwohl er sich kaum blicken lässt, haben alle Angst vor ihm. Seine Töchter bedienen ihn. Wenn der Alte doch einmal aus seinem Zimmer kommt, geht er an seiner Frau vorbei, als wäre sie Luft. Kein einziges Mal habe ich erlebt, dass er sie in den Arm genommen hätte, keine einzige zärtliche Geste, nichts.«

»Moslems tauschen keine Zärtlichkeiten in der Öffentlichkeit aus«, sagte Nina.

»Warum nicht? Wenn man sich liebt, kann man das doch zeigen.«

Nina schwieg und schenkte Wodka nach.

»Wie kannst du mit einem moslemischen Mann zusammenleben, wenn du in Moskau aufgewachsen bist?«, fragte ich.

»Ich liebe ihn, ganz einfach. Und Viktor liebt mich.« Nina lachte. »Ansonsten ist es bei uns wie in jeder Ehe. Man muss miteinander reden und Kompromisse schließen.«

Ich trank einen Schluck Wodka. Die Wärme im Bauch tat gut.

»Wir haben vor ein paar Jahren überlegt, ob wir zu Viktors Eltern ziehen«, sagte Nina und strich sich die Haare aus dem Gesicht. »Sie sind alt, und Viktors Vater ist krank. Am Ende haben wir uns entschieden, in Moskau zu bleiben.

Viktor meinte, ich würde mich in Usbekistan nicht wohl fühlen, und wahrscheinlich hatte er damit auch Recht. Außerdem habe ich viele Freunde hier, an denen ich sehr hänge.«

Nina stand auf. Aus einem Schrank nahm sie einen Kohlkopf und einen Becher mit etwas, das aussah wie Jogurt. Ich sah zu, wie sie das Abendessen zubereitete. Nina war stark, sie wusste sich durchzusetzen. Sie ging auch mit Askar viel bestimmter um. Ich trank einen Schluck Wodka. Ein wenig bewunderte ich sie.

Das Licht war nebelgrau, und die Luft roch nach Regen, als Askar und ich wieder zum Bahnhof fuhren; es warteten genauso viele Leute vor dem Fahrkartenschalter wie am Vortag.

Am liebsten hätte ich losgeheult.

Askar und ich reihten uns in die Schlange ein oder das, was wir dafür hielten. Von allen Seiten drängelten sich einzelne Männer oder Frauen vor und bestürmten die Männer, die die Wartelisten führten. Nervös biss ich auf den Innenseiten meiner Wangen herum und rauchte eine Zigarette nach der anderen. Ich sagte kaum etwas, Askar redete noch weniger. Nach zwei Stunden standen wir vor einem kleinen, blonden Mann. Er trug ein gestreiftes Hemd, unter seinen Armen zeichneten sich riesige Schweißflecken ab. Er stank.

»Eine Fahrkarte nach Deutschland«, sagte Askar.

»Nach Deutschland?«, schnaubte der Mann. Ich war mir nicht sicher, ob er uns auslachte. »Wohin denn da?«

»Nach Greifswald«, sagte ich, kaum hörbar.

Der Mann blätterte in seinem Buch. Über mehrere Seiten hatte er endlos viele Namen notiert. »Ich kann Sie auf die Warteliste setzen. Sie wären dann auf Platz 312.« Fragend sah er Askar an. Ich starrte auf das Buch, den Mann, die Schweißflecken unter seinen Achseln. Mein Mund öffnete sich, doch es kamen keine Worte, die Worte waren weg, weit weg, unerreichbar.

»Wie lange«, stammelte ich schließlich, »dauert es, bis ich eine Fahrkarte bekomme?«

»Das kann ich Ihnen nicht sagen, Fräuleinchen. Kann ’ne Weile dauern.« In dem Moment floss auch das restliche Leben aus mir. Jemand hatte einen Stöpsel gezogen. Ich starrte auf die Seiten voller Namen und fing an zu weinen.

»Na, was ist nun?«, fragte der Mann.

Niemals würde ich nach Deutschland kommen.

Askar sah mich an. Er grinste.

Was tat ich hier noch? Es war aussichtslos.

Ich schüttelte den Kopf und ging.

Ein Traum fiel mir ein.

Ein Mann schlug ein Kind. Eine Frau ging dazwischen. »Warum schlagen Sie das Kind?«, rief sie. »Was hat es Ihnen getan?«

»Es war nicht artig. Es hat einen Apfel gegessen, das ist verboten.«

»Es ist ein Kind.«

»Es kann nicht jeder tun, was er will. Es gibt in unserem Land nicht viele Äpfel.«

»Aber es ist ein Kind.«

»Es braucht seine Strafe.«

»Es ist ein Kind!«

»Es wird mir eines Tages dankbar sein.«

»Sie sind ein Sadist.«

»Nein, ich schaffe Ordnung.«

Wir verließen den Bahnhof. Mechanisch ging ich neben Askar her, ich fror. Die Gedanken klebten in den Hirnwindungen, bewegten sich nicht vor, nicht zurück, meine Gliedmaßen waren taub, eine totengleiche Starre breitete sich aus, drang bis in die letzten Winkel meines Körpers, meiner Seele. Wozu sollte ich mich auf die Warteliste setzen lassen? Es würde Wochen dauern, bis ich, wenn überhaupt, eine Fahrkarte bekäme. Wenn ich eines Tages auf einen der vorderen Platz vorgerückt wäre, wäre meine Examensfeier längst vorbei. Ich hatte bereits jetzt keinen Urlaub mehr. Ich würde meinen Job verlieren. Diese Sowjetunion war wie die DDR, schlimmer noch. Ein paar Leute verwalteten die Bestände, und jeder war ihnen ausgeliefert, war ihrer Willkür ausgeliefert, dem Elend, dem Mangel.

Was konnte ich da bewirken?

Außerdem konnten wir unmöglich länger bei Nina und Viktor wohnen. Sie schränkten sich sehr ein, um uns zu beherbergen. Ich hatte längst ein schlechtes Gewissen.

»Ich muss zurück nach Usbekistan. Ich muss mich um mein Visum kümmern«, sagte Askar und winkte ein Taxi herbei.

Verschwommen nahm ich wahr, wie der Taxifahrer an der Außenmauer des Kreml entlangfuhr. Ich putzte mir die Nase.

Es war aussichtslos.

Und diese Aussichtslosigkeit war erdrückend.

»Lass uns nach Usbekistan zurückkehren«, sagte Askar. »Es kann nicht mehr lange dauern, bis ich mein Visum bekomme. Dann fliegen wir zusammen von Taschkent aus nach Deutschland.«

Ich nickte.

11. KAPITEL

Als ich dieses Mal durch das Tor trat, war mir, als würde ich mein Todesurteil unterschreiben. Wortlos folgte ich Askar, wie ein Schaf seinem Schlächter; doch ich wusste mir nicht zu helfen.

Askars Mutter stürzte auf ihren Sohn zu, umarmte ihn, fuhr sich zahllose Male mit beiden Händen durchs Gesicht und stieß gellende Begrüßungsschreie aus, die durch die Luft jagten wie Hornissen: »Askaaar!« Dann wandte sie sich mir zu, musterte mich von Kopf bis Fuß mit ihren schwarzen Hexenaugen. Ich senkte den Blick. Gern wäre ich unsichtbar gewesen. Ich fühlte mich, als sei ich selbst schuld, wieder hier zu sein, als trüge ich die Verantwortung dafür, dass wir keine Fahrkarte nach Deutschland bekommen hatten. Die Schwestern liefen aufgeregt umher und kicherten.

Ich kannte meine Zelle, und so ging ich ins Zimmer.

Verblüfft sah ich mich um. Jemand hatte aufgeräumt, der Teppich war sauber, die Matratze nirgends zu sehen. Es war, als wäre nie ein Gast in diesem Raum gewesen. Jemand hatte sehr gründlich alle Spuren meiner Existenz beseitigt. Ich wunderte mich, dass mich das so berührte.

Ich stellte meine Tasche ab und legte mich aufs Bett.

Draußen im Hof verschwammen die Stimmen.

Ich weinte.

Das alte Gefühl der Leere griff nach mir wie eine Krake, die mich in ihren Schlund zog.

Ich verließ das Zimmer nur, wenn es unbedingt nötig war, ging allen aus dem Weg, wann immer es möglich war, und mied die gemeinsamen Essen. Ich wollte nicht hören, wie sie verstummten, wenn ich kam, wollte ihre Blicke nicht spüren, ihre Verachtung, ihre Kälte. Ich mochte sie nicht, und das verziehen sie nicht. Ich hatte versucht, ihrer engen, primitiven Welt, dem Zwang, der Gewalt, der Kontrolle zu entfliehen. Auch das verziehen sie nicht. Bis Moskau war ich gekommen, weiter hatte ich es nicht geschafft. Ich hatte mein Gesicht verloren. Das ließen sie mich spüren.

Auch ich verachtete mich dafür.

Yomon.

Ich zog mich zurück, baute eine Mauer um mich, machte mich unerreichbar. Nur in den Nächten war ich wehrlos. Askars Schadenfreude und Häme schlugen mir unverhohlen entgegen. In Moskau hatte ich mich beschützt gefühlt, von Zakir, von Viktor, von Nina; nun rächte er sich. Das Machtgleichgewicht hatte sich wieder verschoben. Askar verfügte über mich, ich ließ es geschehen. Nichts fürchtete ich mehr als seine Ausbrüche.

Die Spannung war immens, die Stimmung erdrückend.

Doch ich weinte nur, wenn ich allein war. Niemand sollte sehen, wie erniedrigt ich mich fühlte. Sie wussten es ohnehin, alle. Ich weigerte mich, meine Tasche auszupacken. Ich wollte mich nicht einrichten. Doch ich hatte keine Ahnung, wie ich jemals hier wegkommen könnte.

Meine ganze Hoffnung konzentrierte sich allein auf Zakir.

Es dauerte einige Tage, dann hörte ich Zakirs Stimme im Hof. Ich rannte hinaus, stürzte in seine Arme. »Es tut mir Leid! Du hast so viel für mich getan, und ich habe es nicht geschafft. Ich habe es nicht verstanden, die Chance zu nutzen. Bitte, Zakir, sei mir nicht böse.«

Sanft, aber bestimmt löste sich Zakir. Er nahm meine Hände in seine, sah mich an und sagte, nach Minuten, die mir wie eine Ewigkeit erschienen: »Wir versuchen es noch einmal.«

Auf diesen Satz hatte ich gehofft, hatte ihn ersehnt.

Irgendwo am Horizont ging ein Licht auf.

Wir gingen hinüber und setzten uns auf den *Taht*, Feruza reichte uns Tee. Zum ersten Mal seit meiner Rückkehr saß ich wieder im Kreis der Familie, doch sofort blendete ich sie aus, all meine Aufmerksamkeit konzentrierte sich auf Zakir. Ich klebte an seinen Lippen.

»Wir werden noch einmal zu den Behörden gehen, und diesmal werde ich Askar begleiten, wenn er nach seinem Visum fragt. Vielleicht solltest du auch mitkommen. Du könntest sagen, du seist schwanger. Als deutsche Staatsbürgerin möchtest du dein Kind in Deutschland zur Welt bringen – Askar als der werdende Vater muss dich begleiten.« Askar löffelte Zucker in seinen Tee. Sein Gesicht wirkte vollkommen unbeteiligt. »Vielleicht erreichen wir so etwas«, sagte Zakir.

Eine Weile sprachen wir über diesen Plan, dann erkundigte Zakir sich nach Viktor und Nina und Valerij und Natalya. Askar hörte zu, sagte kaum ein Wort und erweckte den Eindruck, als ginge ihn all das gar nichts an.

Da war ein Mann. Sie nannten ihn den »Heizer«, denn er hatte sein Simson-Moped, seine »Schwalbe«, so lange umgebaut und aufgerüstet, dass er allen davonfuhr. Eines

Abends an der Bushaltestelle passte er mich ab. Er folgte mir, zu Fuß diesmal, ohne Motorrad. »Komm mit, Jana«, lockte er, »du wirst es nicht bereuen.«

Ich lachte. »Was willst du mir denn versprechen?«

Doch insgeheim hatte ich Angst. Der Heizer war groß und kräftig. Ich lief die Gadebuscher Straße hinauf, die Willi-Schröder-Straße entlang, und bog in die Artur-Becker-Straße. Der Heizer folgte mir. Irgendwann nahm ich meinen Mut zusammmen, blieb stehen und brüllte: »Hau ab, Heizer! Ich habe einen Freund, und zu dem gehe ich jetzt.«

Der Heizer lachte nur.

Er folgte mir bis vor die Haustür. Nur weil Schomanns gerade mit ihren drei Kindern zur Haustür herauskamen, gelang es mir, ihn abzuhängen. Ich rannte die Treppen hoch. Als ich atemlos die Wohnungstür aufschloss, fragte Marco: »Was ist los?«

Ich erzählte ihm, dass der Heizer mich verfolgt hatte.

Marco drehte sich auf dem Absatz um und lief die Treppen hinunter. Der Heizer stand immer noch vor der Haustür. Vom Küchenfenster aus sah ich zu, wie sich mein Freund vor meinem Verfolger aufbaute. »Ich lasse mir nichts wegnehmen, schon gar nicht meine Freundin«, rief er. Und schlug dem Heizer mitten ins Gesicht. Ich schloss das Küchenfenster. Ich war glücklich. Mein Freund beschützte mich.

Marcos Liebe war unerschütterlich.

Ich wachte auf. Einsamer als je zuvor.

Ich wartete draußen, so war es abgemacht. Nervös pulte ich an meinen Fingernägeln. Immer wieder sah ich auf die Uhr.

Das Gebäude war schön, wenngleich etwas heruntergekommen. Der Anstrich von einem schmutzigen Beige, die Stufen der Treppe ausgetreten. Die Sonne brannte, nirgendwo war ein Fleck Schatten. Ich spürte, wie der Schweiß an den Innenseiten meiner Beine hinunterrann. Mein Kopf tat weh, und die Hitze schlug mir auf den Kreislauf. Eine Dreiviertelstunde war vergangen, seit Zakir und Askar hineingegangen waren. Ich atmete auf, als Zakir die Tür öffnete und winkte.

Ich lief die Stufen hinauf.

»Wir machen alles wie besprochen«, raunte er. Ich nickte und folgte ihm.

Der Mann saß hinter seinem Schreibtisch. Er musterte mich, schweigend, lange. Ich hielt seinem Blick stand und schwieg. Hinter ihm an der Wand hing ein Foto von Gorbatschow. Es gab kaum Mobiliar, nur einen Tisch, einen Stuhl, einen Schrank. Der Schreibtisch war penibel aufgeräumt. Alles war sehr sauber. Zakir erklärte dem Beamten, ich sei schwanger, müsse nach Hause, Askar solle mich begleiten, deswegen brauche er ein Visum. Der Mann sah mich an. Ich nickte. »Ja«, sagte ich auf Russisch, »wir bekommen ein Baby. Ich bin im vierten Monat. Ich muss dringend nach Hause. Wegen der Vorsorgeuntersuchungen, und weil ich sonst meine Arbeit verliere.« Ich staunte, wie fließend die Lügen über meine Lippen kamen.

Der Mann strich über sein öliges, schwarzes Haar. Es war sehr ordentlich gekämmt. Seine schmalen Augen musterten mich, streng. Sein blaues Hemd war akkurat gebügelt. Als könne ihm die Hitze nichts anhaben. Er schob einige Unterlagen auf seinem Schreibtisch hin und her. Er stellte Fragen. Zakir beantwortete sie, ruhig und höflich. Askar schwieg und trat gelegentlich von einem Bein aufs andere. Der Beamte blätterte in einer Mappe. Sein Gesicht war verschlossen. Entweder verstand er es, seine Regungen zu verbergen, oder er schien diesen Fall als nicht besonders dringlich und bewegend einzustufen. Irgendetwas gab mir das Gefühl, dass wir hier nicht weiterkämen.

Irgendwann bedeutete Zakir uns zu gehen.

Erst als wir im Auto saßen, erzählte Zakir, was vorgefallen war. Der Beamte hatte Askars Antrag auf ein Visum tatsächlich abgelehnt.

»Warum?«, rief ich.

»Er hat keinen Grund genannt.« Zakir sah auf die Straße, und als ich sein angespanntes Gesicht sah, wuchs meine Angst ins Bodenlose.

»Was machen wir jetzt?«, rief ich. »Was können wir denn noch tun? Ich muss doch nach Hause ...«

»Beruhige dich ...«

Zakir zündete eine Zigarette an. Schweigend rauchte er und steuerte den Lada durch den Ort. Ich hatte das Gefühl, dass er mir nicht die ganze Wahrheit gesagt hatte. Ich fragte mich, ob Askar sich etwas zu Schulden hatte kommen lassen, ob man ihn deshalb nicht nach Deutschland ließ. Gegenüber dem Beamten hatte er sich beinahe unterwürfig gezeigt. So kannte ich ihn gar nicht. Tausend Fragen tosten durch meinen Kopf. Ich traute mich nicht, auch nur eine zu stellen.

Ich hörte zu, wie Zakir und Askar sich auf Usbekisch unterhielten. Ich verstand kein Wort, doch ich war mir sicher, dass sie über wichtige Dinge sprachen. Je näher wir dem Dorf kamen, desto verzweifelter wurde ich. Lieber würde ich sterben, als hier zu bleiben. Doch die Angst, nicht nach Hause zu können, löste die Angst ab, mit Askar nach Deutschland reisen zu müssen. Am Ende wusste ich nicht, wovor ich mich mehr fürchtete.

Als Zakir uns vor dem Garagentor absetzte, fragte ich: »Und nun?«

»Abwarten, Jana.«

Liebe Mama,

ich schreibe dir aus Usbekistan, wo ich immer noch bin. Mach dir bitte keine Sorgen um mich, es geht mir so weit ganz gut. Aber ich möchte nach Hause und kann nicht, denn Askar hat kein Visum mehr. Er hatte mir nie etwas davon erzählt, erst drei Tage vor unserer geplanten Rückreise habe ich es zufällig erfahren.

Askar hat sich verändert, er ist überhaupt nicht mehr der Mann, den ich in Greifswald kannte. Er schlägt mich. Er hat meinen Pass und gibt ihn mir nicht wieder. Er behandelt mich, als wäre ich sein Eigentum, aber es scheint, als würden viele Männer hier so mit ihren Frauen umgehen. Es gibt Ausnahmen. Askars Brüder sind ganz anders – man glaubt gar nicht, dass die drei überhaupt Brüder sind! Außerdem tut Zakir alles, um mir zu helfen, hier rauszukommen. Manchmal kommt es mir vor, als habe er mein Problem zu seinem gemacht, so bemüht ist er. Trotzdem hat Askar immer noch kein Visum. Und die Zeit vergeht und vergeht.

Mama, kannst du nicht irgendetwas für mich tun? Ich hab solche Angst. Ich bereue sehr, dass ich nicht auf dich gehört habe. Ich hoffe, dieser Brief erreicht dich bald. Und mach dir bitte keine Sorgen.

Tausend Küsse und Grüße
deine Tochter Jana.

Im Traum steuerte ich das Auto über eine Brücke. Im Fond saßen Kinder, es waren meine Kinder. Plötzlich ließ sich der Wagen nicht mehr lenken, und wir stürzten in den Fluss.

Nun stand ich am Ufer und sah mir zu, wie ich versuchte, meine Kinder zu retten. In Todesangst rang ich nach Luft, tauchte ab. Zog ein Kind nach dem anderen an die Wasseroberfläche, schleppte es ans Ufer. Doch auf dem Grund des Flusses lagen immer noch Kinder, es wurden immer mehr, es gelang mir nicht, sie alle zu retten.

Schreiend wachte ich auf.

Die Welt war schwer, lag unter einer Dunstglocke. Die Geräusche fern und matt, das Atmen so mühsam.

Durst, ich hatte unendlichen Durst.

Die Hitze drückend, glühend, innen und außen. Meine Glieder voller Blei, schwer, so schwer. Zogen mich herab in unendliche Tiefen. Meine Haut so heiß; sie würde platzen.

Ein Gesicht, hinter Nebel, verschwommen, weit, weit. Meine Hand, ich will das Gesicht berühren, erkennen. Das Gesicht verschwindet. Meine Augen fallen zu.

Durst. Ich habe unendlichen Durst.

Meine Ohren dick, mein Kopf voller Gas, die Gedanken wie sich träge ringelnde Würmer. Zwei Gesichter jetzt. Wo bin ich?

Etwas Kaltes auf meiner Stirn. Erleichterung. Erlösung. Eine Stimme, Worte. Immer dieselben? Eine Hand.

Wasser ...

Ich schlief ein.

Mehrere Tage lang hatte ich Fieber.

Ein Virus, sagte Askar. Die Mutter brachte Essen, auf einem Teller, nur für mich. Die Schwestern hockten in meinem Zimmer, Jamila stickte. Sogar Askar saß täglich an meinem Bett. Dankbar streichelte ich seine Hand. Er war mein Peiniger; aber auch mein Beschützer.

Als das Fieber nachließ, kam die Übelkeit. Ich hatte Magenkrämpfe und Durchfall und musste mich übergeben. Askar besorgte Tabletten, die Mutter kochte Tee. Ab und zu briet Feruza mir ein Ei. Die Mutter legte ein Brot unter mein Kopfkissen, gegen die schlechten Träume. *Yomon.*

Askar schlug vor, zu einem Arzt zu fahren. Ich lehnte ab. Ich wollte nicht in ein Krankenhaus. Ich wollte nach Hause.

Als der Durchfall nachließ und die Magenkrämpfe, war ich schwach und erschöpft. Ich blieb im Bett, nun wieder allein. Meine Zeitungen waren dünn geworden, ich hatte die Seiten als Toilettenpapier benutzt. Ich lag in der Hitze unter einem leichten Laken, sah den Fliegen zu. Mit monotonem Brummen kreisten sie um die Glühbirne, ihre fetten Körper schillerten im matten Licht. Gleichmäßig zogen sie ihre Runden, unbeirrbar, unermüdlich. Ich wischte mir den Schweiß vom Körper. Die Stunden vergingen, eine endlose Kette von Zeit, ihre Glieder fein ineinander gewoben, eines führte zum nächsten, monotone Gleichmäßigkeit.

Yomon.

Ich schämte mich, dass ich krank geworden war. Ich fiel ihnen zur Last – der Mutter und den Schwestern, die mich ohnehin nicht mochten. Askar, der zu tun hatte, immer unterwegs war. Zakir, der so viel für mich getan hatte; und trotz allem war ich immer noch hier. Lag im Bett, zu nichts gut, zu nichts nütze. Nicht einmal kochen konnte ich. Die Schwestern hatten mich ausgelacht, als sie es bemerkt hatten. Man musste sich um mich kümmern, mich versorgen.

Ich war unfähig.

Ich war Dreck.

Ich war eine Frau, und nicht einmal eine gute.

Yomon.

Waren Frauen tatsächlich schlechter als Männer? Warum schlugen Männer Frauen? Warum hatte Vater Mutter geschlagen? Warum hatten alle geschwiegen, in jener Nacht im Zug? Warum sahen die Frauen in Usbekistan traurig aus?

Irgendwie konnte ich sie verstehen.

Das Mädchen hatte die Wohnung aufgeräumt, die Wäsche gewaschen und den Teppich gesaugt. Die Blumen waren gegossen, die Fenster sauber und das Abendessen beinahe fertig. Auf dem Tisch stand, frisch aufgebrüht, der Kaffee.

Die Eltern kamen nach Hause. Sie setzten sich aufs Sofa, tranken den Kaffee und rauchten Zigaretten.

»Das hast du schön gemacht, Kind«, sagte die Mutter. »Ich bin stolz auf dich.«

»Die Arbeit ist schwer. Da müssen die Kinder schon mit ran«, sagte der Vater und rülpste.

»Ja«, sagte die Mutter und nickte. Das Mädchen lächelte. Es schenkte der Mutter Kaffee nach und freute sich. Das Glück saß im Bauch und war ganz warm.

»Aber da liegt noch ein Fussel auf dem Teppich.«

Das Mädchen erschrak.

»Habe ich dir nicht gesagt, du sollst ordentlich sauber machen?«, schrie die Mutter.

»Sie ist eine Versagerin«, sagte leise der Vater.

Die Mutter schlug das Mädchen.

»Ach komm, meine Kleine«, sagte sie dann. »Ich liebe dich doch.«

Der Bruder stand in der Tür und sah zu.

Schreiend wachte ich auf.

Einmal in der Woche kam Zakir zu Besuch. Jedes Mal stürzte ich ihm voller Hoffnung entgegen, hing an seinen Lippen, warf mich ihm innerlich zu Füßen. Ich hätte alles getan, was er gesagt hätte. Doch er sagte immer wieder nur eines: »Abwarten, Jana.«

Ich verfluchte Zakir. Verfluchte Askar, verfluchte die usbekischen Behörden. Niemand tat etwas, niemand bewirkte etwas, niemand erreichte etwas. Und die Zeit verging. Dann wieder entschuldigte ich mich, dass ich Zakir verflucht hatte. Auch wenn ich es nie laut ausgesprochen hatte, fürchtete ich, jemand könnte meine Gedanken erraten haben, kosmische Strömungen hätten meine wahren Gefühle erkannt und an die zuständigen Stellen weitergeleitet, und nun wusste man allerorten Bescheid und würde entsprechend mit mir verfahren.

Die Hoffnungslosigkeit wuchs wie ein bösartiges Geschwür.

Stundenlang starrte ich auf den Fleck an der Wand. Starrte, bis meine Augen brannten, die Linien und Formen verschwammen und neue Formen und Linien ergaben. Ich sah einer Fliege zu, die über meinen Arm kroch, folgte ihrem Weg über mein Handgelenk, den Unterarm hinauf. In der Beuge des Ellenbogens blieb sie sitzen, begann sich zu putzen, zog unzählige Male ihre strichdünnen, schwarzen Beine über ihren runden Kopf. Eine zweite Fliege kam. Sie beschnupperten sich. Ich fragte mich, wie Fliegen flirteten, wie sie einander erkannten, ob jede Fliege jede andere Fliege, die sie traf, mochte, ob es Feindschaften unter Fliegen gab, Mord, Eifersucht, Heimtücke. Ich war traurig, als sie weiterflogen. Ich wusste nicht, womit ich mir nun die Zeit vertreiben konnte.

Eines Tages schlug Umid vor, mit Askar und mir im Park spazieren zu gehen; zu meiner Überraschung war Askar einverstanden.

»Du siehst blass aus«, sagte Umid auf Russisch, als wir im Hof auf Askar warteten. »Du solltest öfter an die frische Luft gehen.«

»Ja«, antwortete ich. Mehr sagte ich nicht.

Als wir aus dem Tor traten, sah ich auf der gegenüberliegenden Straßenseite wieder die alte Frau und ihren Mann sitzen, zwei Puppen, die jemand vor dem Garagentor abgeliefert hatte. Geronnenes Leben.

Nebeneinander liefen Umid, Askar und ich die staubige Hauptstraße entlang. Wir bogen um die Ecke, kamen wieder an jenem Café voller Männer vorbei und bogen um eine weitere Straßenecke. Ich entdeckte eine Reihe niedriger weißer Häuser, zu meinem Erstaunen hatten sie Fenster, große, breite Fenster, hinter denen sich Gardinen bauschten. Ich konnte nicht erkennen, was sich hinter den Scheiben verbarg, ob es Geschäfte waren oder Zimmer von Wohnhäusern. Ab und zu überholte uns ein Auto, jedes Mal hielt ich die Luft an, um nicht den heißen Staub einzuatmen. Umid und Askar gingen gemächlich, sie schlenderten wie Urlauber, als hätten sie alle Zeit der Welt und nie etwas Dringendes zu tun. Es fiel mir schwer, mich ihrem Tempo anzupassen. Wie damals sah ich nirgendwo eine Frau, nur Männer schienen unterwegs zu sein und Kinder. Schließlich erreichten wir den Park; eine dichte Reihe von Bäumen, vor der sich ein Gitterzaun entlangzog.

Der Park lag in der Sonne wie ein Versprechen.

Auf gewundenen Wegen spazierten Paare und kleine Gruppen junger Menschen umher, manche Frauen hatten sich bei ihren Männern untergehakt. Ich kam mir vor wie in einer Filmszene, so abrupt war der Unterschied. Ich fragte mich, wie die Frauen in den Park gekommen waren, über welchen geheimen Weg, warum ich sie auf den Dorfstraßen nicht gesehen hatte. Auf einer Wiese unter Bäumen saß eine Gruppe Musiker. Einer von ihnen spielte auf einem Akkordeon, ein anderer schlug eine Trommel, zwei zupften Instrumente, die ich noch nie gesehen hatte. Sie bestanden aus kleinen Klangkörpern mit langen Hälsen, über die Saiten gespannt waren. Zu meinem Erstaunen traf ich Frauen, die keine Kopftücher trugen. Manche hatten sich stattdessen goldglitzernd bestickte Käppchen auf ihre langen schwarzen Zöpfe gesetzt. Askar ging zu einer alten Frau, die kleine Tüten mit Sonnenblumenkernen verkaufte. Umid und ich setzten uns auf eine Bank.

»Warum tragen manche Frauen keine Kopftücher?«

»Im Islam gilt es als unschicklich, wenn eine Frau ihre Haare oder ihren Körper zeigt«, sagte Umid. »Keine Frau sollte einen Mann in Versuchung führen.« Er sah mich an. »Unter den Kommunisten war die Religion aber lange tabu. Erst seit ein paar Jahren besinnen sich die Menschen wieder mehr auf ihre Traditionen, und vor allem auf dem Land tragen die Frauen jetzt häufiger Kopftücher. Du siehst auch wieder Moscheen, in denen die Menschen beten, und du hörst die Imame zum Gebet rufen.«

Auf der Wiese sprang der Akkordeonist auf und begann zu tanzen, wobei er sein Instrument vor sich her schwang und so schnell mit den Fingern über die Tasten und Knöpfe flog, dass mir vom Zusehen allein schwindelig wurde. Einen Imam hatte ich bislang nicht gehört, oder wenn ich ihn gehört hatte, hatte ich nicht gewusst, was dieser Ruf zu bedeuten hatte. »Wenn ich die Frauen mit ihren Kopftüchern sehe«, sagte ich und sah Umid an, »dann kann ich nur an eines denken: dass sie unterdrückt werden.«

»Wir leben hier anders, als du es aus Deutschland kennst. Aber das heißt nicht unbedingt, dass wir unsere Frauen schlecht behandeln.«

Eine Weile schwiegen wir beide.

»Bist du verheiratet?«, fragte ich, um das Schweigen zu beenden.

»Noch nicht. Aber ich werde bald heiraten.«

»Liebst du deine Frau?«

»Ich kenne sie kaum.«

»Was!?«

»Sie ist mir schon lange versprochen.«

»So etwas gibt es in Deutschland nicht!«

»Wie ist es dort?«

»Wir suchen uns aus, wen wir heiraten wollen. Und wenn ich heirate, dann einen Mann, den ich liebe.«

»Ich mag meine Verlobte. Wir haben ein paar Mal miteinander telefoniert. Und wir haben uns einmal gesehen, bei einem Familienfest.«

»Ist sie hübsch?«

»Sie ist hübsch, klug und sehr nett.«

»Dann bist du also doch in sie verliebt?«

Umid nickte, ein wenig verschämt.

»Das freut mich.« Die Vorstellung, dass zwei Menschen einander versprochen wurden, sich begegneten und sich dann entgegen allen Erwartungen ineinander verliebten, fand ich sehr romantisch.

Askar setzte sich neben mich auf die Bank. Einträchtig kauten Umid und er Sonnenblumenkerne. Die leeren Schalen spuckten sie auf den Boden. Mir war, als säße ich zwischen zwei Lamas.

Ich erwachte.

Askars Stimme klang scharf und gefährlich, ich erschrak, schlug die Hände vors Gesicht, und mein Magen krampfte. Dann erst bemerkte ich, dass die Stimme von draußen kam. Ab und zu wurde sie von einer heiseren Männerstimme unterbrochen. Sie klang brüchig, war aber nicht weniger wütend und laut.

Ich setzte mich auf und spähte über den Fensterrahmen in den Hof. Askar und sein Vater standen einander gegenüber wie gereizte Stiere. Die Mutter saß auf dem *Taht*, reglos, als wäre sie gar nicht anwesend. Die Schwestern waren nirgends zu sehen, vermutlich hatten sie sich in ihr Zimmer geflüchtet. Auch Feruza und Zebo waren verschwunden. Ich ließ mich zurücksinken, lauschte den streitenden, hasserfüllten Stimmen und hätte mir doch am liebsten die Finger in die Ohren gesteckt. Ich verstand kein Wort und wollte alles wissen. Niemand stritt je mit dem Vater. Die meisten Familienmitglieder sprachen kaum mit ihm, und er nicht mit ihnen. Nur Askar suchte immer wieder Streit. Sein Ton war barsch, respektlos. Der Vater brüllte hemmungslos.

Die Heftigkeit war Furcht erregend.

Irgendwann zog ich mir die Decke über den Kopf. Versuchte zu flüchten. Dachte an Marcello und Oliver. Wie es ihnen wohl ging?

Als der Streit schließlich endete, krachte kurz darauf das Hoftor ins Schloss. Eine Tür wurde zugeschlagen. Eine bedrohliche Stille legte sich über das Haus.

Mein Gesicht war rot, heiß und tränennass.

In der Nacht spürte ich Askars Hand zwischen meinen Beinen. Er schob meine Unterhose beiseite. Schob meine Schenkel auseinander. Schob sich in mich hinein.

Mein Körper stocksteif. Wie tot. Auch meine Seele wie tot.

Ich würde nicht widersprechen.

Angst, Einsamkeit und Terror zerbrechen die Seele.

Am Nachmittag holte Zakir uns ab.

Er hatte mir versprochen, dass ich bei ihm baden durfte, und als ich das Bad betrat und Malika mir Handtücher und Waschlappen bereitlegte, umarmte ich sie mit Tränen in den Augen. »Ich bin so froh, dass es dich gibt«, schluchzte ich. Malika drückte mich und küsste meine Wangen.

»Weißt du, ob es irgendwelche Neuigkeiten gibt?«, fragte ich, als ich mich etwas gefasst hatte.

Malika schüttelte den Kopf. »Ich frage Zakir.«

»Das wäre wunderbar. Es ist mir peinlich, zu fragen. Ich habe ein schlechtes Gewissen, weil Zakir so viel für mich tut und ich mich nicht einmal revanchieren kann.«

»Mach dir keine Sorgen«, sagte Malika. Sie reichte mir ein Stück Seife. »Rosenseife. Von meiner Schwester, aus Leningrad.« Ich biss mir auf die Lippe, um nicht wieder zu weinen. Malika zog die Tür hinter sich zu. Das Geräusch, mit dem das Schloss einschnappte, schnitt durch mein Herz. Ich wollte nicht länger allein in einem Raum zurückgelassen werden.

Später saßen alle um den großen Tisch herum. Wieder hatte Malika Fleisch mit Soße und Kartoffeln und Gemüse gekocht, und ich fragte mich, ob sie es getan hatte, um mir eine Freude zu bereiten. Ich bot ihr an, mich um den Abwasch zu kümmern. »Willst du, dass ich gegen die Grundprinzipien der Gastfreundschaft verstoße?«, fragte Malika empört. »In Usbekistan ist der Gast König. Auf keinen Fall erlaube ich, dass du das Geschirr spülst!« Ich sah zu Askar.

Sein Gesicht eine Mauer.

Nach dem Essen begleitete ich die Kinder in den Hof. Dort stand, angebunden an einen Pflock, eine Kuh. Ich ekelte mich vor den vielen Fliegen, doch es amüsierte mich, dass Zakir und Malika eine Kuh als Haustier hielten. Malika brachte Limonade, kleine, bunte Flaschen mit Strohhalmen darin. »Am liebsten würde ich bei euch bleiben«, sagte ich. Die Brause war bonbonsüß und das Leckerste, was ich seit Wochen getrunken hatte. »Hier fühle ich mich fast zu Hause.«

»Wir werden eine Lösung finden.«

»Aber wann? Und wie?« Ich sah, dass Askar uns beobachtete.

»Es wird sich fügen«, sagte Malika. Ich schwieg.

Kurz bevor Zakir uns zurück ins Dorf fuhr, nahm ich meinen Mut zusammen und fragte, ob ich noch einmal versuchen dürfte, nach Hause zu telefonieren.

»Selbstverständlich.«

Wieder wählte ich mit feuchten, zittrigen Fingern die lange Nummer. In der Leitung rauschte es. Eine Weile geschah nichts.

Dann ertönte das Besetztzeichen.

Ich wählte noch einmal, langsam und konzentriert. Ich fragte mich, wie viel es kostete, von Usbekistan nach Deutschland zu telefonieren. Vielleicht könnte Askar seinem Bruder Geld geben?

Wieder ertönte das Besetztzeichen. Ich wählte noch einmal.

Mutter würde längst krank vor Sorge sein.

Das Besetztzeichen.

Ich wählte noch einmal und noch einmal. Deprimiert hängte ich schließlich den Hörer in die Gabel.

Nicht einmal das bekam ich hin. *Yomon.*

Askar grinste.

Im Traum trug ich ein Kopftuch und viele lange Röcke. Meine blonden Haare waren schwarz, meine Augen immer noch blau, aber schmal. Schlitzige Chinesenaugen. Blaue Usbekenaugen.

»Jana, Essen!«, rief Askar. Ich ging zu einem alten Herd und kochte Plow.

»Jana, trinken!«, rief Askar. Ich hielt ihm ein Glas Tee an die Lippen.

»Jana, Liebe!«, rief Askar. Ich hob die Röcke.

Ich war eine von ihnen.

Ich war eine usbekische Frau.

Ich hielt eine Landkarte in der Hand. Dort, wo Greifswald lag, war ein Loch. Ich weinte.

Askar riss mir die Karte aus der Hand, warf sie auf den Fußboden und trat darauf herum, bis sie zu Staub zerfallen war. »Leck den Staub auf«, sagte er. Er gab mir eine Ohrfeige. Ich leckte den Staub auf.

»Du bist in meinem Land!«, rief Askar.

Dann pinkelte er auf den Herd und grinste.

»›Wenn eines Tages der Himmel verschwinden sollte, die Kuppel von Gur Emir könnte ihn ersetzen‹, sagt ein altes Sprichwort.« Zakir deutete auf die gewaltige gerippte Kuppel. »Gur Emir ist das Mausoleum Timurs. Timur war ein grausamer Kriegsherr im 13. Jahrhundert.«

»Ich dachte, Dschingis-Khan war so grausam.«

»Der auch. Er hat hier in Samarkand ziemlich gewütet. Trotzdem haben einige Moscheen und Medresen – das sind Koranschulen – und Mausoleen den Mongolensturm überstanden.« Ich wischte mir den Schweiß von der Stirn. Geschichte war nie meine Stärke gewesen, doch es machte Spaß, Zakir zuzuhören.

»Rede ich zu viel? Du bereust doch nicht, mein Angebot angenommen zu haben, dir die ›goldene Stadt der Fruchtbarkeit‹ zu zeigen?«

»Keineswegs.« Ich schüttelte den Kopf. Nach mehr als zwei Monaten tat es wohl, einmal aus der Enge des Zimmers herauszukommen. Zakir war der Einzige, der zu bemerken schien, wie ich litt, der Einzige, der sich ein wenig um mich kümmerte.

»In Samarkand findest du wunderbare Sehenswürdigkeiten«, sagte Zakir. Die Gebäude waren in der Tat überwältigend. Imposant, mächtig und voller Mosaike, ja, sie schienen überhaupt nur aus Mosaiken zu bestehen. Der Registan, ein großer Platz, auf dem wir vorhin einige Fotos gemacht hatten, galt wegen seiner Moscheen, Medresen und Mosaike als einer der schönsten, eindrucksvollsten Plätze in der gesamten islamischen Welt.

»Wollen wir jetzt auf den Markt gehen?«, fragte Zakir und sah auf seine Uhr. Wir waren früh losgefahren, doch die Hitze war drückend und mein Kreislauf träge. Ich nickte. Askar sagte nichts, er sprach kaum mehr, wenn Zakir in der Nähe war. Dennoch ließ er mich nicht aus den Augen und folgte mir auf Schritt und Tritt.

Auf dem Markt war es kühler, er lag im Schatten mehrerer großer Moscheen. Überall saßen Frauen auf dem nackten Boden, neben sich Säcke, vor sich ausgebreitet Tücher, auf denen sie ihre Waren anboten. Alle hatten sie Kopftücher umgebunden, die weit über den Rücken fielen. Anders als Askars Mutter und die Schwestern, die meist gedeckte Farben trugen, sah ich hier bunte Stoffe, gemusterte Röcke und geblümte Tücher. Oft mischten die Frauen die unterschiedlichsten Muster und Farben, es war ungewohnt farbenfroh.

Ein Junge fuhr mit einem Fahrrad durch die Reihen, kurvte gewagt an hohen Bergen von Wassermelonen vorbei. Alte Männer in langen Mänteln und Turbanen feilschten, einer rieb sich seinen weißen Bart. Ein Teppichhändler lag auf einer Pritsche neben seinen Teppichstapeln, vor sich einen Teekessel aus Email. Ich sah die unterschiedlichsten Gesichter, russische, asiatische, doch alle wirkten fremd und unnahbar, sogar die russischen. Selbst das alte Mütterchen, das mir eine Gurke anbot, erfüllte mich mit Unbehagen. Ich nahm die Gurke trotzdem. Als ich hineinbiss, schmeckte sie so gut, dass ich beinahe Heißhunger bekam und Askar bat, mir noch eine zu kaufen.

Ich setzte mich auf eine Mauer und aß, während Zakir sich Teppiche zeigen ließ. Askar stand abseits und rauchte. Geistesabwesend sah ich dem Treiben zu. Ich dachte an Mutter. Auf diesem Markt schien es alles zu geben, so groß und voll und bunt war er; nur eine Fahrkarte nach Deutschland, die bekam ich nirgends. Um mich herum tosten Stimmen und Geräusche. Irgendwann schälte sich eine Stimme aus dem Sprachengewirr. Es dauerte einige Sekunden, bis ich begriff, dass sie Deutsch sprach. Ich sah in die Richtung, aus der die Stimme kam, und entdeckte eine Gruppe Touristen. Sie sahen aus, als wären sie direkt aus einem Bilderbuch herausspaziert oder aus einem Reiseprospekt. Sie trugen Sonnenhüte, um ihre Hälse baumelten Kameras, und zwei der Männer hatten sonnenverbrannte Nasen. Mein Herz klopfte so laut, dass ich Angst bekam, man könnte es hören. Die Frauen lachten. Eine von ihnen streichelte eine Katze, die auf einem Teppichstapel lag und schlief. Einer der Männer fotografierte. Wie erstarrt saß ich dort, sah ihnen zu, wie sie, nur einen Meter entfernt, sich fröhlich unterhaltend vorbeigingen. Ich wollte aufspringen, doch meine Arme und Beine waren wie fest genagelt. Ich wollte schreien, doch mein Hals war ausgetrocknet, nicht einmal ein Krächzen kam heraus. Im selben Moment sah ich Askar, der mich mit schneidendem Blick beobachtete.

Die Touristen verschwanden hinter einem klapprigen Obststand.

Meine Hände zitterten, als ich den Rest der Gurke in den Mund steckte. Ich wollte weinen, wollte um Hilfe rufen, vielleicht hörten die Touristen mich noch, kämen zurück. Sicher würden sie mir helfen, sie hatten so nett ausgesehen. Bestimmt kannten sie sich besser aus in diesem unwirtlichen Land, bestimmt waren sie nicht wie ich zum ersten Mal so weit fort von zu Hause, bestimmt wussten sie, was zu tun war.

Ich sah Askars Blick. Mir wurde eiskalt.

Ja, ich war in seinem Land, ihm ausgeliefert.

Was sollte ich tun?

Die Hexe hielt drei Umschläge in der Hand.

Ich starrte in ihre schwarzen Augen. »Warum«, fragte ich mit bebender Stimme und auf Deutsch, »warum hast du mir die Telegramme nicht gegeben?«

Die Hexe spuckte einen Schwall Wörter aus, spuckte sie vor meine Füße, warf die Umschläge in den Staub und ließ mich stehen. »Ein Telegramm ist erst heute angekommen«, übersetzte Askar. »Die anderen kamen, als wir in Moskau waren. Sie hat es vergessen ...«

Ich hob die Umschläge auf.

»Woher kennt deine Mutter die Adresse?«

»Ich habe sie ihr gegeben, als ich mich von ihr verabschiedet habe.«

»Woher hattest du sie?«

»Ich habe sie aus deinem Pass abgeschrieben.«

Askar schwieg. Eine Falte zog sich über seine Stirn. Beunruhigte es ihn, dass meine Mutter wusste, wo ich war?

Ich ging ins Zimmer und schloss die Tür. Ich öffnete die Umschläge. Vor lauter Tränen konnte ich kaum lesen, was in den Telegrammen stand. Es war dreimal der gleiche Text. MEIN KIND – STOPP – WIE GEHT ES DIR? – STOPP – WARUM KOMMST DU NICHT NACH HAUSE? – STOPP – IN LIEBE, MAMA.

Meine Familie lag, wie in einem Sandwich übereinander gestapelt, auf einer Wiese. Mutter, meine Brüder, alle, die ich gern hatte. Aus einem angrenzenden Wald kam, langsam, beinahe in Zeitlupe, eine Person ohne Gesicht. In der Hand hielt sie einen Speer.

Ich rief: »Lauft weg!« Niemand hörte mich.

Ich winkte und wedelte mit den Händen. Niemand sah mich.

Die Person ohne Gesicht bohrte den Speer von oben nach unten durch meine Familie.

Ich stand daneben, sah zu und spürte gleichzeitig den Schmerz.

Schreiend wachte ich auf.

Den Rest der Nacht wälzte ich mich unruhig hin und her.

Meine Familie hatte so eng beieinander gelegen, alle hatten sich aneinander festgehalten, hatten einander gewärmt. Warum kam jemand und zerstörte all das?

12. KAPITEL

Mitte August hatte Askar noch kein Visum. Ein Tag nach dem anderen verging, floss zäh und gleichförmig und in zerstörerischer Hoffnungslosigkeit dahin. Ich verkroch mich im Zimmer, lag auf dem Bett, starrte an die Decke, an die Wand. Brannte vor Empörung und Verzweiflung und spürte, wie eine Lähmung in meine Glieder kroch, in meine Seele, sich ausbreitete wie ein tödliches Nervengift, vollkommen von mir Besitz ergriff. Gleichzeitig versank ich immer tiefer in jener Passivität, in dem Gefühl, hilflos und ausgeliefert und absolut handlungsunfähig zu sein.

Es war Zakir, der mich am Ende aus dieser Starre riss.

»Willst du es noch einmal versuchen?«

»Moskau?«

Er nickte.

Ich nickte. »Ja.«

»Ich spreche mit Nina und Viktor. Und mit Askar.«

»*Spasibo*, Zakir. Danke.«

Ein paar Tage später saß ich im Flugzeug. Es war dieselbe Linie, das gleiche Flugzeug, sogar eine Stewardess erkannte ich wieder. Ich kaute auf einem trockenen Keks, mir war übel. Askar saß in seinem Sitz, den Kopf angelehnt, den Mund leicht geöffnet. Er schlief. Ich betrachtete sein dunkles Gesicht, mein Blick folgte der Linie seines Mundes. Seine Lippen waren sinnlich, voll und fest. Über der Oberlippe bildete sich ein schwarzer Flaum, obwohl Askar sich am Morgen rasiert hatte. Entschlossenheit lag in seinen Zügen, Stolz, er war trotz allem ein attraktiver Mann. Ich fragte mich, ob er mich vermissen würde, wenn ich wieder in Deutschland wäre.

Ich dachte an unseren ersten Flug nach Moskau. Damals hatte ich Nina, Viktor, Natalya und Valerij noch nicht gekannt. Jetzt freute ich mich auf sie. Ich freute mich, Menschen zu treffen, die mir vertraut waren und die mich mochten. Diesmal würde ich keine Zeit damit verbringen, Sehenswürdigkeiten anzuschauen. Notfalls würde ich Tag und Nacht auf dem Bahnhof anstehen, bis ich eine Fahrkarte in den Händen hielt. Ich hoffte, dass Nina und Viktor mir halfen.

Als Askar aufwachte, drückte ich seine Hand.

Viktor erwartete uns am Flughafen. Mit einem kurzen Blick registrierte er, dass Askar noch immer meine Hand hielt. »*Priwjet*, ihr beiden«, sagte er. »Hallo.«

Abends saßen wir gemütlich zusammen und tranken Wodka. Askar trank mit uns, blieb jedoch eher schweigsam. Nach Wochen voller Einsamkeit war es, als kehrte ich ins Leben zurück. Glücklich saß ich unter Freunden, saugte ihre Wärme auf und überließ meinen Körper der Schwere des Wodkas.

Die Sonne ging gerade auf, als Askar und ich am nächsten Morgen aus dem Haus traten. Der Taxifahrer, der uns zum Bahnhof fuhr, war schweigsam, und dafür war ich ihm beinahe dankbar. Nervös pulte ich an den Häuten meiner Fingernägel. Auf dem Bahnhof angekommen, schien die

Schlange wartender Menschen sogar noch länger zu sein als beim letzten Mal. Entschlossen reihte ich mich ein; wenn es sein müsste, würde ich auf dem Bahnhof übernachten.

Nach zwei Stunden bat ich Askar, meinen Platz zu halten, und suchte eine Toilette. Eine alte Frau wischte mit einem schmutzigen Lappen über die Schüssel und verlangte einen Rubel. Offensichtlich sah auch sie mir an, dass ich Ausländerin war. Ich schob mich an ihr vorbei in die Kabine. Es roch unangenehm, und die Toilette besaß weder Deckel noch Brille, doch war ich schon dankbar, dass ich nicht mehr über einem Plumpsklo hockte. Auf dem Rückweg lief ich an einem roten Reklameschild vorbei, auf dem in kyrillischen Lettern der Coca-Cola-Schriftzug prangte. Ich spürte ein nervöses Prickeln im Magen, eine gewaltige Vorfreude, beinahe wie früher in den letzten Stunden vor der Bescherung am Heiligabend.

Im Laufe des Nachmittags fiel diese Freude in sich zusammen wie ein missratener Hefeteig. Die Warteschlangen wurden von Stunde zu Stunde länger, es schien, als würden sich hinten immer mehr Menschen anstellen, ohne dass vorne welche bedient wurden. Ich stand inmitten eines Gewühls von Menschen, umtost von Sprachen, Farben, Gerüchen. Mir war schwindelig, und meine Beine taten weh. Ich sah mich nach Askar um; er stand abseits und unterhielt sich mit zwei Männern, sie rauchten. »Scheißland«, fluchte ich. »Gottverdammtes Scheißland.«

»Was hast du gesagt?«

Ich fuhr zusammen. Hinter mir stand eine Frau, sie trug einen langen Rock und hatte ihre braunen Haare zu einem dicken Zopf geflochten. »Bist du Deutsche?«, fragte die Frau. Sie hielt ein Kind an ihrer Hand, ein Mädchen, das mich mit großen Augen ansah.

»Ja, ich bin Deutsche.«

Dann endlich begriff ich, dass diese Frau Deutsch mit mir sprach. Wir sahen einander an, fassungslos, als wären wir in der Wüste einem Wanderer mit einer großen Flasche Wasser begegnet. Wir fielen uns in die Arme. Aufgeregt fragte ich: »Wo kommst du her? Wo fährst du hin? Wie heißt du?«

Im selben Moment spürte ich Askars Hand auf meinem Arm.

»Was ist los?«, fragte er.

Die fremde Frau stellte ihren Mann und ihre Tochter vor, sie selbst hieß Katja. Ich musterte ihren Rock, ihre Bluse; ich hätte sie für eine Russin gehalten. »Ich lebe seit zwei Jahren in Kasachstan«, erzählte Katja. Ihr Blick war unruhig und seltsam leer; unwillkürlich fragte ich mich, ob Katja freiwillig nach Kasachstan gezogen war. »Meine Tochter ist vier Jahre alt, und sie spricht kein Wort Deutsch mehr.« Die Kleine schaute abwechselnd zu ihrer Mutter und zu mir; wahrscheinlich verstand sie uns auch nicht.

Askar bot Katjas Mann eine Zigarette an, ohne mich dabei aus dem Blick zu lassen. Aufmerksam beobachtete er auch Katja. Ich brannte darauf, sie zu fragen, ob sie nach Deutschland fuhr; stattdessen erzählte ich von Nina und Viktor und ihren Kindern. Katja antwortete ihrerseits mit Belanglosigkeiten. Nur manchmal schlichen sich Sätze dazwischen, die mir kalt den Rücken hinunterjagten. So erzählte sie, dass es in dem Dorf, in dem sie lebten, kein fließendes Wasser gäbe. »Ich laufe jeden Tag zu einem Brunnen, mit zwei Eimern. Sie sind an einer Stange befestigt, die man über die Schultern legen kann.« Einen Moment lang kamen mir die Wochen bei Askars Familie wie eine Ferienreise vor.

An einem der Schalter kam Bewegung in die Schlange

der Wartenden. Ein Mann erhob sich und rief mit lauter Stimme etwas auf Russisch. Jemand reichte ihm ein Megafon. Dicht an meinem Ohr zischte Katja: »Wo willst du hin?«

»Nach Hause.«

»Ich auch. Lass uns uns morgen Früh hier treffen und zur Deutschen Botschaft fahren.«

Ich nickte. In meinem Kopf rauschte es, ich hörte das Blut durch meinen Kopf jagen.

»Nein, wir treffen uns besser direkt bei der Botschaft«, flüsterte Katja. »Fahr mit einem Taxi hin. Die Fahrer kennen die Adresse.« Mir war, als löse sich der Boden unter meinen Füßen auf.

»Wie soll ich das anstellen. Ohne Askar ...«

»Gib ihm Wodka. Mach ihn betrunken. Komm allein.«

Ich nickte, wie ferngesteuert.

Dann spürte ich eine Hand auf meinem Arm. »Janka?«

»Ja?«

»Wsjo w porjadkje?«

Ich nickte. Mir war heiß, und ich fürchtete, mein Gesicht könne meine Aufregung verraten. »Ja, Askar«, antwortete ich. »Es ist alles in Ordnung.«

Ich versuchte, mich zu sammeln, die Gedanken zu ordnen, die wie aufgescheute Hornissen durch meinen Kopf dröhnten. Katja kniete nieder und sprach mit ihrer Tochter. Auch ich gab vor, mit dem Mädchen zu spielen. Jetzt bot Katjas Mann Askar eine Zigarette an, und bald unterhielten sich die beiden Männer wieder. Ich hörte ihre Stimmen; ich begriff kein Wort. Ich spürte Askars Hand, die auf meinem Rücken lag, sich in die Haut bohrte wie ein Brandzeichen. Ich schaute in Katjas Gesicht, suchte nach etwas, das mir versicherte, dass sie mir tatsächlich diesen ungeheuerlichen

Vorschlag gemacht hatte. Suchte nach etwas, das mir zeigte, dass sie nun meine Verbündete war, meine Komplizin. Doch ich blickte nur in zwei todmüde Augen.

Irgendwann sagte ich erschöpft zu Askar: »Lass uns gehen und morgen wiederkommen.« Er musterte mich, dann nickte er. Und lächelte. Wir verabschiedeten uns von Katja und ihrem Mann, wünschten einander alles Gute. Ich winkte dem kleinen Mädchen, es winkte schüchtern zurück. Wir gingen auseinander wie Fremde, deren Wege sich kurz gekreuzt und dann wieder getrennt hatten.

Askar duschte. Hastig erzählte ich Nina die Neuigkeiten.

»Du musst mir helfen, Nina! Ich kenne das russische Wort für Botschaft nicht. Und ich brauche meinen Pass!«

»Ich spreche mit Viktor.«

»Habt ihr noch Wodka im Haus?«, fragte ich.

Nina nickte.

»Wir müssen versuchen, Askar betrunken zu machen. Wenn er morgen Früh einen Kater hat, verschwinde ich, ohne dass er es bemerkt.«

Nina kicherte.

»Aber wie komme ich an meinen Pass?« Meine Hände zitterten vor Aufregung.

»Wir werden uns etwas einfallen lassen«, beruhigte mich Nina.

Ich hörte, wie im Bad das Wasser abgedreht wurde. Schnell umarmte ich Nina und küsste sie auf beide Wangen. »Bitte«, flehte ich, »kannst du morgen Früh mit mir zur Botschaft fahren?«

»Ich muss arbeiten.« Nervös strich Nina eine Haarsträhne hinters Ohr. »Aber ich werde sehen, was sich machen lässt.«

»*Spasibo*, Nina. Danke.«

Mit einem Mal war alles so eindeutig.

Seit Katja das Wort ausgesprochen hatte, geisterte es wie ein Mantra durch mein Bewusstsein: die Deutsche Botschaft, natürlich! Ich hatte nicht gewusst, dass es in Moskau eine Deutsche Botschaft gab. Dort würde man uns helfen, selbstverständlich. Nach Wochen war es plötzlich nur noch ein Schritt bis nach Hause.

Nina bereitete das Abendbrot zu.

Als Viktor nach Hause kam, weihte sie ihn ein. Ich setzte mich unterdessen zu Askar ins Wohnzimmer. Nach dem Essen fragte Viktor: »Weißt du noch, wie man Wodka trinkt, Jana?«

»Weiß nicht ...«, gluckste ich. Ich war aufgekratzt und nervös. Ich fürchtete, Askars Misstrauen zu wecken, doch fiel es mir ungeheuer schwer, meine Freude zu verbergen.

Viktor kehrte mit zwei Flaschen aus der Küche zurück. Nina stellte Gläser auf den Tisch. Viktor schenkte ein und hob sein Glas. »Du winkelst den Arm an ...«

Ich winkelte den Arm an.

»Du nimmst dein Glas ...«

Ich nahm mein Glas.

»Du atmest tief ein, hältst die Luft an und trinkst das Glas in einem Zug leer.«

Ich atmete tief ein, hielt die Luft an und trank das Glas in einem Zug leer. Mit einem Ruck stellte ich es auf den Tisch. Viktor schenkte nach.

»Auf die Freundschaft!«, lachte ich.

»Auf die Gesundheit!«, sagte Viktor.

»Za zdorowje!«, rief Nina.

Lehnte Askar einmal ab, legte Viktor ihm den Arm um die Schultern und fragte: »Willst du den besten Freund deines Bruders beleidigen?« Dann füllte er die Gläser. Und Askar trank. Ich konnte zusehen, wie sein Blick glasiger und seine Bewegungen träger wurden. Viktor, Nina und ich tranken ebenfalls; ich bewunderte Viktors Geschick, mit dem er uns stets aus der mit Wasser gefüllten Wodkaflasche einschenkte.

Als Askar zur Toilette ging, raunte ich: »Mein Pass!«

»Kriegen wir hin«, antwortete Viktor halblaut. Ich hätte ihn umarmt, wenn Askar nicht im selben Augenblick zurückgekommen wäre.

»Wollt ihr mal sehen, wie ich aussah, als ich beim Militär war?«, fragte Viktor und erhob sich umständlich aus seinem Sessel. Hätte ich es nicht besser gewusst, hätte ich gedacht, er sei betrunken. Vor einer Schrankwand kniete Viktor nieder, zog eine Schublade auf und stöberte zwischen Papieren, bis er schließlich seinen Pass in die Luft hielt. »Nina zeige ich das Foto nicht«, rief er, und sein Lachen dröhnte durch den Raum. »Sie sagt, wenn ich mir die Haare noch einmal so kurz schneiden lasse, lässt sie sich scheiden.« Nina kicherte. Ich biss mir in die Wange.

Viktor steuerte auf das Sofa zu und ließ sich neben Askar in die Kissen fallen. Freundschaftlich schlug er ihm auf den Schenkel. Beinahe fürchtete ich, Askar könne misstrauisch werden, so übertrieben erschien mir Viktors Schauspiel. Doch Viktor war nicht mehr zu halten. Er blätterte in seinem Pass, schwenkte ihn durch die Luft und zeigte ihn schließlich, mit verschwörerischer Miene und hinter vorgehaltener Hand, Askar.

Der lachte.

Viktor forderte Askar auf, ihm seinen Pass zu zeigen. Askar schwankte hinüber ins Schlafzimmer. »Und bring auch Janas Pass mit. Ich habe noch nie einen deutschen Pass gesehen!« Ich hörte es rumpeln. Ich zitterte. Als Askar zurückkehrte, setzte er sich mit ungelenken Bewegungen aufs Sofa. Aus einer kleinen, schwarzen Ledertasche, die ich nie zuvor gesehen hatte, zog er einen Pass und reichte ihn Viktor. Viktor brüllte und schlug sich auf die Schenkel, als er Askars Passbild sah, und Askar war betrunken genug, mitzulachen.

»Und jetzt Janas Foto!«

Askar suchte in seiner Tasche nach meinem Pass. Als er ihn hervorzog, schlug mein Herz schneller. Ich spürte kleine Schweißtropfen auf meiner Oberlippe. Nina legte eine Hand auf mein Bein, Viktor zwinkerte. Nüchtern wie ich war, kam ich mir vor wie in einer Groteske. Mit einer Bewegung wie ein schwankendes Schiff reichte Askar Viktor meinen Pass. Umständlich blätterte dieser durch die Seiten. Erneut schlug er sich auf die Schenkel und brüllte vor Lachen. »Auf Passfotos sehen die Menschen einfach zu blöde aus! Kaum zu glauben, dass ein Automat sogar solche Schönheiten wie unsere Frauen entstellen kann. *Za zdorowje*, mein Freund!« Viktor füllte die Gläser und prostete Askar zu. »Komm, mein Freund, trink mit mir!«

Am Ende schleppten wir Askar zu dritt ins Bett. Ich gab Nina meinen Pass und bat sie, ihn bis zum nächsten Morgen aufzubewahren. Dann legte ich mich neben Askar. Ich strich über sein Haar. Bald würde er nicht mehr als eine Erinnerung sein.

Zum ersten Mal seit langem schlief ich ohne Angst ein.

Leise wie eine Katze kroch ich aus dem Bett, klaubte meine Kleider vom Boden und schloss behutsam die Tür hinter mir. Auf dem Flur hörte ich Ninas Stimme. Ich öffnete die Küchentür einen Spalt und flüsterte: »Guten Morgen. Ich gehe schnell duschen.« Nina nickte. Ich hörte Natalya sie fragen, warum ich so früh wach wäre, wenn ich doch Ferien hätte.

Im Bad war der Boiler randvoll mit heißem Wasser, dennoch wusch ich mich eilig und schlüpfte in meine Sachen. Zum ersten Mal seit Wochen sah ich mein Gesicht in einem großen Wandspiegel. Es wirkte aufgedunsen, die Augen waren dunkel unterlaufen. Etwas lag darin, das ich nie zuvor gesehen hatte, ein Schrecken, eine tief eingegrabene Angst. Hastig band ich die Haare zu einem Pferdeschwanz.

Als ich in die Küche kam, zog Viktor Natalya eine Jacke über. Valerij saß bereits fertig angezogen auf seinem Kinderstuhl. Viktor gab Nina einen Kuss. »Alles Gute«, sagte er und umarmte mich. »Nina wird dich begleiten. Ich bringe die Kinder weg und fahre dann zur Arbeit. Später treffen wir uns wieder hier.« Er küsste mich auf beide Wangen. »Viel Glück.«

Ich winkte den dreien hinterher. Meine Wange blutete, doch ich konnte nicht aufhören, auf ihr herumzukauen. »Du tust dir doch weh«, sagte Nina, strich mir übers Gesicht und stellte einen Kaffee hin. Hastig rauchte ich eine Zigarette.

Dann brachen wir auf.

»Hast du meinen Pass?«, fragte ich, als wir die Treppen hinunterliefen.

»Aber natürlich, Jana. Beruhige dich. Alles wird gut.«

Nina winkte ein Taxi, wir setzten uns in den Fond. Ich war froh, dass ich dem Fahrer nichts erklären musste, und sah aus dem Fenster. Menschen gingen zur Arbeit, Menschen brachten ihre Kinder zur Schule, Verkäufer öffneten ihre Geschäfte, Panzer fuhren die Hauptstraße entlang. An einer Kreuzung war ein Radfahrer verunglückt. Eine Gruppe Menschen stand auf dem Bürgersteig, ein Lastwagen versperrte die Fahrbahn. »Bitte nicht«, flehte ich, mir fehlten die Nerven für weitere Katastrophen, selbst wenn es sich um einen simplen Stau handelte. Ständig fragte ich mich, ob Katja es geschafft hatte, ihrem Mann zu entfliehen. Wenn sie sehr früh aufgebrochen war, könnte sie schon vor der Botschaft warten. Ein Polizist lenkte die Autos an der Unfallstelle vorbei. Ich sah weg.

Ich klopfte gegen meine Armbanduhr. »Nina, was mache ich, wenn Katja es nicht schafft?«

»Dann besorgen wir dir eine Fahrkarte, und du fährst allein nach Hause.«

»Ich habe Angst.«

Nina nahm meine Hand.

Der Taxifahrer hielt vor einem Haus mit einem hohen Gitterzaun. Eine Festung, dachte ich. Dann entdeckte ich eine lange Schlange wartender Menschen. »Muss ich mich da anstellen?« Meine Stimme klang schrill, sie kippte beinahe. Nervös drückte ich Ninas Hand. Meine Nerven barsten.

Der Taxifahrer sagte etwas auf Russisch. Ich verstand kein Wort. »Dort drüben gibt es einen Eingang für deutsche Staatsangehörige«, sagte Nina, langsam und deutlich. Ich nickte. Der Mann deutete auf ein Tor. Eine unendliche Erschöpfung durchströmte meinen Körper. Einen Moment lang dachte ich, ich könne nicht aussteigen. Mit beiden Händen schob ich meine Beine auf die Straße. In dem Moment sah ich Katja mit ihrer Tochter um die Ecke biegen.

Ich stürzte in ihre Arme.

Dann stellte ich die Frauen einander vor.

Nur noch wenige Minuten trennten uns von unserem Ziel. »Kommt, lasst uns gehen.«

Nina reichte mir meinen Pass. »Ich darf nicht mit hinein. Ich bin keine deutsche Staatsbürgerin.«

Irritiert presste ich den Pass an meine Brust. Dann begriff ich. »Natürlich«, antwortete ich und umarmte Nina. »Wartest du auf uns?«

»Ja, ich warte. Und ich wünsche euch viel Glück!«

Zielstrebig steuerten Katja und ich auf das Tor zu. Wir liefen den langen Gitterzaun entlang, das Mädchen konnte kaum Schritt halten und stolperte. Das riesige Gebäude machte mir Angst. Am Tor angekommen, hielt uns ein uniformierter Wärter auf. Als wir sagten, wir seien deutsche Staatsbürgerinnen und bräuchten Hilfe, verlangte er unsere Pässe. Wir gaben sie ihm. Nacheinander öffneten sich erst die Lippen des Mannes zu einem Lächeln und dann das metallene Tor. »Dort drüben wird man Ihnen den Weg erklären«, sagte er und deutete auf eine schwere Tür.

Wir durchquerten einen Hof. Im Foyer empfing uns eine Frau, sie begleitete uns zu einem Fahrstuhl. Wir fuhren in die zweite Etage. Dort liefen wir einen beinahe endlos langen Flur entlang. Das Geräusch unserer Schuhe hallte zwischen den Wänden wider. An einer Tür hing ein Schild, in großen Druckbuchstaben stand darauf: »WC – DAMEN«. Ich freute mich, einfach nur, weil ich vertraute Buchstaben las. Schließlich standen wir vor einer Tür. Katja und ich sahen uns an.

Sie nickte. Ich klopfte.

»Herein«, sagte eine Stimme, und sie klang so nett und warm und freundlich, dass ich mich fühlte, als wäre ich endlich zu Hause angekommen und gleich stellte Mami einen Kuchen auf den Tisch.

Alles würde gut werden.

Wir betraten ein helles Büro. Eine Frau stand hinter einem Schreibtisch, mit einer Hand tippte sie eine Nummer in ihr Telefon, mit der anderen strich sie sich die Haare aus dem Gesicht. Sie war blond. Sie erinnerte mich an Mutter. »Setzen Sie sich«, sagte sie. »Ich bin gleich für Sie da.«

Überwältigt sackte ich auf einen Stuhl. Katja zog ihre Tochter auf den Schoß; die Kleine sah sich stumm und mit großen Augen um. Gebannt hörte ich zu, wie die Frau telefonierte. Sie sprach in fließendem Deutsch, ein leichter Berliner Akzent mischte sich gelegentlich in ihre Sätze. Nachdem sie aufgelegt hatte, machte sie sich Notizen, dann sah sie auf, erhob sich und trat hinter ihrem Schreibtisch hervor. Sie reichte erst Katja, dann mir die Hand und fragte: »Was kann ich für Sie tun?«

Nun erfuhr ich Katjas ganze Geschichte, und sie glich meiner auf beunruhigende Art. Auch Katja hatte nur Urlaub in Kasachstan machen wollen, auch sie hatte ihren Mann in Deutschland kennen gelernt. Allerdings hatte Katja viel länger gebraucht, ihrem Gefängnis zu entfliehen, denn sie hatte niemanden, der ihr dabei half. Irgendwann begann sie, einen Fluchtplan zu entwickeln, wobei sie stets darauf bedacht war, ihren Mann in Sicherheit zu wiegen und ihre Tochter nicht zu gefährden. Schließlich gelang es Katja mittels einer fingierten Nachricht – ihr Vater läge im Sterben –, ihren Mann dazu zu bringen, sie und das Mädchen nach Moskau zu fahren. Dort wollten sie Zugfahrkarten für eine kurze Heimreise besorgen. Ein weiteres Mal war mir, als hätte ich bei Askars Familie lediglich einen kurzen Ferienaufenthalt verbracht. Dann erzählte ich meine Geschichte. Als ich geendet hatte, zitterten meine Knie.

Die Frau erhob sich und ging zu einem Wandschrank hinüber. Sie öffnete verschiedene Schubladen und zog schließlich eine Mappe heraus. Ihr Telefon klingelte, und sie nahm den Hörer ab. Die Innenseiten meiner Wangen bluteten. Diesmal telefonierte die Frau in fließendem Russisch. Die Sätze zogen an mir vorbei wie exotische Vögel. »Ich gebe Ihnen eine Bescheinigung mit«, sagte sie, als sie den Hörer aufgelegt hatte. »Mit dieser Bescheinigung fahren Sie zum Bahnhof und holen sich am Schalter für Auslandsreisen Ihre Fahrscheine ab.« Ich sprang auf und umarmte die Frau.

»Ich wünsche Ihnen eine gute Heimreise«, sagte sie, als sie uns verabschiedete.

Mit einem Taxi fuhren Katja und ihre Tochter, Nina und ich zum Bahnhof. Als ich den Schalter für Auslandsreisen sah, biss ich mir auf die Lippen. Es war exakt jener Schalter, an dem Askar und ich beim allerersten Mal nach einer Fahrkarte nach Deutschland gefragt hatten.

Askars Gesicht war grau. Unter seinen Augen lagen schwarze Schatten.

»Janka, mach mir Kaffee«, sagte er, als ich das Schlafzimmer betrat. Beinahe tat er mir Leid.

»Wo warst du?«, fragte Askar, als ich mit zwei Bechern in der Hand zurückkehrte und mich auf den Bettrand setzte.

»Nina und ich haben die Kinder in die Schule und in den Kindergarten gebracht.« Askar trank einen Schluck Kaffee. Der Dampf kräuselte sich vor seinem Gesicht. Meine Antwort schien ihn zu beruhigen; vielleicht war er auch zu schwach, um mir zu misstrauen.

Ich reichte ihm seine Zigaretten.

»Danke.«

Das Feuerzeug klickte, und ich hörte, wie das Papier

zischte und der Tabak aufglühte, als Askar den ersten tiefen Zug nahm.

»Wir müssen zum Bahnhof«, sagte er, nachdem er die Zigarette im Aschenbecher ausgedrückt hatte.

»Nicht heute, Schatz. Du siehst schlecht aus. Erhol dich ein wenig. Morgen ist auch ein Tag.«

Gegen Abend kam Viktor nach Hause. Nina weihte ihn ein.

Wir trafen uns in der Küche und tranken Kaffee. Sobald Askar für einen Augenblick das Zimmer verließ, tuschelten wir und besprachen uns. Kam er zurück, fiel es mir schwer, meine Aufregung und meine Glückseligkeit zu verbergen.

In wenigen Stunden würde ich in den Zug steigen.

Nach dem Abendessen gingen wir hinüber ins Wohnzimmer. Nina legte eine Schallplatte mit Balalaikamusik auf. Viktor stellte eine Flasche Wodka auf den Tisch. Askar winkte ab. Als ich mit Nina und Viktor anstieß, wusste ich, dass sie mit mir auf meine Heimfahrt tranken. Ich lachte. Ich sah in Askars schwarze Augen. Ich sagte: »Morgen fahre ich nach Hause.«

Askar schoss hoch.

Mein Herz schlug wie ein Presslufthammer.

Askar setzte sich.

Ich sah zu Nina. Sah zu Viktor.

Sah zu Askar.

Er sagte: »Das freut mich, Janka.« Und dann: »Wie hast du das geschafft?«

Ich erzählte, dass ich die Fahrkarte von der Deutschen Botschaft bekommen hätte. Viktor schenkte Wodka nach. Die Hitze in meinem Magen milderte die Nervosität.

»Lass uns ein wenig spazieren gehen, Janka.« Askar hatte zugesehen, während ich meine Tasche gepackt hatte. »Ganz in der Nähe ist ein Park.« Er sah mich an. »Es ist ein schöner Abend, die Luft ist ganz weich.« Er fuhr mit der Hand über mein Haar.

»Einverstanden.«

Als ich Nina Bescheid sagte, wirkte sie beunruhigt. »Bald beginnt die Ausgangssperre«, sagte Viktor.

»Sie beginnt in einer Dreiviertelstunde«, sagte Askar. »Zeit genug, etwas Luft zu schnappen.«

»Seid unbedingt in einer Dreiviertelstunde zurück«, mahnte Viktor.

»Selbstverständlich«, sagte ich und legte meine Hand auf seinen Arm. »Mach dir keine Sorgen. Wir gehen nur ein wenig spazieren.«

Ich folgte Askar das dunkle Treppenhaus hinab. Wir liefen die Straße hinauf und waren tatsächlich nach wenigen Minuten in einem Park. Er war mir bislang nicht aufgefallen. Ich hakte mich bei Askar unter. Fast tat es mir Leid, ihn morgen zu verlassen. Als wir an einer Parkbank vorbeikamen, schlug ich vor, ein wenig auszuruhen. Es dämmerte, und das Licht brach sich wunderschön in den alten Bäumen.

Ich bekam keine Luft.

Brutal riss Askar meinen Kopf nach hinten. Seine andere Hand umklammerte meine Kehle. »Niemals wirst du nach Deutschland fahren, hörst du? Du bleibst hier!«

Ich rang nach Luft.

»Du gehörst mir!«

Blitzschnell war die Angst wieder da.

»Ohne mich gehst du nirgendwohin!«

Mein Kopf flog gegen die Bank. Nina, Viktor ... Zakir!

»Nie wieder wirst du mich anlügen!«

Noch in der Dämmerung sah ich das Funkeln in seinen Augen.

»Nirgendwo! Niemals! Hast du verstanden?«

Ich schrie. »*Pomogite* – Hilfe!!«

Ich rang nach Luft.

Die Hände, sie würgten, mein Hals, ein Röcheln ... dieser Körper über mir, er wird mich erdrücken, vernichten, er hat alle Macht ... Luft, Luft ... ich werde ersticken ... Mama! Mama, ich war beinahe zu Hause ... Luft – Hilfe – Todesangst, ein Bellen. Eine Stimme.

Eine Hand, die Askar von mir zog.

Luft.

Ein Schäferhund. Ein Mann. Der Mann war betrunken. Der Hund knurrte.

»Haben Sie Schwierigkeiten, Fräuleinchen?« Die Stimme lallte. Askar stieß den Mann beiseite. Er taumelte. Ich richtete mich auf. Er richtete sich auf. Ich rang nach Luft. »Das Fräuleinchen hat Schwierigkeiten«, lallte der Mann. »Das sehe ich. Rex!« Der Hund knurrte.

»Das ist eine Familienangelegenheit«, keuchte Askar.

»Ich bin nicht seine Frau!«, japste ich.

»Dann bringen wir das Fräuleinchen jetzt mal nach Hause, nicht wahr, Rex?« Der Hund bellte. Ich versuchte aufzustehen, mich an Askar vorbeizuschieben. Er drückte mich zurück auf die Bank.

»*Pomogite!* Bitte, helfen Sie mir!«

»Rex!«

Der Hund bellte. Seine weißen Zähne blitzten. Askar wich zurück.

»Aber Fräuleinchen«, lallte der Mann. »Erst müssen Sie mir sagen: Wie heißt die Hauptstadt von Norwegen?«

Ich starrte den Mann an.

Er war nicht betrunken, er war wahnsinnig.

»Das müssen Sie mir schon sagen!«

»Bringen Sie mich nach Hause. Dann sage ich es Ihnen«, stammelte ich.

»Abgemacht. Komm Rex!« Der Mann wandte sich um. Ich sah, dass die Jacke seines Anzugs ein großes Loch hatte. Wahrscheinlich lebte er im Park und hatte uns deshalb gehört.

Wir liefen durch den dunklen Park und dann die Straße hinunter. Der Schäferhund ließ Askar nicht aus den Augen. Ich stürzte ins Treppenhaus und rannte die Stufen hoch. Ich hörte, dass oben eine Tür geöffnet wurde. Nach der ersten Biegung sah ich den Mann nicht mehr. Doch ich hörte Askars Schritte, dicht hinter mir. Eine Sekunde lang hatte ich die Fantasie, Askar zöge ein Messer und rammte es mir in den Rücken. Ich lief schneller. Askar folgte mir. Ich wischte mir die Tränen aus dem Gesicht.

»Was ist los?«, fragte Viktor.

»Nichts«, sagte ich.

»Du weinst.«

»Das war der Wind.«

Askar blieb auf dem Treppenabsatz stehen, die Hände in den Hosentaschen. Schweigend, in diabolischer Ruhe.

»Hat er dich geschlagen?«

Ich nickte.

Viktor packte Askar am Kragen, schüttelte ihn, Askar verlor das Gleichgewicht, rutschte, fiel. Ich hörte das Poltern, schlüpfte an Viktor vorbei, hinein in die Wohnung, in Ninas Arme. Ich hörte Viktor rufen »Lass dich hier nie wieder sehen!«, dann flog die Tür ins Schloss. Viktor stürmte ins Schlafzimmer, griff Askars Tasche und warf sie in hohem Bogen aus dem offenen Fenster. Ich kicherte. Lachte.

Lachte hysterisch, bis mir die Tränen kamen. Lachte und weinte gleichzeitig.

Nina wiegte mich in ihren Armen wie eine Mutter ihr Kind.

Der Zug rollte an.

Auf dem Bahnsteig standen Nina und Viktor, sie hielten ihre Kinder auf dem Arm. Die ganze Familie winkte. Ich zog ein Taschentuch aus meiner Jacke, und obwohl es nass war, hielt ich es aus dem Fenster und winkte ebenfalls. »Ich danke euch!«, schrie ich gegen den Lärm des anfahrenden Zuges an. »Ich weiß nicht, wie ich es ohne eure Hilfe geschafft hätte. *Spasibo! Spasibo*!«

Katja umarmte mich. Dicht gedrängt standen wir nebeneinander und winkten und weinten.

Ein Mann drängte sich durch das Gewühl. Rannte den Bahnsteig entlang, rannte, winkte. Lief dem abfahrenden Zug hinterher, versuchte mitzuhalten, keuchend. Gebannt starrte ich aus dem Fenster. Der Zug wurde schneller, Askar fiel zurück, stieß Fahrgäste und Wartende beiseite, schlug um sich, rannte weiter, winkte. Brüllte: »Janka, ich liebe dich!«

Ich schloss das Fenster.

Sank auf meinen Sitzplatz.

»Jana, wir fahren nach Hause«, sagte Katja.

Ich nickte stumm.

Irgendwann verstaute ich unser Gepäck. Das Abteil war schmutzig, und auf dem Gang und in den angrenzenden Abteilen drängten sich Menschen. Männer rauchten, manchmal spuckte einer von ihnen auf den Boden oder aus dem Fenster. Frauen unterhielten sich, russische Satzfetzen und fremde

Sprachen tosten um unsere Köpfe. »Kasachisch«, sagte Katja, als eine dicke Frau mit einem kleinen Jungen schimpfte. Der Junge weinte, die Frau schimpfte umso mehr. Katja schauderte. Ein Mädchen schob sich durch das Gewühl, mit einem großen Korb, sie verkaufte kleine, süße Kuchen.

»Soll ich die Tür zumachen?«, fragte ich.

»Nein. Es ist so heiß.«

Mich störten weder Dreck noch Krach noch Hitze.

Plötzlich machte das Fremde mir keine Angst mehr. Ich sah aus dem Fenster, betrachtete Häuser, Straßen, Fabriken, Plattenbausiedlungen. All das hatte ich auf der Hinreise auch gesehen; doch jetzt sah es irgendwie anders aus. Hässlich, immer noch, doch weniger bedrohlich. Ich rechnete nach, wann wir in Berlin ankämen. Ich hoffte, dass Mutter mich abholte; gemeinsam mit Nina hatte ich noch ein Telegramm aufgegeben.

Auf einer Seite unseres Abteils war eine schmale Klappliege befestigt, und Katja schlug ihrer Tochter vor, ein wenig zu schlafen. Mit einem bunten Tuch deckte sie das Mädchen zu und streichelte es, bis es eingeschlafen war. Ich wickelte ein Brötchen aus und bot es Katja an. »Danke, ich kann noch nichts essen.«

Süße Marmelade quoll an den Seiten heraus. Ich dachte an Nina, sah sie in ihrer Küche stehen und Brötchen schmieren. Natalya hatte mir zum Abschied ein Notizbuch geschenkt. Auf die erste Seite hatte sie in krakeliger Schrift geschrieben: »Liebe kleine Deutsche, es war schön, dass du hier warst. Komm gut nach Hause.« Darunter lachten vier Strichmännchen, zwei kleine, zwei große, und winkten. Valerij hatte mir eine Tüte Bonbons geschenkt.

Leise ruckelnd fuhr der Zug durch die weite Landschaft. Ab und zu hielt er in einer Stadt. Manchmal kam ein Schaffner vorbei und kontrollierte die Fahrkarten. Katjas Tochter schlief. Katja erzählte, wie sie ihren Mann in Leipzig kennen gelernt hatte. Schließlich fragte sie: »Und woher kennst du Askar?« Wie nach einem Dammbruch sprudelte ich los. Redete ohne Pause, hastig, wie gejagt. Sobald ich Luft holte, war mir, als stauten sich die Wörter in meinem Hals, als schnürten sie mir die Kehle zu. Sie wollten raus. Die Angst wollte hinaus, das Grauen, der Schmerz, das alles wollte endlich mitgeteilt werden.

Wenn ich zur Toilette ging, hatte ich Angst, Askars Gesicht in der Menge zu entdecken. Ich senkte den Kopf und lief schneller.

In der Nacht überquerte der Zug die Grenze nach Polen. Polizisten und Grenzbeamte liefen durch die Abteile, ihre schweren Stiefel dröhnten. Erschrocken weckte ich Katja. Draußen leuchteten helle Scheinwerfer.

Nach einer Weile lief ein Mann den Flur entlang, ein Fahrgast, er erzählte, die Polizisten hätten jemanden abgeführt. Warum, das wusste der Mann nicht. Wen, das wusste er auch nicht. Katja und ich klammerten uns aneinander, gepackt von einer absurden Angst, jemand könnte auch uns aus unserem Abteil reißen, abführen.

Es dauerte, bis der Zug weiterfuhr.

Es dauerte noch länger, bis ich wieder einschlief.

In der Frühe sah die Welt freundlich aus, die Häuser gepflegt und weniger verfallen, die Menschen in den Städten wohlhabender und weniger abgerissen.

Wir waren in Deutschland.

Katja und ich lagen uns weinend in den Armen. Die Kleine sah uns verständnislos an. Wir zogen sie zwischen uns, umarmten uns. Aneinander gekuschelt schauten wir aus dem Fenster, sahen zu, wie der Zug durch Wälder fuhr, durch Ortschaften und Dörfer. Irgendwann entdeckte ich Lichter am Horizont. Als ich das erste Neonreklameschild sah, lief mir eine Gänsehaut über den ganzen Körper.

Gegen Mittag erreichten wir Berlin.

Als der Zug in den Bahnhof einfuhr, war mir, als kehrte ich nicht nur von einer langen Reise zurück, sondern von einem fernen Planeten. Alles schien sich verändert zu haben. Häuser, Kräne, Autos, Menschen, und alles bewegte sich mit unglaublicher Geschwindigkeit. Gebannt stand ich auf dem Bahnsteig, unfähig, einen Fuß vor den anderen zu setzen. Ich spürte, dass Katja meine Hand nahm. Ich folgte ihr, willenlos, benommen.

In der Bahnhofshalle tönten Stimmen aus Lautsprechern. Überall brannten Lichter, leuchteten bunte Schilder, es war unglaublich hell. Hier lebte die Freiheit; hier lauerte nichts Böses, Dunkles mehr.

Langsam ging ich an Geschäften vorüber, drinnen stapelten sich Zeitschriften und Bücher und Andenken und Sonnenbrillen. Vor einem Obstladen lagen Äpfel. Noch nie in meinem Leben hatte ich so rote Äpfel gesehen.

Und alle Menschen sprachen Deutsch.

Es dauerte einige Minuten, bis ich in der Realität ankam.

Ich schaute mich um, suchte Mutter. Katja suchte ihren Vater. In einer Bankfiliale entdeckte ich einen Geldautomat. Ich zog meine Geldkarte aus dem Portemonnaie; Askar hatte sich nur für mein Bargeld interessiert. Ich tippte meine Geheimzahl in die Tastatur. Eine Geisterhand schob mir Geld aus einem Schlitz zu. So einfach.

Ich kaufte drei Würstchen.

Als ich mit den Würstchen in der Hand zurückkehrte, sah ich Katja in den Armen eines Mannes liegen. Vor Rührung schossen mir die Tränen in die Augen; sie hatte ihren Vater gefunden, den sie zwei lange Jahre nicht mehr gesehen hatte. Langsam, als könnte ich stören, ging ich auf die drei zu. Der alte Herr bemerkte mich als Erster. Verdutzt sah er mich an, starrte auf die Würstchen, dann lächelte er. Katja stellte uns einander vor. Lachend und weinend aßen wir unsere Würstchen, unterbrochen immer wieder von fassungslosen Ausrufen, von maßlosem Staunen und unvorstellbarem Glück.

Katjas Vater trug seine Enkelin Huckepack. Katja griff nach ihrem Gepäck, und ich nahm ebenfalls meine Tasche. Mutter war nirgendwo zu sehen. »Lassen Sie sie ausrufen«, schlug Katjas Vater vor. »Vielleicht wartet sie auf einem anderen Bahnsteig.«

Die drei begleiteten mich zum Informationsschalter. Ein junger Mann rief Mutter aus und lispelte dabei. Nervös trat ich von einem Bein aufs andere. Ich zündete mir eine Zigarette an und rauchte hektisch. Irgendwann fragte der junge Bahnbedienstete, ob er den Ausruf wiederholen solle.

Stumm schüttelte ich den Kopf.

»Vielleicht wartet Ihre Mutter am Bahnhof Lichtenberg auf Sie«, sagte Katjas Vater. »Wenn Sie wollen, fahre ich Sie hin.«

Am Bahnhof Lichtenberg ließen wir Mutter ebenfalls ausrufen, doch auch hier warteten wir vergeblich. Katja legte ihren Arm um mich, sie versuchte mich zu trösten und ihre eigene Freude mit mir zu teilen.

»Es wird etwas dazwischengekommen sein«, sagte ich, bemüht, meine Enttäuschung zu verbergen.

»Ich würde Sie gerne mitnehmen«, sagte Katjas Vater. »Doch wir fahren in die entgegengesetzte Richtung, nach Leipzig.«

Ich schüttelte den Kopf. »Das ist sehr freundlich von Ihnen. Aber ich nehme den nächsten Zug nach Greifswald.«

Katjas Vater bestand darauf, mich zum Bahnhof Zoo zurückzufahren. Auf einem Parkplatz im Halteverbot verabschiedeten wir uns und wünschten einander alles Gute.

Der nächste Zug nach Greifswald fuhr kurz vor Mitternacht, und ich schlug die Zeit tot, indem ich mir die Auslagen der Geschäfte ansah. Die Fahrkarte zu kaufen hatte genau fünf Minuten gedauert. Ich dachte an Moskau; das tagelange Anstehen erschien mir wie ein böser Traum.

Für einen Hauptbahnhof verfügte der Bahnhof Zoo über erstaunlich wenig Gleise, und die meisten Bahnsteige waren leer. Fast alle Reisenden, die noch unterwegs waren, sahen aus wie Geschäftsleute, sie trugen Koffer und hatten müde Gesichter über ihren Krawatten. Unter einer Lampe saß ein Soldat und las Zeitung. Ich kaufte eine Schachtel Zigaretten und setzte mich auf eine leere Bank. Ich war froh, wieder in Deutschland zu sein, und unendlich müde. Ich schloss die Augen.

Als ich aufwachte, war es Viertel vor zwölf.

Ich nahm meine Tasche und rannte zum Bahnsteig. Atemlos stapfte ich die Stufen hoch, bei jedem Schritt schlug die Tasche gegen meine Beine. Oben angekommen, sah ich den Soldaten. »Ist das der Zug nach Greifswald?«, japste ich.

»Ja. Warten Sie, ich helfe Ihnen.« Er griff nach meinem Gepäck. Erleichtert hörte ich, wie die Tür hinter mir zuschlug.

»Vielen Dank.« Ich wischte mir den Schweiß von der Stirn.

Fast alle Abteile waren leer, und ich ließ mich auf den erstbesten Sitz fallen. Ich sah mich um, ließ meinen Blick über die gepolsterten Sitze wandern, die großen Fensterscheiben, die Gepäckablagen, die weißen Kopfstützen, die glänzenden Aschenbecher. Das war Komfort. Hier war Leben; hier hatte die Dürre ein Ende. Ich zog die Schachtel Zigaretten aus meiner Handtasche, zündete mir eine Zigarette an und nahm einen tiefen Zug. Und noch einen. Ich sah den Rauchfahnen hinterher, sah ihnen zu, wie sie sich kräuselten, auflösten, verschwanden. Ich drückte den Stummel im Aschenbecher aus und zündete mir umgehend eine zweite Zigarette an. Nie zuvor in meinem Leben hatten Zigaretten so gut geschmeckt.

Nach der dritten Zigarette stand ich auf und suchte den Soldaten. »Darf ich mich zu Ihnen setzen?«, fragte ich, als ich ihn im Nachbarwagon entdeckte. Ich brauchte Gesellschaft, ich hielt es keine Sekunde länger allein aus. Außerdem fühlte ich mich in der Nähe des Mannes sicherer; vielleicht lag es an seiner Uniform.

»Selbstverständlich«, sagte der Soldat und nickte. »Warten Sie, ich räume meinen Rucksack beiseite.« Ich setzte mich und bot ihm eine Zigarette an. »Ich fahre nach Hause«, sagte ich atemlos.

»Ich auch«, antwortete der Mann.

»Ich war in Usbekistan.«

»Ich komme aus Erfurt.«

Ich musste lachen. Und dann erzählte ich wieder die ganze lange, unglaubliche Geschichte. Ab und zu unterbrach ich und fragte: »Störe ich Sie? Gehe ich Ihnen mit meiner Erzählung auf die Nerven?«

»Nein«, antwortete der Soldat jedes Mal, und ich sprudelte weiter, getrieben von einem unbändigen Verlangen, mit einem Menschen zu sprechen, mit jemandem, der meine Muttersprache verstand, selbst wenn dies ein völlig fremder Mensch war, den ich nie zuvor gesehen hatte, und den ich, sobald diese Fahrt zu Ende wäre, nie wieder sehen würde.

13. KAPITEL

Um 4.36 Uhr fuhr der Zug in den Bahnhof von Greifswald.

Auf dem Bahnsteig stand ein einsamer Schaffner, er hielt seine Trillerpfeife in der Hand und sah sehr müde aus. Die Vögel zwitscherten. Das Licht war grau und die Luft feucht und kühl. Ich atmete tief ein. Spürte, wie die Luft meine Lungen füllte, meinen Bauch, meinen Kopf. Im Hintergrund ertönte eine Stationsansage. Auf dem Nachbargleis stand ein leerer Zug, auf der Anzeigetafel »Bitte nicht einsteigen«. Meine Beine zitterten. Ich stellte meine Tasche ab.

Ich war wieder da.

Über dem Bahnsteig lag ein Geruch von Metall und nassen Steinen. Er war mir zutiefst vertraut. Schon als Kind hatte ich ihn mit Bahnhöfen, mit Reisen und ankommenden und abfahrenden Zügen verbunden.

Es roch nach Heimat.

Und dennoch sah alles anders aus.

»Jana!« Langsam, als würde eine Hand meinen Kopf lenken, ihn Zahnrad für Zahnrad in die Richtung drehen, aus der der Schrei erklang, wandte ich mich um.

»Jana!«

»Mama ...«

Eine Frau lief den Bahnsteig entlang, lief auf mich zu. Langsam ging ich ihr entgegen, ging schneller, lief, rannte, flog in ihre Arme. »Mama ...«

»Kind, ich hatte solche Angst um dich. Ich dachte, ich sehe dich niemals wieder.«

Als wir aus der Bahnhofshalle traten, weinte ich wieder. Der Taxistand, die Fassaden der alten Häuser, der kopfsteingepflasterte Bahnhofsplatz, die hellgelbe Straßenbahn, das Hotel, die Imbissbude. Alles wie immer.

So lange so fern.

Plötzlich so nah.

Mutter nahm mich unter ihre Fittiche. Wir tranken Kaffee (richtigen Kaffee!), rauchten (West-Zigaretten!) und redeten. Die Sätze, die Geschichten strömten heraus, strömten aus meinem Mund, meiner Seele, meinen Poren.

Ab und zu fiel ich Mutter in die Arme, ließ mich fallen, weinend, aufgelöst.

Erschöpft. Glücklich.

Und immer noch ungläubig.

Mutter erzählte, dass sie meine Briefe nicht bekommen habe. Askar hatte sie also nicht zur Post gebracht. Ich erzählte, dass er mir verboten habe, ihre Telegramme zu beantworten. Und dass ich mich nicht getraut hatte, darauf zu bestehen.

Mutter sagte, sie habe sich auch Sorgen gemacht, weil in der Sowjetunion geputscht worden war. Boris Jelzin hatte Michail Gorbatschow abgelöst, die neue Regierung hatte den alten Staatschef auf der Krim unter Hausarrest gesetzt. Die baltischen Republiken hatten ihre Unabhängigkeit erklärt, im Kaukasus herrschte Krieg.

Was immer als unvorstellbar galt, geschah: Die Sowjetunion löste sich auf. Seit konservative Kräfte unter Führung hoher Politiker und Militärs einen Putsch unternommen hatten, waren in den Fernsehnachrichten täglich Bilder von Einheiten der Roten Armee zu sehen, die in Moskau auffuhren. Als Reaktion auf den Putsch hatte Jelzin die Bevölkerung zum Generalstreik aufgerufen. In den Straßen wurde demonstriert. Auch das war vor Glasnost unvorstellbar gewesen.

»Hast du davon gar nichts mitbekommen, Kind?«

Ich schüttelte den Kopf. Ich erinnerte mich an die Panzer; doch zu DDR-Zeiten war regelmäßig russisches Militär durch die Straßen von Greifswald gefahren, solche Bilder war ich gewohnt. Ich dachte an die Ausgangssperre; auch sie hatte ich nicht hinterfragt. Viel zu sehr war ich mit meinen persönlichen Problemen beschäftigt gewesen.

Immer wieder schenkte ich Kaffee nach. Ich war zu müde, um zu schlafen. Am nächsten Morgen, am 31. August, würde die Examensübergabe stattfinden. Ich musste noch einige Papiere besorgen. Wie ein Gespenst lief ich durch die Straßen.

Dann fuhr ich wieder zu Mutter.

In Sicherheit.

Erst am Abend fiel ich ins Bett und schlief.

Im Traum lief ich noch einmal zum Roten Platz.

Ich lief über eine breite Brücke und ging auf das Lenin-Mausoleum zu. Vor dem Mausoleum standen Uniformierte. Über dem Eingang hatte jemand in kyrillischen Lettern Lenins Namen in den Stein graviert. Fasziniert betrachtete ich die wunderschön geschwungenen Buchstaben. Ich dachte an meine Schulzeit. Wir hatten viel über Lenin gelernt, doch noch immer stand Lenins Name für mich vor allem für eines:

lernen, lernen und nochmals lernen.

Es regnete.

Der Berliner Platz wirkte noch trister als sonst, auf keinem der Balkone der umliegenden Plattenbauhäuser war ein Mensch zu sehen. Nicht einmal ein Hund lief herum. Nur ein einzelner Straßenfeger kehrte den Müll der Marktbeschicker vom Vormittag zusammen. Sein Schutzanzug leuchtete grell in Orange.

Ich schlug den Kragen hoch und lief schneller. Vor einer Stunde hatten wir unsere Zeugnisse bekommen. Ich wollte noch einkaufen gehen. Ich erschrak, als Saskia mich ansprach. »Hallo Jana«, sagte sie. »Du bist es doch?«

Ich drehte mich um.

Sie sah mich an. »Jana?«

Ich wusste nicht, was ich sagen sollte. Sagte, dass ich zu Mutter wollte, erzählte vom Examen. Unsere Mütter waren befreundet, Saskia und ich hatten als Kinder Doktor gespielt, Doktor und Krankenschwester.

»Jetzt bin ich Krankenschwester«, sagte ich. Versuchte zu lächeln.

»Du siehst verändert aus«, sagte Saskia und musterte mich. Ich verabschiedete mich und lief schnell zur Straßenbahn.

In der Nacht dachte ich an Askar. Sah sein Gesicht, sah ihn auf dem Bahnsteig hinter dem abfahrenden Zug hinterherlaufen.

Was hatte er getan, nachdem Viktor ihn hinausgeworfen hatte? Wo hatte er die Nacht verbracht? In Moskau kannte er niemanden. Hoffentlich war ihm nichts zugestoßen.

»Du solltest zum Arzt gehen. Du siehst schlecht aus.« Mutter stellte Kaffee und Kuchen auf den Tisch. Seit ein paar

Tagen wohnte ich wieder in meiner eigenen Wohnung, kam aber täglich zu Besuch. »Um es klar zu sagen: Du solltest zum Gynäkologen gehen.« Ich sah Mutter an und begriff nicht.

Dann setzte, ganz langsam, eine dunkle Ahnung ein.

Frau Doktor Klarmann bestätigte die Vermutung: »Sie sind in der elften Woche schwanger.«

»Das kann nicht sein.«

»Doch. Schauen Sie, hier auf dem Ultraschallgerät ...« Auf dem Monitor flimmerten grauschwarze und grauweiße Flächen, es flimmerte, alles war unscharf. Allmählich machten meine Augen einen Fleck aus, eine dunkelgraue Form. Die Form eines Embryos. Ich sah sein Herz schlagen, ein rhythmisches Pulsieren. Ich starrte auf das Bild.

»Das ist nicht mein Bauch«, dachte ich ungläubig.

Und doch war es mein Baby, dessen Herz dort schlug.

»Das ist unmöglich«, sagte ich. »Ich kann nicht schwanger sein.« Die Gurken fielen mir ein, auf dem Markt von Samarkand. Meine Übelkeit. Mir wurde bewusst, dass ich seit einiger Zeit meine Regel nicht mehr bekommen hatte.

»Sie meinen, Sie haben bemerkt, dass Ihre Regel ausblieb, dass Ihnen übel war, dass Sie Heißhunger auf Salzgurken hatten – und Sie wundern sich, dass Sie schwanger sind?« Ich kam mir ungeheuer naiv und dämlich vor. Ich hatte all das registriert, wie durch einen Nebel; doch ich hatte es auf die Umstände geschoben, die Anspannung, die psychischen Belastungen. Seit Askar und ich nach Usbekistan aufgebrochen waren, seit er mit jeden Tag unberechenbarer geworden war, spätestens seit jener Nacht im Zug, seit diesem schwarzen Moment der Todesangst, hatte sich meine Fähigkeit zu denken zersetzt. Wie ein Stück Fleisch in einem Glas Salzsäure.

»Erzählen Sie einmal der Reihe nach«, sagte die Ärztin. »Was ist denn geschehen?«

Ich erzählte meine Geschichte.

Am Ende zog ich trotzig die Nase hoch. »Ich möchte diese Zeit hinter mir lassen. Ich möchte neu anfangen, mir einen neuen Job suchen, mir etwas aufbauen. Verstehen Sie das?«

»Sie haben noch eine Woche Zeit, sich für oder gegen das Kind zu entscheiden. Fahren Sie nach Hause, denken Sie nach, sprechen Sie mit Ihrer Familie. Wenn Sie sich für eine Abtreibung entscheiden, überweise ich Sie in die Klinik.«

Doktor Klarmann erklärte mir die Formalitäten. Ich sprach das Wort ›Abtreibung‹ kein einziges Mal aus, schiffte darum herum wie um ein schwarzes Loch. Als ich die Praxis verließ, steckte die Überweisung in meiner Handtasche.

Ich stieg in die Straßenbahn.

Am Jägerweg war Jahrmarkt. Spontan stieg ich aus. Ich fuhr zahllose Runden mit der Achterbahn. Überließ mich der Schwerkraft, ließ mich ziehen, stoßen, treiben, durch die Luft schießen, bis an die Grenze.

Als ich ausstieg, übergab ich mich.

Ich würgte Askar, Askars Baby, seine Familie, das ganze grässliche Usbekistan, den Terror, die Angst in einen Eimer hinter einem rosa Kassenhäuschen.

Dann fuhr ich zu Mutter.

Sie öffnete die Tür, sagte: »Du bist schwanger.« Ich nickte. Sie zog mich hinein, umarmte mich, schweigend, und kochte Kaffee. Den ganzen Nachmittag über besprach sie mit mir die beiden Möglichkeiten. Meine Angst, Mutter könne böse werden, mir Vorwürfe machen, mich strafen, löste sich auf; stattdessen wurde sie meine Vertraute. Am Ende saßen wir müde am Tisch, vor uns ein Blatt Papier.

Säuberlich hatte Mutter alle Gründe für und gegen das Kind in zwei Spalten notiert. »Egal wie du dich entscheidest – ich werde dich in jedem Fall unterstützen.«

Wieder fiel ich ihr weinend in die Arme.

Das Licht war grell. Die Haube auf meinem Haar spannte, das Gummiband war sehr straff. Ab und zu hörte ich jemanden den Operationssaal betreten, doch hörte ich nur die Schritte, die Stimmen hinter mir, niemand kam herüber zu meinem Behandlungsstuhl, niemand sprach mit mir, sie hatten alle mit anderen Fällen zu tun. Ich spürte, wie die Tränen an der Seite meines Gesichts entlangliefen, in die Ohren tropften, kitzelten. Gleich würde ich mein Kind töten. So hatte ich es entschieden. Es war am Ende ein Abwägen von Gründen gewesen, und am stärksten war die Angst ins Gewicht gefallen, das Kind könne nicht gesund sein. Wegen der Tritte in den Bauch, der Schläge, wegen der Tabletten, wegen des Wodkas.

Jemand drehte einen Wasserhahn auf und wusch sich die Hände. Dann entfernten sich Schritte, das Quietschen von Gummischuhen auf Steinfliesen. Die Schwester hatte mir Medikamente gegeben. Damit der Muttermund sich öffnete.

Es war nicht, weil ich fürchtete, Askars Kind zur Welt zu bringen; dass er es gezeugt hatte, hieß nicht zwangsläufig, dass das Kind auch werden würde wie er.

Es war nicht, weil ich mich zu jung fühlte; Mutter hatte mit achtzehn ihr erstes Baby zur Welt gebracht.

Es war auch nicht, weil ich fürchtete, ein Stück von Askar, eine Erinnerung an Usbekistan für den Rest meines Lebens vor Augen zu haben. Es war einfach die Angst, das Baby könne nicht gesund sein.

Irgendwo schrie eine Frau. Ich fuhr zusammen. Fror.

Gänsehaut auf den Armen. Über meine gespreizten Beine hatte die Schwester sterile grüne Tücher gebreitet.

Eines Tages würde ich eine Familie haben. Kinder, einen Mann, der mich liebte, ein Haus. Ein gemütliches, warmes Zuhause. Das war immer mein Wunsch gewesen. Wenn ich fünfundzwanzig wäre, vielleicht. Ja, das wäre ein guter Zeitpunkt. Mit fünfundzwanzig hätte ich es sicher geschafft. Ich war keine schlechte Frau. Und ich wäre eine gute Mutter. Ich würde viele Kinder haben. Mädchen, Jungen. Mein Mann würde morgens zur Arbeit fahren, ich würde mich um die Kinder kümmern und den Garten. Am Wochenende würden wir Würstchen grillen und zum Baden an den See fahren. Wir würden glücklich sein.

Nein, es war für alle am besten so.

Der Arzt und die Schwester kamen. Der Anästhesist wischte mir die Tränen aus dem Gesicht. »Noch ist es nicht zu spät«, sagte er.

Ich schüttelte den Kopf.

Kurz darauf verlor ich das Bewusstsein.

In den kommenden Wochen begann ich, mein zersprengtes Leben wieder zusammenzufügen. Es waren Mutter, mein älterer Bruder und Saskia, die mir dabei halfen.

In dem Maß, in dem sich die Starre löste, in die ich verfallen war, jene enorme Passivität, drängten sich Fragen auf:

Warum hatte ich mich in einen Mann verliebt, dessen erste Begegnung mit mir in eine Vergewaltigung mündete?

Warum hatte ich mich immer wieder auf Askar eingelassen, meine Zweifel ignoriert, meine begründete Empörung über Ungerechtigkeiten beiseite gewischt – fast so, als räumte ich ihnen selbst keine Bedeutung ein?

Warum hatte ich mich diesem Mann an den Hals geworfen, kaum dass er nur die Mundwinkel hochzog – auch wenn er mich kurz zuvor brutal verprügelt hatte?

Warum reichte ein freundliches »Janka«, eine einzige Umarmung aus, und ich versank, kindgleich, in einem paradiesischen Glücksgefühl?

Wie groß war mein Bedürfnis nach Liebe? Wie endlos mein Verlangen, wie groß die Leere, die ich verzweifelt versuchte zu füllen?

Was war ich bereit zu geben, und mehr noch: was war ich bereit hinzunehmen dafür, dass man mich liebte?

Warum hatte ich mir die Welt schön gepinselt, die Realität ausgeblendet und verleugnet?

Warum war ich mit einem Mann weit gereist, der mir, wenn ich es nur hätte erkennen können, nicht mehr bot als Terror, Angst und Erniedrigung?

Warum hatte ich mich nicht von meinem Peiniger lösen können, was für eine perverse Beziehung hatte zwischen uns beiden bestanden, mich an ihn gekettet?

Was hatte diesen brutalen, lieblosen Mann so attraktiv gemacht, dass ich ihm bis ans Ende der Welt gefolgt war?

Warum hatte ich mich unter der permanenten Drohung von Gewalt derart aufgelöst, mich völlig verloren – bis ich am Ende zu den einfachsten Dingen nicht mehr in der Lage war, beispielsweise Mutter anzurufen, um sie zu bitten, mir Geld zu schicken oder eine Fahrkarte, damit ich nach Hause zurückkehren konnte?

Auf diese Fragen würde ich eine Antwort finden müssen.

Einige Wochen später fand ich einen neuen Job in einem Pflegeheim. Die Arbeit machte Spaß, die Kollegen waren sympathisch. Zum ersten Mal arbeitete ich als ausgebildete

Krankenschwester und verdiente Geld. Ich lud Mutter zum Essen ein.

Allmählich stellte sich wieder eine Art Alltag ein.

Ab und zu blätterte ich in den alten Fotoalben. Ich betrachtete die Bilder von Marco. Noch immer spürte ich eine tiefe Liebe zu ihm. Ich fragte mich, was aus uns geworden wäre, wenn Marco nicht in den Westen gezogen wäre. Ich stellte mir vor, wir wären immer noch ein Paar, vielleicht hätten wir sogar Kinder. Ich betrachtete die Bilder von mir – ich sah jung aus, auf gute Art ahnungslos. Doch wenn ich im Bad in den Spiegel sah, schaute mich eine Frau an, die mehr erlebt hatte, als sie hatte aushalten können.

Die alte Jana war verschwunden.

Es klingelte, und ich stand auf und ging zur Tür. Durch die Sprechanlage hörte ich ein Rauschen. Dann eine Stimme, sie sagte: »Ich bin es, Umar.«

»Was willst du?«

»Ich möchte mit dir reden.«

Worüber? Wo war Askar? Hatte er ein Visum bekommen?

Sofort war sie wieder da, die alte Angst.

Trotzdem drückte ich auf den Türöffner.

Ich öffnete die Tür einen Spaltbreit. Unten hörte ich Schritte. Dann sah ich Umar die Treppen hochlaufen. Und hinter ihm Askar. Erstarrt stand ich in der Tür. Dann wollte ich sie zuschlagen.

Ein Fuß schob sich zwischen die Tür und den Rahmen.

»Janka, ich will mit dir reden.«

»Nein!«

»Janka, bitte ...«

»Jana, Askar wird dir nichts tun«, mischte Umar sich ein. »Ich bin dabei, ich passe auf. Das verspreche ich. Askar will wirklich nur mit dir reden.«

Ich ließ die beiden hinein.

Zitternd stand ich neben der Tür. Askar lief, eine Zigarette in der Hand, zum Tisch. Blieb stehen, drehte sich um. Sah mich an. Er hielt sich nicht lange mit Floskeln auf. »Warum hast du mein Kind getötet?« Erstaunlicherweise sprach er Deutsch mit mir.

»Ich weiß nicht, wovon du sprichst.«

»Du warst schwanger, ich weiß es. Und jetzt ist das Kind weg.« Er deutete mit seiner Zigarette auf meinen Bauch. Allein die Bewegung seines Fingers dort drüben am anderen Ende des Raumes ließ mich zusammenfahren.

»Nein, Askar. Du irrst. Ich war nie schwanger.«

»Du lügst.« Er lief auf mich zu. Umar hielt ihn zurück. »Du lügst. Du bist schlecht! *Yomon*!«

»Askar, beruhige dich«, versuchte Umar zu beschwichtigen.

Die Angst saß im Hals, im Bauch, überall.

Ich öffnete die Tür. Ich sagte: »Es ist besser, ihr geht jetzt.«

»Janka!«

»Ich heiße Jana. Und ich will dich hier nie wieder sehen.«

DANKE

Bedanken möchte ich mich bei meiner Mutter, weil sie mir Kraft und Zuversicht gab und immer für mich da ist. Bei meinen Brüdern, besonders Heiko und seiner Frau Dani, die mir Halt boten, als ich aus Usbekistan zurückkehrte. Bei Simone, die bis heute meine beste Freundin und Zuhörerin ist.

Meiner Agentin Anoukh Foerg gilt mein herzlichster Dank dafür, dass sie mir half, dieses Buch zu veröffentlichen, ebenso meinem Webmaster Steffen Reichow.

Ganz besonders danke ich meinem Mann Mark und meinen Schwiegereltern Hansi und Mari, die mich unterstützen und an mich glauben. Und ich danke meinen Kindern, Alina, Fabio und David, die ich über alles liebe. Danke.

Als die 18-jährige Maria den irakischen Studenten Karim kennen lernt, ist sie sofort von ihm fasziniert. Schnell wird ihr klar, dass er die Liebe ihres Lebens ist, und gegen den Willen ihrer Eltern heiraten die beiden.
Fünf Jahre später ziehen sie mit ihren Kindern in den Irak. Doch das Leben in Bagdad ist ganz anders, als Karim es ihr geschildert hat. Als dann der Golfkrieg ausbricht und Bomben auf Bagdad fallen, ist Marias Leben nicht mehr sicher.

ISBN 3-404-61428-3

BASTEI LÜBBE